Alphabetisches

Haupt-Sachregister

zum

Justizministerialblatt

(Jahrgang 1863—1895 einschließlich)

für das

Königreich Bayern.

2. Auflage.

Nach dem Stande der Gegenwart bearbeitet

von

Hugo Huber,

Amtsgerichts-Sekretär.

München 1896.

J. Schweitzer Verlag (Jos. Eichbichler).

Druck von Josef Deschler, München.

Vorwort.

Das Aufsuchen und Nachschlagen in den einzelnen bis jetzt erschienenen 33 Jahrgängen (35 Bänden) des Justizministerialblattes für das Königreich Bayern erfordert sehr viel Zeit und Mühe. Diese zu ersparen und der Praxis ein möglichst bequemes und brauchbares Hilfsmittel für rasches und erfolgreiches Zurechtfinden in den im Justizministerialblatt veröffentlichten Bestimmungen, sofern dieselben noch giltig und von allgemeiner Bedeutung sind, zu bieten, dazu ist vorliegende Arbeit bestimmt.

Die freundliche Aufnahme, deren sich das auch als eingehendes Repertorium für den Gerichtsschreiber- und Gerichtsvollzieherdienst zu gebrauchende Register bei seinem erstmaligen Erscheinen im Jahre 1887 zu erfreuen hatte, sowie die vielfachen Nachfragen nach dem binnen Jahresfrist vollständig vergriffenen Buche gaben Veranlassung zu vorwürfiger Neu-Auflage, in welcher auch die bis 1. Januar 1896 erschienenen Bestimmungen Berücksichtigung fanden.

Möge das Register auch in seiner neuen Gestalt Vielen ein willkommener Wegweiser auf dem umfangreichen Gebiete der Justizgesetzgebung werden.

Lindau i. B., 18. Januar 1896.

Der Verfasser.

A.

A. Bezeichnung der gewöhnlichen Prozesse bei den Amtsgerichten, Landgerichten in I. Instanz und Oberlandesgerichten; der Privatklagesachen; der Sachen I. Instanz, in denen das Hauptverfahren wegen Verbrechen eröffnet ist; der nach § 80 des R.G.V.G. zur Zuständigkeit der Schwurgerichte gehörenden Verbrechen; der Revisionen gegen Urteile I. Instanz in Strafsachen **80**, 421, 423, 430, 431 — Bezeichnung des Verzeichnisses der Untersuchungsgefangenen **83**, 132.

Abänderung s. die betr. Bestimmungen.

Abbildungen s. Urheberrecht.

Aberkennung der bürgerlichen Ehrenrechte, Ermittelungen hierüber **82**, 281 ff.; **83**, 61 f.; **89**, 36 — Wirkung auf das Pensionsbezugsrecht eines Mitgliedes des Pensions- und Unterstützungsvereines der Kanzlisten bei den Justizbehörden Bayerns **91**, 150.

Abfallröhren, Verrechnung der Ausgaben für Unterhaltung **81**, 414.

Abgabe amtlicher Blätter **73**, 87 f. — s. a. Aktenabgabe.

Abgaben für Anstellungen und besondere Verleihungen **81**, 189 ff. — Verfahren bei Zuwiderhandlungen gegen die Vorschriften über die Erhebung öffentlicher A. **82**, 127 f.; **85**, 169 f. — s. a. Flößerei-Abgaben, Reichs-Stempelabgabengesetz, Staatsabgaben.

Abgeordnete s. Kammer.

Abkürzungen in Protokollen der Gerichtsschreiber **79**, 744, Beil. 23 — in Geschäftsbüchern der Gerichtsvollzieher **79**, 1198 — für Depositalgebühr (D. G.) **82**, 319.

Ablehnung von Mitgliedern der Disziplinargerichte **81**, 255 f.

Ablehnungsgesuche gegen Richter, Gerichtsschreiber 2c., Protokolle der Gerichtsschreiber hierüber **79**, 748, 750 — Aktenanlage **79**, 822 f.

Ablieferung von Kostenbeträgen und Strafgeldern an die Gerichtsschreiber durch Gerichtsvollzieher **79**, 1195, 1196 — der perzipierten Gelder **79**, 1314, 1323, 1335 — der Gefangenen aus den Gerichtsgefängnissen **83**, 123 ff. — s. a. Auslieferung.

Ablösungskasse, Grundgefälle **86**, 186 ff., 188 f.

Abonnements auf amtliche Blätter und Zeitungen **68**, 172 — auf die Bayerische Handelszeitung **91**, 240 f.

Aborte, Abortröhren und Abortschläuche, Kosten der Reinigung **63**, E. H., 87 — Verrechnung der Kosten für Unterhaltung 2c. **84**, 414.

Abquittierung bezahlter Hypothekenforderungen der Gemeinden und Stiftungen **85**, 83 f., 84 f., 85 ff.; **86**, 252 f.; **91**, 90 f.

Abrechnung mit den Rentämtern im Gebührenwesen **79**, 1323 ff., 1332, 1334 f., 1347; **92**, 137 — der Gerichtsschreiber bei den Amtsgerichten München I, Nürnberg und Augsburg in Strafsachen **79**, 1444 — von Notaren über Staatsgebühren **91**, 122; **92**, 269; **94**, 15.

Abrundung der Pfennigbeträge **79**, 1870 — in Forstrügesachen **80**, 285 — bei Depositalgebühren **82**, 310.

Abschätzungen s. Hypothekenschätzungen.

Abschlagslieferungen ärarialischer Gelder an die Rentämter **79**, 1323.

Abschlagszahlungen, Erhebung von solchen auf die Gebühren im Konkursverfahren und auf die Gerichtskosten in der Subhastation **80**, 287.

Abschluß der Geschäftsbücher der Gerichtsvollzieher **79**, 1211 f.

Abschreibung unbrauchbar gewordener Gefängnisgerätschaften **66**, 65; **83**, 191 f. — entwichener Sträflinge **66**, 314 f. — von Inventarsgegenständen in den Inventarien der Gerichte und Staatsanwaltschaften **69**, 162 f.; **71**, 66; **88**, 133.

Abschriften im Gerichtsschreiberdienst **79**, 744, 745, 753, 759, 780 ff., 790, 794 f., 800, 826 f.; **80**, 462 f. — im Gerichtsvollzieherdienst **79**, 1188 ff.; 1193 f.; 1200, 1213 f., 1215, 1233 ff., 1250; **80**, 280 f., 462 f.; **81**, 331, 373 — Schreibgebühr und Beglaubigungsgebühr für solche Abschriften, deren Fertigung besondere paläographische oder Sprachkenntnisse erfordert **79**, 1311 — von Gebührenregistern durch die gebührenverrechnenden Beamten **79**, 1325 — des örtlichen Revisionsprotokolls im Gebührenwesen **79**, 1344 — Beglaubigung bei der Zustellung **80**, 280 f.; **81**, 375 — Anfertigung der zur Zustellung erforderlichen A. **85**, 157 f. — abschriftliche Mitteilungen über den Dienst-Ein- und Austritt, sowie über Aenderungen in den Bezügen der Gerichtsschreibergehilfen an den Verwaltungsrat des Pensions- und Unterstützungs ereins der Kanzlisten bei den Justizbehörden Bayerns **91**, 143.

Absonderung der Gefangenen in den Gerichtsgefängnissen **83**, 94 f.

Abstimmung des gemischten Konfliktssenats **79**, 93 — der vereinigten Zivilsenate des Obersten Landesgerichts **79**, 102 — in nichtstreitigen Sachen **79**, 110 — bei der Prüfung der Rechtskandidaten **93**, 141.

Abtritte s. Aborte.

Aburteilungen s. Mitteilung.

Adelsmatrikel, Löschung von adeligen, zum Verluste des Adels verurteilten Personen **66**, 362 f.

Adhibierung s. Aktenadhibierung.

Adjudikation herrenloser und konfiszierter Gegenstände an das K. Ärar **65**, 43 f.

Administrationspersonal des Heeres, Ernennung, Beförderung und Heranbildung **69**, 171 ff.; **71**, 106.

Administrativakten, Einsicht durch Notare **65**, 138.

Administrativsachen, Thätigkeit von Notaren **68**, 89 ff.

Admissionsausschuß bei den Prüfungen für den höheren Justiz- und Verwaltungsdienst **93**, 139, 156 ff.

Adoptionsgesuche, Verfahren bei den mit ihnen verbundenen Namensänderungsgesuchen **65**, 2 f. — Vernichtung **70**, 62.

Adressen, zur Übersendung oder zur Zustellung erforderliche, Unstatthaftigkeit der Erhebung einer Schreibgebühr hiefür **81**, 330 — der von den Gerichtsschreibern und Gerichtsvollziehern der Post übergebenen Schreiben mit Postzustellungsurkunden, Abfassung **89**, 191 f. — s. a. Postpacketadressen.

Advokaten-Witwen- u. Waisen-Pensions-Fonds **75**, 224 f.; **80**, 109 f. — Pensionsanstalt für die Witwen und Waisen der Advokaten des Königreichs, Vollzug des Gesetzes hierüber **82**, 141 ff.; **95**, 221 f., 315 f. — Satzungen für die Verwaltung des Fonds zur Unterstützung unverschuldet in Not versetzter Advokaten und Rechtsanwälte **84**, 219 ff. — s. a. Anzeigen, Konzipienten, Rechtsanwälte, Zentralausschuß.

Änderungen von Notariatsurkunden **69**, 25 ff., 113 f. — in den Dienst-, Familien- und Gesundheitsverhältnissen der geprüften Bewerber um das Gerichtsvollzieher- und Gerichtsschreiberamt **79**, 719; **80**, 34 ff. — von Gemeinde-, Bezirksamts- und Amtsgerichtsbezirken, Verfahren hiebei **81**, 362 f. — von Gesetzen 2c. s. die betr. Gesetze 2c. — s. a. Namensänderungsgesuche, Vornamens-Änderung.

Ärar, Adjudikation herrenloser und konfiszierter Gegenstände an das K. Ärar **65**, 43 f. — staatsanwaltschaftliche Vertretung desselben durch Fiskalbeamte **79**, 1353; s. a. Druckformulare, Malzaufschlag, Staatsärar.

Ärzte, Pfändung **79**, 1517 — des Beurlaubtenstandes, Mitteilungen über gerichtliche Bestrafungen 2c. solcher **91**, 36 — s. a. Amtsärzte, Atteste, Gebührenliquidationen, Instruktion, Landgerichtsärzte, Militärärzte, Nachweisung, Privatärzte, Witwen.

Agenten s. Konsularagenten.

Akten des Gerichtsvorstandes **63**, 113 f. — bei Verlassenschaftsverhandlungen der Notare **65**, 12 ff. — Verzeichnis der hypothekenamtlichen A. **67**, 194 — Erhaltung älterer, interessanter **70**, 452 f.; **71**, 23 f. — in schöffengerichtlichen Strafsachen, Behandlung **79**, Beil. 41 ff. — Obliegenheiten der Gerichtsschreiber in bezug auf deren Anlegung und Aufbewahrung, dann in bezug auf Gestattung von Einsichtnahme derselben, Erteilung von Ausfertigungen, Auszügen und Abschriften aus denselben und Mitteilung von solchen **79**, 818 ff., 826 ff. — der Gerichtsvollzieher **79**, 1210 f. — Kostenvormerkung in solchen **79**, 1331, 1434 — Vorlegung oder Auslieferung von solchen im Strafprozesse durch Behörden der K. Verkehrsanstalten **80**, 224 f. — im Disziplinarverfahren gegen richterliche Beamte **81**, 286 — der Strafkammern, Behandlung **81**, 303 ff. — s. a. Administrativakten, Forstrügeakten, Generalakten, Gerichtsakten, Personalakten, Pflegschaftsakten, Prozeßakten, Sammelakten, Schwurgerichtsakten, Spezialakten, Untersuchungsakten, Verlassenschaftsakten, Vollstreckungsakten, Vormundschaftsakten.

Aktenabgabe an die Archive **68**, 260 f.; **70**, 69, 452, 452 f.

Aktenadhibierung 63, 123.

Aktenanlage 63, 113 ff. — bei den Staatsanwaltschaften der Landgerichte **79**, 569 f. — Obliegenheiten der Gerichtsschreiber in bezug auf dieselbe **79**, 818 ff.; **80**, 317, 424 — in den Vormundschaftssachen der Pfalz **88**, 270 ff.

Aktenaufbewahrung 63, 113 ff., 122 — in Forstrügesachen **69**, 104 f. — in schöffengerichtlichen Strafsachen **79**, Beil.

41 ff. — bei den Staatsanwaltschaften der Landgerichte **79**, 569 f. — im Gerichtsvollzieherdienst **79**, 617 — Obliegenheiten der Gerichtsschreiber in bezug auf dieselbe **79**, 818 ff. — bei den Schwurgerichten **80**, 315 f. — in den Vormundschaftssachen der Pfalz **88**, 271 f.
Aktenaushändigung an die Notare **63**, 69 ff.
Aktenausscheidung bei den Gerichten **70**, 61 ff., 452 f.; **71**, 23 f.; **82**, 81 f., 136; **89**, 125 f., 201; **95**, 114 f. — s. a. Remunerationen.
Akteneinsicht durch Notariatsgehilfen **63**, 55 ff. — durch Advokaten-Konzipienten **63**, 57 f. — durch Notare **63**, 70 f.; **65**, 138 — im Gerichtsvollzieherdienst **79**, 725, 1213 f. — Vorschriften bezüglich deren Gestattung **79**, 826 f. — durch die Rentämter **79**, 1340 — durch Pfleglinge **96**, 16.
Akteneinstampf s. Aktenvernichtung.
Aktenheften s. Heften.
Aktenhinterlegung s. Hinterlegung.
Aktenmitteilung durch die Gerichtsschreiber **79**, 828 ff.
Aktenpackete, Führung von Postbüchern zur Bescheinigung der Aufgabe **72**, 66 f.
Aktenrenner s. Renner.
Aktenumschläge für Formulare zur Geschäfts- und Registraturordnung sowie zum Nachtrag hiezu **63**, 212; **77**, 250 f. — Lieferung für die Gerichtsschreiberei **80**, 155 f. — Angabe der zur Bezeichnung der einzelnen Arten von Rechtsstreitigkeiten dienenden Buchstaben auf denselben **80**, 422 — Angabe des Aktenzeichens der Vormundschaftssachen in der Pfalz auf dens. **88**, 270 — s. a. Umschläge.
Aktenveräußerung **70**, 69; **79**, Beil. 43 f.
Aktenvernichtung **70**, 61 ff.
Aktenversendung **63**, 123.
Aktenvorlage an ein Obergericht in schöffengerichtlichen Strafsachen **79**, Beil. 28, 43 — Obliegenheiten der Gerichtsschreiber in bezug auf dieselbe **79**, 828 ff. — im Strafprozesse durch Behörden der K. Verkehrsanstalten **80**, 224 f.
Aktenzeichen **79**, 819, 821; **80**, 424, 427, 429; **81**, 325, 499; **88**, 270; **95**, 12.
Aktiengesellschaften, Reichsgesetz hierüber und dessen Vollzug **71**, 93 f., 97 — Vereinbarung zwischen dem Deutschen Reiche und Rußland wegen gegenseitiger Anerkennung derselben **85**, 184 f.
Aktiengesellschafts-Verträge, Gebührenbewertung **84**, 163.
Aktienkommanditgesellschaften, Reichsgesetz vom 11. Juni 1870: **71**, 97.
Aktiver Dienststand von Militärpersonen, Beginn dess. **91**, 33.
Aktuariatsdienste, Verpflichtung der Gerichtsschreiber hiezu **63**, E. H., 16.
Alimentation außerehelicher Kinder **64**, 20 f., 121 ff.; **66**, 224 f.
Alimente, hypothekarische Sicherung **63**, 202 ff.
Allgemeiner Unterstützungsverein für die Hinterlassenen der K. B. Staatsdiener s. Unterstützungsverein.
Altersgrenze für den Beitritt zum Pensions- und Unterstützungsverein der Kanzlisten bei den Justizbehörden Bayerns **91**, 145, 157.
Altersversicherung s. Invaliditäts- und Altersversicherung.
Amberg, Zellenbau bei der Gefangenanstalt dortselbst **83**, 370.
Amerika, Vollzug des Bayerisch-Amerikanischen Vertrags vom 26. Mai 1868: **69**, 133 f.; **76**, 220 f. — Veröffentlichung amtlicher Ausschreibungen in A. **91**, 172; **94**, 77 — s. a. Vereinigte Staaten.
Amnestie-Erlaß vom 16. Januar 1896 aus Anlaß der Gedenkfeier der Errichtung des Deutschen Reiches **96**, 13 f., 17 ff.
Amortisationsgesetze, Berücksichtigung seitens der Notare **69**, 118 f.
Amtliche Ausschreibungen s. Ausschreibungen.
Amtliche Schriftsprache **67**, 44 f.
Amtsärzte, Dienst in bezug auf die Visitation der Gerichtsgefängnisse **64**, 245 f.; **83**, 357 f.; in bezug auf Visitation der Strafanstalten **76**, 110 — Gebühren **79**, 1427 f., 1433; **82**, 125 ff. — Entrichtung der Gebühr für Zeugnisse derselben durch Verwendung von Gebührenmarken **79**, 1486, 1489 f. — Diensteinweisung und Verpflichtung **81**, 96 ff. — Dienst in den Gerichtsgefängnissen **83**, 88 f. — Vergütung für auswärtige Dienstgeschäfte **91**, 170 f. — Zeugnisse derselben für das Kanzleipersonal bei den Gerichten und Staatsanwaltschaften behufs Erlangung staatlicher Unterstützungen **91**, 134 — über den Gesundheitszustand von Mitgliedern des Pens.- und Unterst.-Vereins für die Kanzlisten bei den Justizbehörden Bayerns **91**, 142, 149, 150 — Nachweisung der Verhinderungsursache bei den Prüfungen für den höheren Justiz- und Verwaltungsdienst durch amtsärztliche Zeugnisse **93**, 184 — s. a. Atteste, Gebührenliquidationen, Gutachten, Instruktion, Landgerichtsärzte, Witwen.
Amtsanwälte, Besorgung der Geschäfte der Staatsanwaltschaft bei den Amtsgerichten durch dieselben und Aufstellung von solchen **79**, 103 f. — Stellvertretung **79**, 104; s. a. **67**, 281 ff.; **68**, 50 ff., 169 ff.

Vorschriften bezüglich deren Dienstes **79**, Beil. 1 ff. — Verkehr derselben mit Gerichten und anderen Behörden **79**, Beil. 44 f. — als Hilfsbeamte der Staatsanwaltschaft **79**, 537 — Dienstsiegel **79**, 543 — Entgegennahme und Instruktion von Gesuchen um Stundung von Geldstrafen durch dieselben **80**, 468 — Sitzungskleidung **84**, 137 f. — Auszahlung der Gebühren an die von solchen außerhalb der Rentamtssitze vernommenen Zeugen und Sachverständigen **84**, 223 f. — Thätigkeit bei Unterbringung von Blödsinnigen und Geisteskranken in Irrenanstalten oder bei deren sonstigen Verwahrung **94**, 63 f.; s. a. **95**, 72 ff. — s. a. Auslieferung, Ausweisung, Untersuchungsanstalten.

Amtsanwaltschaft, deren Übernahme durch Organe der inneren Verwaltung **79**, 1179 f.; s. a. **67**, 281 ff. — bei den Amtsgerichten München II, Starnberg und Wolfratshausen **85**, 73 f.

Amtsbibliotheken s. Bibliotheken.

Amtsblatt s. Kreisamtsblatt.

Amtsbürgschaften der Strafanstaltsbediensteten **74**, 2 — der Beamten und Bediensteten **75**, 22 ff.; **79**, 1314; **84**, 128 f. — der Notare in der Pfalz **80**, 5 f. — s. a. Dienstkautionen.

Amtseid der Richter **79**, 89 f. — der Gerichtsschreiber **79**, 105 — der Gerichtsvollzieher **79**, 614 f. — s. a. Beeidigung, Diensteid, Verpflichtung.

Amtsgebäude, Überweisung an die Amtsvorstände **65**, 26.

Amtsgeheimnis der Notare **65**, 77 f., 202 ff. — Enthebung von der Pflicht zur Bewahrung dess. **85**, 145 f. — s. a. Amtsverschwiegenheit.

Amtsgerätschaften, Anschaffung und Reparatur **63**, E. H., 78, 84 ff. — Prüfung und Festsetzung der Inventare **68**, 27.

Amtsgerichte, Rheinschiffahrtsgerichte **79**, 91 — Zuständigkeit, Besetzung 2c. **79**, 93 ff., 97 — allgemeine Dienstaufsicht **79**, 93 f., 382, 540 f. — Geschäftsverteilung **79**, 93 f., 928 f., 1165 f. — Rechtszug **79**, 97 — Besorgung der Geschäfte der Staatsanwaltschaft **79**, 103 f. — Gerichtsschreiber 79, 105 f. — Formation **79**, 114, 115 ff. — Dienerpersonal **79**, 389 f. — Dienstsiegel **79**, 543 — Aufstellung der Gerichtsvollzieher **79**, 611 — Benützung des Depositenraums zur Aufbewahrung von Geldern 2c. durch Gerichtsvollzieher **79**, 723 f., 1196 — Bestimmung der Termine in Zivil- und Strafsachen **79**, 929 — Zuständigkeit 2c. im Forstrügeverfahren **79**, 1654 ff.; **85**, 129 ff. — Beaufsichtigung **80**, 4 f.; **81**, 165 ff. — Verwahrung der Duplikate rentamtlicher Kasseschlüssel in den Depositenkassen **80**, 251 f. — Geschäftsübersichten **80**, 376 ff.; **81**, 498; **82**, 288 f.; **84**, 51 ff., 105 f.; **87**, 327 ff.; (Form.) **79**, 1773 ff., 1787, 1788, 1789, 1821 ff.; **80**, 387 ff., 395 f., 411 ff. — Kalender für die mündlichen Verhandlungen **80**, 425 ff., 429 f.; **87**, 333; (Form.) **80**, 433 ff., 445 ff. — Visitation **81**, 178 ff. — Verfahren bei Änderung der Bezirke von solchen **81**, 362 f. — Anordnung von Stellvertretungen **82**, 1 f. — Korrespondenzform mit mittelbaren Gemeindebehörden **85**, 75 f. — Beiziehung des Dienerpersonals zu Siegelungen und Entsiegelungen **85**, 158 f. — Vorbereitungsdienst der Rechtspraktikanten bei dens. **93**, 141 ff., 163 ff., insbes. 167 f. — Mitteilung bezüglich gestellter Entmündigungsanträge an die landgerichtlichen Staatsanwälte **95**, 72 — s. a. Gerichte, München, Amtsgericht I und II, Augsburg, Regiewesen, Würzburg.

Amtsgerichtsdiener, Verpflichtung **63**, E. H., 14; **83**, 82 — Aufstellung eines solchen als Gefängniswärter beim K. Amtsgerichte München I, Abt. f. Straff. **79**, 390; **86**, 67 — dienstliche Verhältnisse, Amtskleidung, Dienstwohnung **79**, 389 ff., 394; **83**, 82; **87**, 69 — mit dem Gerichtsvollzieheramt als Nebenamt betrauter **79**, 611, 613, 721, 727, 729, 1193, 1203 f., 1216 f.; **81**, 318, 324 f., 328 f., 338 f., 342; **87**, 69 — Bestellung von Amtsgerichtsdienern und Gehilfen zu Gerichtsvollzieher für Zustellungen und Zwangsvollstreckungen in Strafsachen **79**, 622, 1217 f.; **81**, 318 — Beschäftigung und Qualifikation von geprüften Gerichtsvollzieheramtsbewerbern bei solchen **79**, 717, 720 — Bestimmung über die Besetzung von Stellen solcher **79**, 1580 — Mitwirkung bei Erhebung von Gerichtskosten **84**, 121 ff. — Besetzung deren Stellen mit Militäranwärtern **86**, 19, 67, 73 f. — allgemeine und besondere Vorbedingungen zur Anstellung **86**, 70, 71 f., 73 f. — Aufrückungsstellen für dieselben **86**, 74 — Personalakten und Qualifikation **86**, 76 ff. — Militärpension **95**, 316 ff. — s. a. Dienerpersonal.

Amtsgerichtsdienersgehilfen, Verpflichtung **63**, E. H., 14; **83**, 82 — Aufnahme und Verwendung **79**, 391 f.; **83**, 82 — Besetzung deren Stellen mit Militäranwärtern **86**, 12 ff., 67 — Vorbedingungen zur Anstellung **86**, 70 f., 74 — Bewerbung um Amtsgerichtsdienerstellen **86**, 71 f., 74 — Personalakten und Qualifikation **86**, 76 ff. — s. a. Dienerpersonal.

Amtsgerichtsgefängnisse, Verwaltung und Aufsicht **79**, 1271 f., 1719 f. — Bestimmung **83**, 78 f. — Aufstellung von Gefängniswärtern und Hilfsbediensteten **83**, 81 f. — s. a. Gefängnisse, Gerichtsgefängnisse.
Amtsgeschäfte, deren Vornahme an Sonn- und Feiertagen seitens der Notare in der Pfalz **92**, 37 f. — auswärtige s. Tagegelder und Reisekosten.
Amtsinventare der Gerichte und Staatsanwaltschaften **63**, 114, E. H., 77, 113 f.; **68**, 27; **69** 162 f.; **71**, 66.
Amtskleidung der Richter **79**, 383 f. — der Staatsanwälte **79**, 386 — der Gerichtsschreiber **79**, 389 — der Ratsdiener, Boten, Gefängniswärter und Amtsgerichtsdiener **79**, 391, 394 — der Gerichtsvollzieher **79**, 613 — der Strafanstaltsbeamten **88**, 106 f. — s. a. Sitzungskleidung.
Amtsräumlichkeiten, Reinigung, Beheizung 2c. **63**, E. H., 82, 83, 85, 87 f., 91 — Bestreitung und Verrechnung der sogenannten ständigen Bauausgaben für dies. **64**, 25 ff. — Wendung der großen Baufälle **64**, 33 ff. — Kosten für Tapetenreinigung **67**, 98 f. — Unterhaltungsausgaben auf dies. **69**, 14 f. — Kosten für Anschaffung und Reparatur von Läutapparaten in dens. **82**, 301 f.
Amtsrichter, Amtseid, Haftung, Dienstverantwortlichkeit, Stellvertretung **79**, 89 f., 94 f. — Stellung, Gehalt, Rang, Amtskleidung und Dienstzeichen **79**, 382 ff. — Sitzungskleidung **79**, 392, 1909 ff. — Geschäftsverteilung **79**, 928 f. — Beförderungs- und Versetzungsgesuche **81**, 297 ff.; **83**, 306 — Personalakten und Qualifikation **83**, 294, 295 ff.
Amtsschilde, Amtssiegel und Amtstafeln, Anschaffung **63**, E. H., 86.
Amtsübergabe an Gerichtsschreiber **63**, 50 — der Notare **66**, 221 f. — an Gerichtsvorstände u. Staatsanwälte **79**, 641 ff.
Amtsverschwiegenheit der Gerichtsvollzieher **79**, 615 — s. a. Amtsgeheimnis.
Amtsverweser der Notare, Bekanntmachung der Verpflichtung **65**, 99; **82**, 254 — Aufstellung **66**, 10 — Befugnisse **66**, 297 f. — in der Pfalz, Benennung im Urlaubsgesuche **68**, 175 — Protokoll der Gerichtsschreiber über Beeidigung ders. **79**, 754, 757.
Amtsverwesungen der Notare **87**, 307 f.
Amtsvisitationsakten, Vernichtg. **70**, 67.
Amtsvorstände, Überweisung der Amtsgebäude an dies. **65**, 26 — s. a. Amtsübergabe.
Anerkennung der unehelichen Kinder, Mitteilung an die Standesbeamten **86**, 208.
Anfechtung von Rechtshandlungen des Schuldners außer dem Konkurse, Zustellung in dem Verfahren **79**, 1259 f.
Anfertigung von Anlehenstabellen **63**, 10 f., 142 f. — der Geschäftsausweise der Gerichte **80**, 376 ff. — der zur Zustellung erforderlichen Abschriften **85**, 157 f.
Angeklagter, auf freiem Fuße befindlicher, Vorladung zur Hauptverhandlung im schöffengerichtlichen Verfahren **79**, Beil., 18 f., 20 (Form.) 95 ff., 131 ff.; im Strafverfahren bei den Landgerichten u. Schwurgerichten, Formulare **79**, 977 ff.; vor das Berufungsgericht, Formulare **79**, 1079 ff., 1111 ff., 1127 ff.; Feststellung von Vorstrafen in der Hauptverhandlung **94**, 171 f. —
verhafteter, Vorladung zur Hauptverhandlung im schöffengerichtlichen Verfahren **79**, Beil., 19 (Form.) 119 — Zustellungen durch Gerichtsschreiber an denselben **79**, 622, 793 f. (Form.) 955 f.; 993 — Zustellung der Ladung zur Hauptverhandlung durch den Gerichtsvollzieher **79**, 1252 — Einlegung eines Rechtsmittels oder Anbringung von Revisionsanträgen **80**, 319 — Feststellung von Vorstrafen dess. in der Hauptverhandlung **94**, 171 f.
Angeschuldigter, Mitteilung der Anklageschrift an dens., Formular **79**, 943 ff. — zwangsweise Beschlagnahme von ihm gehörigen Gegenständen **79**, 1559 — im Disziplinarverfahren gegen richterliche Beamte **81**, 258 ff., 266 — Feststellung von Vorstrafen in der Hauptverhandlung **94**, 171 f. — s. a. Übersicht.
Anheftungen von Schriftstücken durch Gerichtsvollzieher **79**, 626, 1260 f. — durch Gerichtsschreiber **79**, 794 ff., 799.
Anklage, Erhebung derselben gegen Wehrpflichtige, welche sich der Wehrpflicht entzogen haben **80**, 250.
Anklageschrift des Amtsanwalts **79**, Beil., 15, 16 f., (Form.) 75 — Mitteilung der A. an den Angeschuldigten im Strafverfahren bei den Landgerichten u. Schwurgerichten, Formulare **79**, 943 ff.
Ankündigung der Generalversammlungen des Pens.- u. Unterst.-Vereins der Kanzlisten bei den Justizbehörden Bayerns durch das Justizministerialblatt **91**, 143.
Anlage von Mündelgeldern **92**, 93 f. — s. a. Geldanlagen.
Anlehenstabellen, Anfertigung **63**, 10 f., 142 f.
Anmeldungen von Konkursforderungen **79**, 749 — zum Handelsregister 2c. **79**, 750 — zu den Prüfungen für den höheren Justiz- und Verwaltungsdienst **93**, 139, 155, 157, 174 f.

Annahme der Zustellung u. Verweigerung ders. **79**, 1241 — fremder Auszeichnungen, Allerhöchste Bewilligung **87**, 40 f. — s. a. Regulative.
Anreden in amtlichen Schreiben **74**, 109 f.
Anschaffung von Gefängnisgerätschaften **63**, E. H., 71 ff.; **71**, 119; **83**, 191 f. — von Mobilien 2c. bei den Gerichten **63**, E. H., 78, 84, 85 f. — des Finanzministerialblattes **66**, 250 — von Kleidungsstücken für österreichische Staatsangehörige **80**, 111 f. — s. a. Formularpapier.
Anschaffungskosten für Formulare zu Postpacketadressen **74**, 33 — für die Formulare bezüglich des Gebührenwesens **79**, 1355 f., 1881 f., 1884 — für die zum Vollzuge des Forstgesetzes erforderlichen Druckformulare **79**, 1659 — für Formularpapier bezüglich des Kostenwesens in gerichtlichen Strafsachen **79**, 1882, 1884, 1894 f. — für die vorschriftsmäßigen Register, Repertorien und Tabellen der Hypothekenbewahrer **80**, 192 — für das für den Gefängnisdienst benötigte Formularpapier **83**, 136 f. — für Desinfektions- u. Räucherungsmaterialien in den Gerichtsgefängnissen **83**, 184 — für Postaufgabebücher **92**, 208 — für Präsentationsstempel **95**, 136.
Anschreiben einer Behörde an eine koordinirte Behörde **74**, 142 (Form.) 148.
Ansprüche gegen den Staat oder gegen Beamte aus Dienstverhältnissen oder wegen Aufhebung von Privilegien oder in betreff von Staatsabgaben, Gerichtsstand **79**, 96.
Anstalten s. Gefangenanstalten, Staats-Erziehungsanstalten, Strafanstalten, Studienanstalten, Untersuchungsanstalten.
Anstellung von Richtern an Kollegialgerichten **79**, 90 — im Gerichtsschreiberamt **79**, 386 f.; **80**, 21 ff. — im Gerichtsvollzieheramt **79**, 610, 713 ff. — im Justizstaatsdienst **80**, 121 ff., 237 ff.; **93**, 137; s. a. Übersicht — im niederen Justizdienst, Vorbedingungen hiezu **86**, 70 ff.; **87**, 152 f. — von Unteroffizieren, Gendarmen und Soldaten im subalternen Zivildienst **88**, 169 ff.; **95**, 125, 126 ff. — von nicht zivilversorgungsberechtigten Mannschaften der Gendarmerie im subalternen Zivildienst **89**, 149 ff. — s. a. Militäranwärter, Probeanstellung.
Anstellungsabgaben **81**, 189 ff.
Anstellungsbehörden der Militäranwärter **86**, 27 ff., 41 ff., 65; **95**, 127.
Anstellungsgebühren **79**, 1485, 1489; **82**, 72 f.
Anstellungsgesuche, Erwähnung des etwaigen Bezugs einer Militär- 2c. Pension bei Begutachtung ders. **91**, 48.
Anstellungsverhältnisse der geprüften Rechtspraktikanten **95**, 289 ff., 293.
Anträge auf Genehmigung der Erteilung von Remunerationen aus Regieersparnissen **63**, E. H., 81 f. — auf Wendung von Baufällen an Staatsgebäuden **64**, 33 ff. — auf Vormerkung oder Eintragung einer Hypothek, Befugnis der Notare zur Beurkundung selbständiger A. **64**, 257 f. — auf Abschreibung von Inventarsgegenständen in den Amtsinventarien **69**, 162 — Bezeichnung und Eintrag von solchen in den Prozeßregistern 2c. **80**, 420 ff., 424 — auf Beweisaufnahmen, von welchen im Auslande Gebrauch gemacht werden soll **85**, 87 f., 95 ff. — auf Feststellung und Anweisung von Witwen- und Waisengeldern auf grund des Reichsgesetzes v. 17. Juni 1887: **87**, 216 f. (Form. 223 ff.) — zur Aufnahme als ordentliches Mitglied in den Pensions- und Unterstützungsverein der Kanzlisten bei den Justizbehörden Bayerns **91**, 145 f. (Form. 158) — der Staatsanwälte auf Entmündigung wegen Geisteskrankheit **95**, 70 ff. — auf Feststellung und Anweisung von Witwen- und Waisengeldern auf grund des Reichsgesetzes v. 13. Juni 1895: **95**, 179 (Form. 183 ff.) — Anhaltspunkte für Instruierung und Vorlage von solchen **95**, 188, 189 ff. — s. a. Auslieferungsanträge, Revisionsanträge, Strafanträge.
Antragsreate, Erstattung von Anzeigen über solche durch die Gendarmerie **84**, 4 f.
Antragsteller, Schuldner der entstandenen Gebühren und Auslagen, sowie Verpflichtung zur Zahlung der vorzuschießenden Beträge **79**, 1328.
Anwalt, Zustellung von Anwalt zu Anwalt **79**, 1244 f. — s. a. Advokaten, Rechtsanwälte.
Anwaltskammern, Dienstsiegel der Vorstände **79**, 1739 — Anzeigen an den Zentral-Ausschuß zur Verwaltung des Advokaten-Witwen- und Waisen-Pensionsfonds durch deren Vorstände **80**, 109 f. — Post-Portofreiheit ihrer Vorstände **80**, 333, 334 f. — Personalstand der Vorstände pro 1896: **96**, 33 ff.
Anweisung von Unterhaltsbeiträgen für die Gerichtsvollzieher und deren Hinterbliebenen **79**, 614, 624; **94**, 209 f. — Aufnahme von Protesten bei kaufmännischen Anweisungen durch Gerichtsvollzieher **79**, 1567 f. — an die Hinterlegungskommission **88**, 265 (Form. 275) — für die Ausstellung, den Umtausch und die Erneuerung der Quittungskarten für die Invaliditäts- und Altersversicherung **90**, 336 ff. — der Ausgaben für die Gerichtsschreibereien **92**, 136 f.

Anzeigen von der Aufstellung rechnungsführender Gerichtsschreiber an das Rentamt **63**, E. H., 6 — Behandlung der A. gegen Strafgefangene wegen Übertretungen **64**, 45 f. — über die persönlichen und Familienverhältnisse der Rechtsanwälte des Königreichs an den Zentralausschuß zur Verwaltung des Advokaten-Witwen- und Waisen-Pensionsfonds **65**, 181 ff.; **80**, 109 f. — über die Verwendung von Militärpensionisten im Zivildienste **75**, 21 f. — über die Ergebnisse der auf dem Gebiete der Straßenpolizei eingekommenen Anzeigen **75**, 130 f. — über den Gewerbebetrieb behufs Führung der Handels-Register **79**, 38, 39 f. — in schöffengerichtlichen Strafsachen, Erstattung und Behandlung **79**, Beil. 3 ff., 40 — Behandlung der bei der landgerichtlichen Staatsanwaltschaft einlaufenden A. **79**, 566 f. — über die Auffindung von Leichen **79**, 1573 ff. — des Gefängniswärters über die Vollstreckung der Zwangs- und Sicherheitshaft **81**, 486 — über wichtige Vorkommnisse ꝛc. in den Gerichtsgefängnissen **83**, 81, 99, 123 ff., 180 — Erstattung von A. über Antragsreate durch die Gendarmerie **84**, 4 f. — der Notare nach Amtsverwesungen **87**, 307 f. — von Verbrechern, Belohnungen hiefür **91**, 2 f. — über den Dienst-Ein- und Austritt, sowie über Änderungen in den Bezügen der Gerichtsschreibergehilfen **91**, 137 f., 143 (Form.) 139 f. — der Rechtspraktikanten **93**, 165, 173 — s. a. Besitzveränderungsanzeigen, Todesanzeigen, Vollzugsanzeigen.

Anzeigeverzeichnis stellvertretend. Amtsanwälte **67**, 285 f. — der Amtsanwälte **79**, Beil. 4, 14, 43, 46 f., 50 ff., (Form. 49 ff.); **91**, 37 — der landgerichtlichen Staatsanwälte **79**, 566 f. (Form. 571 ff.) — Zusammenstellung der durch Einhebung der Geldstrafen erledigten Nummern desselben **80**, 314 — s. a. Ziffer.

Apotheker, Pfändung **79**, 1517.

Apparat zur Qualitätsbestimmung des Getreides **91**, 196 ff.

Arbeit in den Gerichtsgefängnissen **83**, 108 ff.

Arbeitenbuch in den Gerichtsgefängnissen mit Arbeitsbetrieb **83**, 134 f., 136 (Form.) 163 ff.

Arbeiter, Pfändung **79**, 1516.

Arbeitsbücher, Ausstellung und Führung **78**, 310 ff.

Arbeitsfonds für die Gerichtsgefängnisse, Bestimmungen über dessen Verwaltung, **83**, 114 f., 208 ff.

Arbeitshäuser, dienstliche Stellung der Lehrer an solchen **77**, 130 f. — Uniformierung der Direktoren und Verwalter ders. **88**, 106 f. — Unterbringung von Personen in dens. **90**, 257; **91**, 65 ff. — Einlieferungsbezirke **91**, 73 — Arbeitsthätigkeit in dens. s. Übersicht.

Arbeitskarten, Ausstellung ꝛc. **78**, 313 ff.

Arbeitslohn, Beschlagnahme **71**, 95.

Arbeitsthätigkeit in den Strafanstalten und Arbeitshäusern des Königreichs s. Übersicht.

Archivalien, Erhaltung **70**, 452 f.; **71**, 23 f.

Archive, Benützung der in den K. Archiven vorhandenen Archivalien durch K. Stellen und Behörden **66**, 124 f. — Abgabe von Akten an dies. **68**, 260 f.; **70**, 69, 452, 452 f. — Überfüllung **69**, 104 f. — Gesuche um Benützung ders. **77**, 13 f.

Armenpflegschaftsrat, Berechtigung zur Antragstellung auf Entmündigung einer Person wegen Verschwendung **84**, 8 ff.

Armenrecht, Vertrag mit Frankreich über Zulassung zu dems. **70**, 121 ff. — Vereinbarung zwischen Deutschland u. Belgien wegen gegenseitiger Zulassung der beiderseitigen Staatsangehörigen zum Armenrechte **79**, 22, 23 f. — Bestimmungen zum Vollzuge der Reichs-Zivilprozeßordnung über Gesuche um Bewilligung dess. **79**, 305 ff. — Formularpapier für die Register über Gesuche um dessen Bewilligung **81**, 4 f. — Übereinkunft mit Luxemburg wegen gegenseitiger Zulassung der beiderseitigen Staatsangehörigen zum Armenrechte **85**, 207 f.

Armenrechtsgesuche, Aufnahme durch Gerichtsschreiber **79**, 748, 750.

Armenrechtsregister s. Register.

Armenrechtssachen, Berechnung der Gebühren in solchen auf den Urkunden der Gerichtsvollzieher **79**, 1193 — Portopflicht der auf dem Gebiete der streitigen Rechtspflege in denselben vorkommenden Postsendungen **79**, 1197, 1312 f. — rechnerische Behandlung der in solchen erwachsenden Gerichtskosten **79**, 1336 — Behandlung der in solchen erwachsenden Auslagen der Gerichtsvollzieher **81**, 340 ff. — Portopflicht der von Rechtsanwälten in dens. aufgegebenen Postsendungen **82**, 133 f. — Sendungen der Gerichtsvollzieher in solchen **88**, 105 f.

Armensachen, Portofreiheit in solchen, dann Entscheidung über Behandlung von Gegenständen als solche **79**, 1313.

Arrest, Eintrag im Vollstreckungsregister der Gerichtsvollzieher **79**, 1208, 1210 — Aufführung in der Geschäftsübersicht der Gerichtsvollzieher **79**, 1215, 1216 — Unzulässigkeit zu Gunsten einzelner Gläubiger während des Konkurses **79**, 1504 — Vollziehung **79**, 1552 ff. — Bezeichnung mit C. und Eintrag von Anträgen auf An-

ordnung desselben in die Prozeßregister **80**, 420, 421 f., 429 — s. a. Hausarrest, Sicherheitsarrest.
Arrestbefehl, vollstreckbare Ausfertigung **79**, 772, 773, 1499 — Zustellung vor Eintrag der Beschlagnahme im Hypothekenbuche **79**, 793, 1249 — öffentliche Zustellung **79**, 796 — Vollziehung durch Gerichtsvollzieher **79**, 1552 ff.
Arresthypotheken, Benachrichtigung der Schuldner über deren Vormerkung **91**, 161.
Arreststräflinge, Behandlung in den Gerichtsgefängnissen **83**, 127.
Arrogationsgesuche, Vernichtung **70**, 62.
Arzneibuch für die Gerichtsgefängnisse **83**, 121.
Arzt s. Ärzte.
Assessoren bei den Verwaltungen der Strafanstalten **92**, 89 — des Merkantil-, Friedens- und Schiedsgerichtes Nürnberg **92**, 188 f.
Atteste, ärztliche, Ausstellung in Militärsachen **80**, 139 f.
Aufbesserung der Gehaltsbezüge nichtpragmatischer Staatsbediensteter 88, 70 ff.
Aufbewahrung von Notariatsurkunden in Verlassenschaften **65**, 12 ff. — der Forstrügeakten **69**, 104 f.; 89, 125 f. — von Testamenten **69**, 104 f. — von Geldern, Wertpapieren und Kostbarkeiten seitens der Gerichtsvollzieher **79**, 723 f., 1196 — der Gebührenregister **79**, 1324 — der Schwurgerichtsakten **80**, 315 f. — der Wäsche der Gefangenen in den Gerichtsgefängnissen **83**, 106 — der Gefängnisbücher **83**, 128 — der allgemeinen Erlasse **87**, 140 — s. a. Aktenaufbewahrung, Nebenregister, standesamtliche, Überführungsgegenstände.
Aufbringungsgebühren s. Belohnung.
Aufenthaltsort, Wechsel desselben bei Zustellungen durch die Post **89**, 249 ff.
Aufforderungen im Strafverfahren **79**, 555 ff. — durch die Gerichtsvollzieher im Zwangsvollstreckungsverfahren **79**, 1510.
Aufgabe zur Post, Zustellung **79**, 1233, 1234, 1247 ff.; **81**, 327; **95**, 315; (Form.) **79**, 1270 — s. a. Probeaufgaben.
Aufgebot, Ausübung der Befugnis zur Dispensation von dems. **76**, 76, 77 f.; **79**, 1897 ff.
Aufgebote, Protokolle der Gerichtsschreiber über Anträge auf Erlassung solcher **79**, 749 — Anheftung durch Gerichtsvollzieher **79**, 1260 f.
Aufgebotsverfahren bei den Amtsgerichten, Bezeichnung mit E **80**, 421 f.
Aufhebung früherer Gerichte **79**, 90 f.
Aufnahme von Hypothekenschätzungen **63**, E. H., 40 — von Testamenten durch die Gerichte **63**, E. H., 47 f. — von Begnadigungsgesuchen in Übertretungssachen, dann in Verbrechens- und Vergehensfällen **63**, E. H., 73 ff., 76; **72**, 207; **79**, 1174; **92**, 289 f. — von Notariatsurkunden bei Beteiligung Pflegbefohlener **67**, 225 ff., 289 f.; **69**, 111 ff., 141 ff. — von Protesten bei Wechseln und kaufmännischen Anweisungen durch Gerichtsvollzieher **79**, 106, 628, 1194, 1210, 1567 f. — der Gefangenen in den Gerichtsgefängnissen **83**, 90 ff. — von Gerichtsschreibergehilfen **91**, 136, 137, 143; **92**, 131 f., 132 ff. — von Inzipienten **92**, 133 — der Pfleglinge der Privatirrenanstalten **96**, 36 f., 37 ff.
Aufnahmsurkunde für die ordentlichen Mitglieder des Pensions- u. Unterstützungsvereins der Kanzlisten bei d. Justizbehörden Bayerns **91**, 146 (Form. 159).
Aufrechnung der Tagegelder und Reisekosten bei auswärtigen Dienstgeschäften der Beamten und Bediensteten des Zivilstaatsdienstes s. Tagegelder u. Reisekosten.
Aufrückungsstellen im niederen Justizdienste **86**, 13 f., 74 f.
Aufschreibbücher von Gewerbetreibenden für die Gerichtsgefängnisse **83**, 184.
Aufschreibung des Gefängnisvorstandes über Visitationen **83**, 80 — der Gefängniswärter **83**, 180, 184 — der Gerichtsschreiber über die Einnahmen an Schreibgebühren **92**, 141 f.
Aufschub s. Strafaufschub.
Aufseher in den Justizgebäuden zu Zweibrücken, Nürnberg und Augsburg **79**, 391; **86**, 66, 70, 74; **87**, 69 — in den Landgerichtsgefängnissen der Pfalz **83**, 82; **86**, 12 ff., 68, 70 ff., 74; **87**, 69 — Personalakten und Qualifikation **86**, 76 ff. — s. a. Gefängnisaufseher.
Aufsicht, Recht **79**, 107 f.; **81**, 250 — über die Gerichtsvollzieher **79**, 618, 725 f. — über die Bewerber um das Gerichtsvollzieheramt **79**, 718 — in den Landgerichts- und Amtsgerichtsgefängnissen **79**, 1271 f.; **83**, 89 — über die rechnerische Behandlung d. Gebührenwesens **79**, 1309 f. — auf die Bewerber um das Gerichtsschreiberamt **80**, 33 f. — über die Rechtspraktikanten **93**, 143 f., 167, 173, 178 f. — s. a. Beaufsichtigung, Dienstaufsicht, Oberaufsicht, Polizeiaufsicht.
Aufsichtsbehörden, Berichterstattungen derselben hinsichtlich der Personalverhältnisse der Justizbeamten **83**, 306 ff.; des niederen Justizpersonals **86**, 80 ff.; **91**, 137 f. a. 143; **92**, 136.
Aufwand auf Hypothekenbücher **63**, E. H., 88 f.; **67**, 41 f. — auf das Landbauwesen des Staates **64**, 33 ff.
Aufzeichnung der zur Konkursmasse gehörigen Gegenstände durch Gerichtsschreiber

79, 812 ff.; durch Gerichtsvollzieher 79, 1562 f., 627 — von Inventarstücken in den Gerichtsgefängnissen 83, 192.
Augenschein, Protokoll der Gerichtsschreiber über Gesuche um Einnahme dess. 79, 748.
Augsburg, k. Amtsgericht, Erhebung und zwangsweise Beitreibung der Gebühren in gerichtlichen Strafsachen durch Gerichtsschreiber 79, 1444 — Behandlung des Gebühren- und Rechnungswesens 96, 36.
Ausarbeitung von Protokollen durch Gerichtsschreiber 79, 755.
Ausbezahlung der Gebühren für Zeugen u. Sachverständige 63, 183 ff.; 79, 1428 ff.; 84, 223 f. — von Geldern durch Gerichtsvollzieher, Empfangsbescheinigung 79, 1196 — von Gerichtsauslagen im Gebührenwesen 79, 1331 — der Kosten in gerichtlichen Strafsachen 79, 1425 f. — der Kosten in Forstrügesachen 79, 1659 f.
Ausfertigungen, Unterzeichnung 66, 27 f.; 79, 95, 98, 100 — vollziehbarer Notariatsurkunden 67, 176 ff. — von Urteilen, Beschlüssen und Entscheidungen 79, 744, 745, 759 f., 780 — von Akten durch Gerichtsschreiber 79, 826 ff. — Zustellung durch Gerichtsvollzieher 79, 1234 — Beglaubigung bei der Zustellung 80, 281 — im Gerichtsschreiber- und Gerichtsvollzieherdienst, Einrichtung 80, 462 f. — von Urteilen im Disziplinarverfahren gegen richterliche Beamte 81, 263 — Formulare zu gerichtlichen 89, 169 — s. a. vollstreckbare Ausfertigungen.
Ausführung v. Gesetzen, Verordnungen ꝛc. s. die betr. Bestimmungen.
Ausführungsgesetz vom 23. Februar 1879 zum Gerichtsverfassungsgesetz 79, 89 ff. — Vollzug 79, 112 ff., 381 ff.; 90, 161; des Art. 1: 79, 741 ff.; des Art. 6: 79, 644 f.; des Art. 9: 79, 257 ff.; des Art. 15: 90, 161; des Art. 17 Abs. 4: 79, 540 f., 928 f., 1165 f.; des Art. 19: 80, 249; des Art. 20 Abs. 2: 82, 1 f.; des Art. 23: 80, 292; des Art. 24: 80, 295 f.; des Art. 25: 80, 296; des Art. 30 Abs. 2: 79, 533 ff.; des Art. 32: 80, 249; des Art. 35: 80, 431; des Art. 53: 79, 644 f.; der Art. 54—56: 79, 1179 f.; des Art. 56: 79, 536 f., 538 ff.; des Art. 59: 81, 453 f.; des Art. 61: 79, 608; 93, 142; des Art. 62: 79, 605 ff., 743 ff.; des Art 64: 79, 606 f.; des Art. 65: 79, 610 ff., 713 ff., 1185 ff., 1233 ff., 1494 ff.; des Art. 68: 80, 384; des Art. 69: 80, 4 f.; 81, 166; der Art. 69 ff.: 81, 165 ff., 178 ff.; der Art. 69—72: 79, 1271 f.; des Art. 76: 79, 661 ff., 1277 ff.; 88, 219 ff.; des Art. 76 Abs. 3: 82, 311 ff., 318 ff.; des Art. 80: 79, 369 ff.
vom 23. Februar 1879 zur Zivilprozeß- und Konkursordnung, Vollzug des Art. 6 Abs. 3: 79, 329 f.; des Art. 29: 91, 161; der Art. 62—67: 79, 101; des Art. 88 Abs. 6: 79, 633 ff.; der Art. 155—157: 80, 421; des Art. 171: 79, 1161 ff.; des Art. 208: 80, 422; des Art. 219: 80, 189 f.; des Art. 234: 79, 222 ff.
vom 18. August 1879 zur Strafprozeßordnung, Vollzug der Art. 23, 25—28: 79, Beil. 29; des Art. 27 Abs. 2: 83, 77 ff.; des Art. 72: 79, 1604 f.; 80, 302; der Art. 85 ff.: 79, 1713; der Art. 98 ff.: 79, 1709 ff.; 81, 418 ff.; des Art. 116: 83, 78.
Ausgaben für ständige Baufälle 64, 25 ff. — s. a. Bauausgaben, Bauunterhaltungsausgaben, Unterhaltungsausgaben.
Aushändigung gerichtlicher Akten an die Notare 63, 69 ff. — von Entscheidungen durch Gerichtsschreiber 79, 801 ff.
Aushebung, Heranziehung zu derselben von in Untersuchungs- oder Strafhaft befindlichen Militärpflichtigen 88, 164 f.
Aushebungsbezirk, Verständigung der Distriktspolizeibehörde des Aushebungsbezirks von gerichtlichen Bestrafungen jugendlicher Personen 91, 32.
Aushilfe im Kanzleidienste bei den Gerichten 63, E. H., 16, 83, 101 f. — im Botendienste 70, 488; 71, 104 f. — bei Landgerichten 79, 98 — bei der Staats- und Amtsanwaltschaft 79, 104 — bei Verhinderung des Gerichtsvollziehers 79, 616 — s. a. Geschäftsaushilfe.
Aushilfsgefängnisse, landgerichtliche 79, 1273; 83, 79, 80, 81 f.
Aushilfsschreiber, staatsanwaltschaftliche, Beitritt zum Pens.- und Unterst.-Verein der Kanzlisten bei den Justizbehörden Bayerns 91, 145.
Auskunftspersonen und **Identitätszeugen** in Notariatsurkunden 66, 126 ff., 146 ff., 154 ff., 186 ff., 291 ff.; 67, 230 ff.; 68, 182 ff.; 69, 138.
Auslagen der Gerichtsvollzieher 79, 628 f., 1187, 1192 f., 1197, 1204, 1520; 81, 335 ff.; 83, 359 — rechnerische Behandlung der bei den Gerichten und Staatsanwaltschaften anfallenden A. durch Gerichtsschreiber 79, 1314 ff. — Behandlung im Gebührenwesen 79, 1321, 1327 ff., 1330, 1331, 1332, 1334 f., 1347, 1350 — rechnerische Behandlung u. Beitreibung in gerichtlichen Strafsachen 79, 1426, 1433 ff., 1436 ff. — Behandlung der in

Forstrügesachen vom Staate vorzuschießenden 79, 1659 f. — deren Nichterstattung für Einziehung und Beitreibung von in einem anderen Bundesstaate erwachsenen Gerichtskosten 80, 272 — der Staatskasse für Zustellungen von amtswegen, Behandlung 81, 321 f.; 86, 178 — der Konsuln 87, 288 f. — Behandlung der Gerichtsauslagen bei Ersuchen bayerischer Gerichte 88, 144 f. — s. a. Auslagenregister, Auslagenvorschüsse, Baarauslagen, Quittungsverzeichnis.

Auslagenregister, Führung 79, 1331 ff., 1379; 88, 145 f., (Form. 79, 1379 ff.) — besondere für Handelssachen 79, 1334.

Auslagenvorschüsse im Gebührenwesen 79, 1327, 1334; 80, 287 f. — in gerichtlichen Strafsachen 79, 1438 — bei Zustellungen von amtswegen 81, 322 — Verrechnung bei Ersuchen bayerischer Gerichte 88, 144 f.

Ausland, Verkehr der Gerichte mit dems. 64, 63 f. — Mitteilung über Verurteilung von Ausländern 67, 169 ff., 210; 78, 145 f.; 88, 147 ff.; 89, 201 f.; 95, 23 f.; (Italienern) 72, 61 ff.; (Schweizern) 75, 7 f.; (Belgiern) 75, 183 f.; (Luxemburgischen Staatsangehörigen) 77, 117 f.; (Spanischen und Brasilianischen Staatsangehörigen) 79, 65 ff.; (Portugiesischen Staatsangehörigen) 95, 23 f. — Zurücknahme von Haftrequisitionen an ausländische Behörden 69, 120 — Behandlung des Nachlasses deutscher Reichsangehöriger im Ausland durch Konsuln 71, 183 ff. — Reisen von Staatsdienern in dass. 72, 25 — Ausländer im Sinne des Heimatsgesetzes vom 16. April 1868: 72, 213 f. — Veröffentlichung der Ausweisung von Ausländern 73, 185 f., 186 f. — Behandlung des Nachlasses von in Bayern verstorbenen Ausländern 77, 129 f.; 78, 13 f. — Verbot ausländischer periodischer Druckschriften 78, 177 — gerichtliche Zustellungen in einem Verfahren vor ausländischen Behörden 79, 1260 — Vorschußpflicht von Ausländern (Österreicher) 80, 61 f. — Verweisung von Ausländern aus dem Reichsgebiete 80, 151 f.; 90, 257; 91, 68 — Anweisungen bezüglich der im Auslande zu bewirkenden Zustellungen 81, 360 f., 362; 87, 57 f., 279 ff. — Verehelichung von Ausländern 85, 88 f. — Festsetzung der Mittelwerte ausländischer Währungen (depositalmäßige Behandlung ausländischer Wertpapiere) 89, 105 — Verpflichtung der vor französischen Gerichten als Kläger auftretenden Ausländer zur Sicherheitsleistung 95, 251 — s. a. Anträge, Ausweisung, Beweisaufnahmen, diplomatischer Verkehr, Ersuchschreiben.

Auslauf, Behandlung 63, 112 f.; 79, 748.

Auslaufsbücher über strafrechtliche Gegenstände, Vernichtung 70, 67.

Auslaufsjournale, Vernichtung 70, 64 — für Gelder, Wertsachen, Akten und andere Ausläufe von besonderer Wichtigkeit 87, 41 f. (Form. 43 ff.).

Auslieferung von Verbrechern 64, 29 ff. — von Deserteuren anderer Bundesstaaten, Kosten 77, 110 f. — von Akten im Strafprozesse durch Behörden der K. Verkehrsanstalten 80, 224 f. — von Verbrechern an außerdeutsche Staaten, Verfahren hiebei 90, 205 ff.; 93, 93 f. — das behufs Erwirkung von Auslieferungen von den Justizbehörden zu beobachtende Verfahren 90, 210 ff.; 92, 45 ff., 54 f.; 94, 21 f. — s. a. die einzelnen Länder.

Auslieferungsvertrag des Deutschen Reichs mit Italien vom 31. Oktober 1871, Vollzug 72, 61 ff.; 75, 89 f.; 76, 148; 78, 165; 93, 299 ff. — mit der Schweiz vom 24. Januar 1874, Vollzug 75, 7 f. — mit Belgien vom 24. Dezember 1874, Vollzug 75, 183, 184; 79, 364 — mit Luxemburg vom 9. März 1876, Vollzug 77, 117 f., 118 — mit Spanien vom 2. Mai 1878 und mit Brasilien vom 17. Sept. 1877, Vollzug 79, 65 f., 66 f.

Auslobungen für Ermittelung von Verbrechern 91, 2 f.

Ausloosung der Schöffen, Geschworenen und Hilfsgeschworenen, Protokolle der Gerichtsschreiber hierüber 79, 754, 757, (Form. 1003 f.).

Ausscheidung s. Aktenausscheidung.

Ausschließung von Mitgliedern der Disziplinargerichte 81, 255 f. — aus dem Pensions- und Unterstützungsverein der Kanzlisten bei den Justizbehörden Bayerns 91, 147 — von Kanzlisten von der Verwendung bei Behörden des Justizdienstes 91, 143, 147.

Ausschreibgebühren 81, 190, 191, 192.

Ausschreibungen im Beiblatte zum Zentralpolizeiblatt behufs Strafvollzugs 66, 166 f., 347 ff.; 72, 193 f. — Stilistik bei öffentlichen amtlichen A. 67, 45 — Veröffentlichung amtlicher A. durch das Zeitungsblatt: „Nachrichten aus Deutschland" in New-York 87, 309; 91, 172; 94, 21 — der Handelsregistereinträge 91, 195 f., 240 f. — s. a. Ankündigung.

Ausschuß s. Zentralausschuß.

Außereheliche Kinder, Beurkundung von Verträgen und Vergleichen über Alimentation ders. 64, 20 f.; 66, 224 f. — Familiennamen 64, 113 ff. — Requisitionen zur Feststellung der Vaterschaft, Alimente rc. 64, 121 ff. — Erziehung 66,

225 f. — Mitteilung der Anerkennung derselben an die Standesbeamten **86**, 208.
Aussetzung einer Belohnung s. Auslobungen.
Ausstandsverzeichnisse der Verwaltungsbehörden, Gemeinde- und Stiftungsverwaltungen **79**, 330, 1560 f.
Austritt von Gerichtsschreibergehilfen, Anzeige hierüber **91**, 137, 143 — aus dem Pens.- u. Unterstütz.-Verein der Kanzlisten bei den Justizbehörden Bayerns **91**, 146.
Auswahl der zur Veröffentlichung amtlicher Bekanntmachungen bestimmten Blätter **79**, 362 f.; **82**, 267.
Auswanderung, Bestrafung der ungesetzlichen Auswanderung nach Nordamerika **69**, 133 f.
Ausweißen der Geschäftslokalitäten, Verrechnung der Kosten **63**, E. H., 87.
Ausweisungen **72**, 96, 97; **73**, 185 f., 186 f.; **80**, 151 f.; **90**, 256, 257; **94**, 173 f.; **95**, 86 f.
Auszahlung der Bezüge der Gerichtsschreibergehilfen **92**, 134 — der Nebenbezüge der Obersekretäre und geschäftsleitenden Sekretäre 136.
Auszeichnungen des Gerichtsvollziehers, Aufführung bei der Qualifikation **79**, 730 — Allerhöchste Bewilligung zur Annahme fremder A. **87**, 40 f.
Auszüge aus der Vormerkungsliste der Amtsgerichte über den Vollzug von Freiheitsstrafen **79**, 1657, Beil. 47 — aus den Personalausweisen der Gerichtsvollzieher **79**, 730 — von Urteilen, Beschlüssen und Entscheidungen 2c. **79**, 744, 745, 759 f., 795, 826 ff. — aus dem Vorladungsverzeichnisse zur Hauptverhandlung in Forstrügesachen **79**, 787, 1254; **85**, 131, (Form. **79**, 1685) — von Urteilen im Disziplinarverfahren gegen richterliche Beamte **81**, 263 — s. a. Geburtsregisterauszüge, Handelsbuchsauszüge, Katasterauszüge, Pfarrbuchsauszüge, Sterberegisterauszüge, Tagebuchsauszüge, Trauregisterauszüge, Zivilstandsregisterauszüge.
Autographische Pressen, Benützung bei den Gerichten **63**, E. H., 79 — der Gerichtsschreibereien **70**, 407; **79**, 745 — Benützung durch die Staatsanwaltschaft **70**, 525 f.
Aversen für Schreibmaterialien und sonstige Regiebedürfnisse bei den Gerichten **63**, E. H., 78 f., 83 f., 101 f.; **68**, 145 f., 150; **92**, 135 — für Kanzleiaushilfe, Verwendung **63**, E. H., 102 — Anträge auf Erhöhung der in den Spezialetats vorgesehenen, einer spezifizierten Rechnung nicht unterliegenden A. **80**, 153 — s. a. Botenlohnaversen, Geldaversen, Jahresaversen, Regieaversen.

B.

B. Bezeichnung der Urkundenprozesse bei den Amtsgerichten, Landgerichten in I. Instanz und bei den Oberlandesgerichten, dann derjenigen Vergehen und Uebertretungen, bei welchen ein Strafbefehl beantragt oder erlassen war, und der Sachen, welche auf Grund des § 448 Abs. 2 der R.St.P.O. zur Hauptverhandlung gebracht worden sind, sowie der Sachen I. Instanz, in denen das Hauptverfahren wegen Vergehen eröffnet worden ist, ferner der durch Art. 35 des A.G. z. R.G.V.G. den Schwurgerichten zugewiesenen Preßsachen und der Revisionen gegen Urteile der Berufungsinstanz in Privatklagesachen mit diesem Buchstaben **80**, 421, 423, 430, 431 — Bezeichnung des Verzeichnisses der Strafgefangenen mit diesem Buchstaben **83**, 132.
B. Bezeichnung der Wechselprozesse bei den Amtsgerichten, Landgerichten in I. Instanz und Oberlandesgerichten, dann der Verwerfung des Einspruchs gegen einen Strafbefehl ohne Beweisaufnahme mit diesem Buchstaben **80**, 421, 423, 430.
Baarauslagen, Einforderung von Vorschüssen zur Deckung von solchen **80**, 287 f.
Baden, Jurisdiktionsverhältnisse zwischen Bayern u. Baden **74**, 65 f. — Übereinkunft hiemit bezüglich der Kosten der Rechtshilfe in Strafsachen **84**, 20 f. — Verlassenschaftsbehandlung der in Bayern gestorbenen badischen Staatsangehörigen **88**, 171.
Bänke in den Sitzungs- und Wartezimmern, Anschaffung **63**, E. H., 86.
Bahn-Ingenieure, direkter Verkehr mit den übrigen Behörden **70**, 10 f.

Bank, Königliche, Anlegung von Depositen durch Notare **63**, E. H., 42 f. — Anlage von Depositen und Privatgeldern bei der K. Bank in Nürnberg und ihren Filialen **75**, 347 f.; **93**, 52 f. — Versendung von Pupillen-Depositen an dies. **78**, 209 f. — Besorgung des Depositenwesens bei den Amtsgerichten durch dies. **79**, 109 — Aufbewahrung von Geldern und Wertpapieren bei ders. durch die Gerichtsvollzieher in der Pfalz **79**, 1196 — Übertragung des Depositenwesens bei dem K. Amtsgericht München I, Abt. A f. Zivilsachen an dies. **82**, 311 ff., 321 f.; **83**, 63 f. — Bestimmungen über die Geldanlagen bei ders. im Depositenverkehr **87**, 124 ff.; **93**, 52 f., 257.

Banknoten, Reichsgesetz **71**, 95 — s. a. Reichsbanknoten.

Barett, Bestandteil der Sitzungskleidung **79**, 392, 1909 ff.

Bauämter, Mitteilung der Ergebnisse d. im Gebiete der Straßenpolizei eingekommenen Anzeigen wegen Übertretungen in bezug auf Staatsstraßen an dies. **79**, Beil. 40.

Bauamtsschreiber, Militärpensionen **95**, 128.

Bauausgaben, ständige, von Gerichten **63**, E. H., 87; **64**, 25 ff.; **69**, 14 f. — für Unterhaltung der Staatsgebäude **64**, 33 ff.; **81**, 414 — ständige, in Gefängnisgebäuden **70**, 193.

Baubehörde, technische Revision von Kostenvoranschlägen durch dies. **65**, 68 f.

Baufälle an Staatsgebäuden, Wendung **64**, 33 ff.

Baufonds, Verrechnung von Kosten und Ausgaben auf solche **81**, 414.

Bauführung, Ausspruch über die Ermächtigung der Polizeibehörde zur Beseitigung des ordnungswidrigen Zustandes **63**, 3 f.

Baunach, Aufhebung des Notariats dortselbst **89**, 133.

Bauunterhaltungsausgaben von Gerichten **63**, E. H., 85 f., 87 f.

Beamte, Jagdpachtung **63**, 11 ff. — Gärten an den Dienstwohnungen **65**, 39 f. — Nebengeschäfte **68**, 245 f. — Quiescenz **70**, 50 f. — Erhebung der Dienstesunfähigkeit in Irrenanstalten befindlicher B. **73**, 117 — Amtsbürgschaften **75**, 22 ff.; **79**, 1314; **84**, 128 f. — des Zivilstaatsdienstes, Aufrechnung der Tagegelder und Reisekosten bei auswärtigen Dienstgeschäften **75**, 50 ff., 58 ff. — Verzichtsurkunden der Ehefrauen kautionspflichtiger B. **78**, 261 ff. — Zuständigkeit der Landgerichte für Ansprüche derselben und gegen sie **79**, 96 — Berufung zur Amtsanwaltschaft **79**, 103 f. — Ladung öffentlicher Beamten in Zivil-, Straf-, Verwaltungs- und Verwaltungsrechtssachen **79**, 780, 787 f., 1254, 1291 ff., Beil. 18, 82 — einer Behörde, Zustellung an solche an Stelle des Vorstandes **79**, 1240 (Form. 1266) — Pfändung **79**, 1517 — Anzeige vor der Verhaftung eines Beamten an dessen vorgesetzte Dienstesbehörde durch den Gerichtsvollzieher **79**, 1550 — Dienstalter richterlicher B. **80**, 249 — Erhebung und Verrechnung von Tagegeldern und Reisekosten gerichtlicher B. **83**, 331 f. — Mitteilungen über strafgerichtliche Untersuchungen gegen solche an die Finanzbehörden **84**, 209 ff. — zeugschaftliche Vernehmung von öffentlichen Beamten in Strafsachen **85**, 145 f. — Kostenwesen im Disziplinarverfahren gegen richterliche B. **85**, 147 — des Beurlaubtenstandes, Mitteilungen über gerichtliche Bestrafungen 2c. solcher **91**, 36 — s. a. Bundesbeamte, **Disziplinargesetz**, **Disziplinarverfahren**, **Fiskalbeamter**, **Gefängnisbeamte**, **Gemeindebeamte**, **Gerichtsbeamte**, **Hilfsbeamte**, **Justizbeamte**, **Militärbeamte**, **Reichsbeamte**, **Reichsgericht**, **Reihenfolge**, **Richterbeamte**, **Staatsbeamte**, **Standesbeamte**, **Strafanstaltsbeamte**, **Witwen**, **Zivilbeamte**.

Beaufsichtigung der Amtsgerichte **80**, 4 f.; **81**, 165 ff.; **88**, 271 f.; näheres s. unter Hypothekenwesen, nichtstreitige Rechtspflege, Pfalz, Pflegschaftswesen, Verlassenschaftswesen — der Hypothekenämter in der Pfalz **81**, 125 ff. — des Notariatswesens in den Landesteilen rechts des Rheins **81**, 233 ff. — s. a. Aufsicht.

Bedienstete, Nebengeschäfte öffentlicher B. **68**, 245 f. — einer Behörde, Zustellung an solche an Stelle des Vorstandes **79**, 1240 (Form. 1266) — Amtsbürgschaften **79**, 1314; **84**, 128 f. — des Zivilstaatsdienstes, Aufrechnung der Tagegelder und Reisekosten bei auswärtigen Dienstgeschäften **75**, 50 ff., 58 ff. — Ladung öffentlicher B. in Zivil-, Straf-, Verwaltungs- u. Verwaltungsrechtssachen **79**, 1291 ff., 1254 — Beurlaubung niederer B. bei den Gerichten und Staatsanwaltschaften **88**, 122 ff. — s. a. Forstschutzbedienstete, Gefängnisbedienstete, Gemeindebedienstete, Hilfsbedienstete, Strafanstaltsbedienstete.

Beeidigung der Schöffen **79**, Beil. 21 (Form. 149) — Protokolle der Gerichtsschreiber hierüber **79**, 754, 757 — s. a. Amtseid, Diensteid, Verpflichtung.

Beeidigungsregister, Führung **71**, 33 f.; **79**, 757 f. (Form. **70**, 285 f.) — Form der Beurkundung bei Hinweisung auf den früher geleisteten Diensteid **71**, 288 f.

Beendigung der in den Prozeßregistern und Vollstreckungsregistern eingetragenen einzelnen Sachen, Vermerk hierüber in genannten Registern **80**, 422, 423 — eines Konkursverfahrens, Eintrag im Konkursregister **80**, 424.
Beerdigungsgenehmigung bei Auffindung von Leichen **79**, 1575 f. (Form. 1577).
Beerdigungskosten, rechnerische Behandlung in gerichtlichen Strafsachen **79**, 1431 f.; **83**, 190 f., 193.
Beförderungen, Entrichtung der Gebühren hiefür durch Verwendung von Gebührenmarken **79**, 1485, 1489 — s. a. Administrationspersonal.
Beförderungsgesuche der Justizbeamten **81**, 297 ff.; **83**, 306 f.; **87**, 138 — Erwähnung des etwaigen Bezuges einer Militär- ꝛc. Pension bei deren Begutachtung **91**, 48.
Befragung von Personen zum Zwecke von Ermittelungen im Subhastationsverfahren und in Sachen der nichtstreitigen Gerichtsbarkeit **79**, 626, 1199 f.
Begießen der Straßen im Sommer, Verrechnung der Kosten **63**, E. H., 87.
Beglaubigung von Urkunden der Gerichte und Notare **63**, 95 ff.; **66**, 13 f.; **68**, 65 f.; **73**, 41 ff.; **79**, 21 f. — von Urkunden durch Reichskonsuln **71**, 175 f. — von Urkunden im Verkehr mit Österreich **79**, 21 f. — der Handelsbuchsauszüge und Handelsvollmachten in Nürnberg **79**, 91 — amtlicher Unterschriften **79**, 98 — von Abschriften durch die Gerichtsvollzieher **79**, 1193 f., 1234, 1250, 1254; **80**, 280 f.; **81**, 331 — Gebühr für Beglaubigung von Abschriften oder Auszügen, deren Fertigung besondere paläographische oder Sprachkenntnisse erfordert **79**, 1311 — der Abschriften und Ausfertigungen bei der Zustellung **80**, 280 f.; **81**, 375 — von Urkunden durch die italienischen Konsulate, Gebühren hiefür **90**, 396 — der Gesetzmäßigkeit inländischer öffentlicher Urkunden **91**, 240 — von Urkunden durch die Russische Gesandschaft, Gebühren **94**, 54 — der Erklärungen der Pfälzischen Hypothekenbank nach Art. 4 Abs. 1 der Novelle zur Subhastationsordnung **95**, 57 f. — von Unterschriften, Urteilsausfertigungen, Haftbefehlen bei Auslieferungsanträgen s. Erwirkung von Auslieferungen.
Begleitadressen s. Postpacketadressen.
Begnadigung bei ungesetzlicher Auswanderung nach Nordamerika **69**, 133 f.
Begnadigungsgesuche, Behandlung **63**, E. H., 73 ff., 76; **72**, 107; **79**, 1174; **92**, 289 f.
Behältnisse, Öffnung bei Zwangsvollstreckungen **79**, 1506.
Behändigungen durch die Gerichtsschreiber **79**, 801 ff.
Beheizung der Gerichtsräumlichkeiten **63**, E. H., 82 f., 83, 85, 90 f., 91; **80**, 155 — der Hafträume in den Gerichtsgefängnissen **83**, 104 — der Prüfungslokale bei den Prüfungen für den höheren Justiz- und Verwaltungsdienst **93**, 184 — s. a. Feuerungsmaterial.
Behörden, Benützung der in den K. Archiven vorhandenen Archivalien durch die K. Behörden **66**, 124 f. — Verkehr mit Bahningenieuren **70**, 10 f. — Verkehr mit auswärtigen B. (Ungarn) **70**, 58 — Gebrauch von Siegelwappen bei portofreien Dienstkorrespondenzen **72**, 118 — Formel für Entscheidungen der zur Ausübung der Gerichtsbarkeit berufenen B. **79**, 337 f. — Verkehr der Amtsanwälte mit solchen **79**, Beil. 44 f. — Zustellungen an solche durch Gerichtsvollzieher **79**, 1235 f., 1237, 1239 f., (Form. 1265 ff.) — im Sinne des Art. 163 des Gesetzes über das Gebührenwesen **79**, 1310 — s. a. Anschreiben, Anstellungsbehörden, Aufsichtsbehörden, Ausland, Baubehörde, Distrikts-Polizeibehörden, Ersatzbehörden, Finanzbehörden, Gemeindebehörden, Justizbehörden, Kuratelbehörden, Landesbehörden, Landes-Polizeibehörden, Militärbehörde, Nachweisung, Obervormundschaftsbehörden, Polizeibehörden, Reichsbehörden, Staatsbehörden, Vergleichsbehörden, Vermittelungsbehörden, Verwaltungsbehörden.
Beiblatt zum Zentralpolizeiblatt für den Strafvollzug in Übertretungssachen **66**, 166 f., 347 ff.; **72**, 193 f.; **73**, 16.
Beilage zu Nr. XVIII des Justizministerialblattes pro 1879, enthält die Vorschriften für die Geschäftsbehandlung in den zur Zuständigkeit der Schöffengerichte gehörigen Strafsachen **79**, 380.
Beilagen zum Tagebuch für Ersuchen und Aufträge **63**, 122 — zum Hypothekenprotokolle **72**, 128; **86**, 189; **94**, 229 — zum Armenrechtsregister **79**, 308 — zum Mahnregister **79**, 316 — zum Sühneregister **79**, 756 — des Dienstregisters und des Kassabuchs der Gerichtsvollzieher **79**, 1204, 1207, 1210 f., 1213 — der Kreisamtsblätter, unentgeltliche Abgabe an die K. Gendarmerie **81**, 376 ff.
Beiträge zum Pensions- und Unterstütz.-Verein der Kanzlisten bei den Justizbehörden Bayerns, Einhebung und Einsendungstermin **91**, 143 — rückständige 143 — Höhe 148.

Beitragspflichtige Mitglieder des Pensions- und Unterstützungs-Vereins der Kanzlisten bei den Justizbehörden Bayerns, Bekanntgabe derselben an die mit der Einhebung der Beiträge beauftragten Beamten 91, 143 f.

Beitreibung rückständiger Staats-, Gemeinde- oder Stiftungs-Gefälle, sowie sonstiger Geldforderungen des Staates, der Gemeinden und der Stiftungen 79, 329 f. — der in Strafsachen anfallenden Geldstrafen 79, 1315 — der Kosten in gerichtlichen Strafsachen 79, 1439 f., 1444 — und Stundung von Geldstrafen 80, 468 — der Staatsgefälle 80, 469 — von Geldstrafen in anderen Bundesstaaten, Kosten 86, 113 — s. a. Zwangsbeitreibung.

Bekanntmachung der Verpflichtung von Notaren und deren Amtsverwesern 65, 99; 82, 254 — amtliche, Auswahl der zu deren Veröffentlichung bestimmten Blätter 79, 362 f.; 82, 267 — öffentliche, im Gerichtsschreiberdienste 79, 797 ff. — Anheftung durch die Gerichtsvollzieher 79, 1260 f. — des Ausschlusses von der Verwendung bei Behörden des Justizdienstes 91, 147 — s. a. Ankündigung.

Bekleidung der Schüblinge 66, 286; 69, 86; 80, 111 f.; 81, 357 ff.; 86, 217 f. — der Gefangenen 67, 164; 70, 29 f.; 83, 105, 124, 189 f., 193.

Beköstigung der Gefangenen in den Gerichtsgefängnissen 83, 106 f., 184 ff.

Belastungs-Zertifikate, Erholung durch Notare 64, 7 f.

Belege zu den Gebührenregistern der Gerichtsschreiber 79, 1330 f.; 88, 145 — zum Verzeichnisse der Verpflegskosten 83, 188.

Belehrung des Gerichtsvollziehers wegen Mängel in seiner Geschäftsführung 79, 726.

Beleidigungen der Gendarmerie, Stellung von Strafanträgen hiebei 72, 294 — des Deutschen Reichstags 73, 91 — durch die Presse, Zuständigkeit 79, 99 — Sühneversuch 79, 111, 369 ff.

Beleuchtung der Gerichtslokalitäten 63, E. H., 83; 80, 155 — in den Gerichtsgefängnissen 83, 104, 182 f. — der Prüfungslokale bei den Prüfungen für den höheren Justiz- und Verwaltungsdienst 93, 184.

Belgien, Mitteilung der Verurteilung von Belgiern 75, 183, 184; 88, 147 ff.; 89, 201 f. — Vereinbarung zwischen Deutschland und Belgien wegen gegenseitiger Zulassung d. beiderseitigen Staatsangehörigen zum Armenrechte 79, 22, 23 f. — Vollzug des Auslieferungsvertrags zwischen Deutschland und Belgien vom 24. Dezember 1874: 75, 183, 184; 79, 564 — Ausführungsbestimmungen zur Literar-Konvention 85, 1 ff. — Rechtshilfeverkehr 87, 292 f. — s. a. Auslieferung, insbes. 90, 227 ff.; 93, 93 f., ferner s. a. Ehehindernisse.

Belohnungen von Gefängniswärtern 83, 193 — Aussetzung und Bewilligung solcher für Ermittelung und Ergreifung von Verbrechern 91, 2 f.

Benachrichtigungen der Hypothekschuldner durch das Hypothekenamt bei Veränderung in der Person des Gläubigers 71, 319 f. — von Beteiligten in Hypothekensachen, Vormerkung im Hypothekentagebuch 72, 128 — des Gläubigers von der Erhebung des Widerspruchs des Schuldners gegen einen Zahlungsbefehl 79, 315 f.; 81, 371 (Form. 79, 326) — im Strafverfahren 79, 555 f. — im Gerichtsschreiberdienst 79, 745, 799 ff. — vorsorgliche, des Schuldners und Drittschuldners von der beabsichtigten Pfändung einer Forderung 79, 1543 f. — der Schuldner über die Vormerkung von Arresthypotheken 91, 161 — nach dem Genossenschaftsgesetze 92, 63 ff. (Form. 66 f.)

Beratung in nichtstreitigen Sachen 79, 110 — im Disziplinarverfahren gegen richterliche Beamte 81, 263 f.

Berechnung der Freiheitsstrafen 64, 46, 155 ff. — der Umzugsgebühren 75, 345 f. — der Gebührenvorschüsse 79, 1326 — der Reiseentschädigung der Zeugen und Sachverständigen 80, 277 f. — der Sustentationen für die Sekretariatsassistenten 92, 225 f; s. a. 199 ff. — s. a. Kostenberechnung.

Bereinigung der Hypothekfolien nach erfolgtem Zwangsverkaufe von Liegenschaften 69, 177 f.

Bergpolizeiliche Vorschriften, Geldstrafen wegen deren Übertretung 81, 359 f.

Bergwerke, Schadensersatz für Tötungen und Körperverletzungen beim Betriebe von solchen 71, 124 ff. — Militärpensionen des Aufsichtspersonals derselben 95, 128.

Berichte, amtliche, an vorgesetzte Behörden und Stellen, Unterzeichnung 66, 27 f. — Form 74, 109, 141 (Form. 144) — Papierformat 77, 66 — s. a. Randberichte.

Berichterstattungen der Vorsitzenden der Schwurgerichte 80, 464 ff. — der Aufsichtsbehörden hinsichtlich der Personalverhältnisse der Justizbeamten 83, 306 ff.; hinsichtlich des niederen Justizpersonals 86, 80 ff.; 91, 137 s. a. 143; 92, 136.

Berichtigung, Gesuche um B. von Familiennamen 66, 157 ff. — von Schreibfehlern, Rechnungsfehlern ꝛc. Vermerkung auf den Urteilen 79, 759 — von Bestimmungen s. die bezüglichen Bestimmungen.

Berichtigungsverfahren nach § 65 des Reichsgesetzes vom 6. Februar 1875 über die Beurkundung des Personenstandes und die Eheschließung 86, 119 f.; s. a. 92, 117, 118.
Berufungen gegen Urteile der Amtsgerichte und Schöffengerichte 79, Beil. 26 ff. — Aufnahme des Protokolls über Einlegung ders. in Strafsachen durch Gerichtsschreiber 79, 750, 752 — Unstatthaftigkeit ihrer Einlegung in Strafsachen zum Sitzungsprotokolle 79, 1901 — Bezeichnung 80, 423, 429, 431 — gegen Urteile der Disziplinarkammern 81, 264 ff. — gegen Urteile in Forstrügesachen 85, 134 — in gewerblichen Streitigkeiten 92, 90 f.
Berufungsregister der Landgerichte und Oberlandesgerichte in bürgerlichen Rechtsstreitigkeiten 79, 822; 80, 423; 87, 332; 94, 137 f. (Form. 79, 897 ff.) — der Landgerichte in Strafsachen 79, 825; 94, 137 f. (Form. 79, 915 ff.) — s. a. Nachschlageregister.
Berufungsverfahren, Formulare hiefür 79, 936, 1079 ff.
Beschäftigung der Bewerber um das Gerichtsschreiberamt 79, 388; 80, 23, 33 — der Bewerber um Gerichtsvollzieherstellen 79, 717 f. — der Gefangenen in den Gerichtsgefängnissen 83, 108 ff., 115 — der Gerichtsschreibergehilfen 92, 133 — der Inzipienten 92, 133 f. — der Rechtspraktikanten während des Vorbereitungsdienstes 93, 141 ff., 163 ff. — der Sträflinge s. Übersicht — s. a. Informatorische Beschäftigung, Nebenbeschäftigung, Zivildienstliche Beschäftigung.
Bescheinigungen über die rechtzeitige Erhebung des Widerspruchs gegen einen Zahlungsbefehl 79, 316 (Form. 326) — des Rentamts über erfolgte Abrechnung 79, 1324 — des Gerichtsschreibers über das an die Post gerichtete Ersuchen um Bewirkung einer Zustellung 79, 783 f., 792; 81, 326, 327 f. — des Gerichtsvollziehers bei Zustellung durch die Post 79, 1245 f., 1247, (Form. 1269) — der Militärbehörde, Erteilung solcher an ehemalige Militärpersonen 86, 26, (Form. 56 ff.) — über die aus der Aufrechnung sich ergebenden Endzahlen in der Invaliditäts- und Altersversicherung 90, 342, 348 f. (Form. 356) — der Gesetzmäßigkeit inländischer öffentlicher Urkunden 91, 240 — s. a. Empfangsbescheinigungen, Rückempfangsbescheinigungen.
Beschlagnahme des Arbeits- oder Dienstlohnes 71, 95 — unbeweglicher Gegenstände in der Pfalz, Vorermittelungen zum Gesuche hierum und Stellung des Gesuches selbst durch Gerichtsvollzieher 79, 612; 81, 372 — Eintragung in das Hypothekenbuch in der Pfalz 79, 1161 ff. — einzelner zum Vermögen des Angeschuldigten gehörigen Gegenstände 79, 1559 — von Frachtgut 95, 113 f. — von Vermögensgegenständen s. Erwirkung von Auslieferungen.
Beschlüsse, Papierformat 77, 66 — Zuständigkeit zur Fassung gerichtlicher 79, 93 — Formel für Erlassung solcher 79, 338 — Behandlung durch die Gerichtsschreiber 79, 758 f. — Ausfertigungen und Auszüge aus solchen 79, 759 f. — der Verwaltungsbehörden, Gemeinde- und Stiftungsverwaltungen, zwangsweise Vollziehung 79, 1560 f. — aus § 317 der R.St.P.O., Angabe im Schwurgerichtskalender 80, 431 — der Zensurkommission bezüglich der bei der II. Prüfung für den höheren Justiz- und Verwaltungsdienst gelieferten Arbeiten der Prüfungskandidaten 93, 181 (Form. 215 ff.) — in Strafsitzungen, Aufnahme der Begründung in das Protokoll 94, 94 ff. — distriktspolizeiliche, über Unterbringung von Geisteskranken und Blödsinnigen in Irrenanstalten oder über deren sonstige Verwahrung 95, 72 ff. — s. a. Entmündigungsbeschlüsse.
Beschränkung der Zwangsvollstreckung s. Einstellung.
Beschuldigter, Ladung in der Voruntersuchung und in dem die öffentliche Klage vorbereitenden Verfahren durch einfache Mitteilung 79, 556 f. — Zustellungen von amtswegen durch Gerichtsschreiber an verhaftete B. 79, 622 — Erhebungen über dessen persönliche Verhältnisse 81, 58 ff. — Zustellungen an dens. im Disziplinarverfahren gegen richterliche Beamte 81, 257 f. — Feststellung der Vorstrafen in der Hauptverhandlung 94, 171 f. — s. a. Angeschuldigter.
Beschwerden gegen den Beschluß der Distriktspolizeibehörde auf Verwahrung 64, 69 f. — gegen Gebührenabstriche der K. Regierungsfinanzkammern 79, 195 — Zuständigkeit des Oberlandesgerichts München für Beschwerden in Strafsachen 79, 100 — in Aufsichts- u. Justizverwaltungssachen 79, 108 — wegen Verzögerung der Rechtspflege 79, 108 f. — in Rechtshilfesachen 79, 110 — Fälle der sofortigen B. in schöffengerichtlichen Strafsachen 79, Beil., 28 — der Gerichtsvollzieher im Disziplinarverfahren gegen sie und gegen die Verfügung der Suspension 79, 618 f. — wegen des Ansatzes von Gebühren und Auslagen 79, 751, 1351 f. — fiskalische, gegen die gerichtliche Entscheidung über

revisorische Erinnerungen **79**, 1345 — in bürgerlichen Rechtsstreitigkeiten und im Konkursverfahren, Bezeichnung mit H **80**, 428 — im Disziplinarverfahren gegen richterliche Beamte **81**, 258, 260, 267, 270 — der Gefangenen in Gerichtsgefängnissen **83**, 102 — wegen revisorischer Abstriche an Verpflegungskosten 2c. **83**, 191 — in gewerbegerichtlichen Streitigkeiten **92**, 90 f. — s. a. Rechtsmittel.

Beschwerderegister der Landgerichte, Oberlandesgerichte und des Obersten Landesgerichts in bürgerlichen Rechtsstreitigkeiten **79**, 822 f.; **80**, 423 (Form. **79**, 901 ff.) — des Oberlandesgerichts München in Strafsachen **79**, 825 (Form. 919 ff.).

Besetzung der Amtsgerichte **79**, 93 — des Obersten Landesgerichts **79**, 101, 102 — der Handelsrichterstellen **79**, 741 ff. — der Amtsanwaltschaft **79**, 1179 f. — der Stellen von Amtsgerichtsdienern **79**, 1580 — der Subaltern- und Unterbeamtenstellen bei den Reichs- und Staatsbehörden mit Militäranwärtern **86**, 11 ff., 20 ff., 41 ff., 64 f., 66 ff., 69 f.; **86**, 253 f.

Besitzentsetzung des Schuldners und Besitzeinweisung des Gläubigers bei Zwangsvollstreckung zur Erwirkung der Herausgabe einer unbeweglichen Sache oder eines bewohnten Schiffes **79**, 1547 ff.

Besitzergreifung, Bewirkung der Pfändung hiedurch **79**, 1518 f., 1520 ff.

Besitztitelberichtigung, Berechnung der Gebühr für den Eintrag derselben in das Hypothekenbuch **81**, 218 f.

Besitz- und **Belastungszertifikate**, Erholung solcher von den Rentämtern bei Besitzveränderungen **63**, E. H., 37 f. — Erholung durch Notare **64**, 7 f. — Gebührenfreiheit der rentamtlichen **80**, 346 f.

Besitzveränderung, Mitteilung der Notare an die Rentämter bezüglich solcher **64**, 5 ff. — an Liegenschaften **65**, 50 ff.; **69**, 150 — von steuerbaren Realitäten in folge Erwerbes von Liegenschaften und Legaten **65**, 52; **82**, 208 — notarielles Verzeichnis von beurkundeten Besitzveränderungen **65**, 74 — in Verlassenschaften **78**, 147.

Besitzveränderungsanzeigen **64**, 5 ff., 210 ff.; **65**, 49 ff.; **71**, 308 f.; **72**, 129 f.; **84**, 189; **85**, 114.

Besitzveränderungsgebühren **79**, 1325 f., 1327 f.

Besoldungsmehrungen, Entrichtung der Gebühren hiefür durch Verwendung von Gebührenmarken **79**, 1485 f., 1489.

Besoldungsquittungen, Entrichtung der Gebühren hiefür durch Verwendung von Gebührenmarken **79**, 1485, 1488; **86**, 182.

Besserungsanstalten, Unterbringung jugendlicher Personen in solchen **72**, 16, 16 ff., 181; **93**, 52; s. a. **91**, 65 ff.

Besserungsbefehle, Eintrag im Register 2c. **79**, 804.

Bestätigungen, gerichtliche, Zuständigkeit **79**, 93 — der Gerichtsschreiber **79**, **744**; **88**, 145 f.

Bestellbuch, Führung durch Gerichtsschreiber **79**, 748; **87**, 41 ff., 66; **88**, 228, 262 (Form. **87**, 43 ff.).

Bestellgebühr **84**, 26 f.

Bestellung der Amtsanwälte **79**, 103 f. — der Untersuchungsrichter **79**, 631 f., 1879 f.; **81**, 416.

Besteuerung des Gewerbebetriebs im Umherziehen, Zuwiderhandlungen gegen das Gesetz hierüber **79**, 1712 ff.

Bestrafungen, gerichtliche, Studierender der Hochschulen und Schüler anderer öffentlicher Lehranstalten **91**, 74 f.; der Militärpersonen 31 ff.; verabschiedeter Offiziere 40 f.

Bestreuung der Gehwege im Winter, Kosten **63**, E. H., 87.

Besuche in den Gerichtsgefängnissen **83**, 118 f.

Bettel, Überweisung an die Landespolizeibehörde wegen solches, Voraussetzungen hiefür **80**, 151 f. — s. a. Bettler, Nachhaft.

Betten, Pfändung **79**, 1516.

Bettlager in den Gerichtsgefängnissen **83**, 105.

Bettler, Handhabung der Sicherheitspolizei in bezug auf solche **82**, 66 ff. — s. a. Ausweisung, Bettel, Nachhaft.

Beurkundung selbständiger Anträge auf Vormerkung oder Eintrag einer Hypothek, Befugnis der Notare hiezu **64**, 257 f. — von Verträgen und Vergleichen über Alimentation außerehelicher Kinder **64**, 20 f. — notarielle von Wechselprotesten **67**, 174 ff. — Form derselben bei Hinweisungen auf den Diensteid **71**, 288 f. — des Personenstandes und der Eheschließung s. Zivilehegesetz.

Beurlaubtenstand, Verrechnung der Haftkosten bei Disziplinarstrafen gegen Personen dess. **82**, 134 f.; **83**, 195 — Mitteilungen über gerichtliche Bestrafungen von Militärpersonen dess. **91**, 34 ff.

Beurlaubung der im aktiven Militärdienst befindlichen Militäranwärter im Interesse ihrer Zivilversorgung **86**, 41 ff. — bei den Gerichten und Staatsanwaltschaften **88**, 122 ff. — der Gerichtsschreibergehilfen **92**, 133 — s. a. Urlaub.

Bevollmächtigte der Auftraggeber des Gerichtsvollziehers **79**, 1186 f., 1235 — Haftung der B., welche nicht Rechtsanwälte

sind, für Gebühren und Auslagen **79**, 1350 — s. a. Prozeßbevollmächtigte, Zustellungsbevollmächtigter.
Bewachung von Leichen, Kosten **85**, 10 f.
Bewaffnung der Gefängnisbediensteten **83**, 86.
Bewegung im Freien der Gefangenen in den Gerichtsgefängnissen **83**, 115 f.
Beweisaufnahmen, Anträge auf solche, von welchen im Auslande Gebrauch gemacht werden soll **85**, 87 f., 95 ff.; **86**, 125 f.
Bewerber um das Gerichtsschreiberamt **79**, 387 f.; **80**, 21 ff.; **81**, 57 f.; **82**, 2; **83**, 27 f., 225 f.; **86**, 112, 114, 294; **88**, 58, 107 f. — um Gerichtsvollzieherstellen **79**, 607, 610 f., 713 ff.; **80**, **472** f.; **81**, 57, 153 f., 393 f.; **86**, 104 f. — um Anstellung im Justizstaatsdienst **80**, 121 ff., 237 ff.; **83**, 294, 317 ff.; **93**, 137; **95**, 234; s. a. Übersicht — s. a. Militärbewerber, Zivilbewerber.
Bewerberverzeichnisse 86,16ff.,30ff.,37.
Bewerbungen seitens der Militäranwärter um Anstellung im subalternen Zivildienste **88**, 235 ff.
Bewertung der Prüfungszeugnisse für die Bewerber um das Gerichtsschreiber- und Gerichtsvollzieheramt **81**, 57 f. — s. a. Gebührenbewertung.
Bewilligung, Allerhöchste, zur Annahme fremder Auszeichnungen **87**, 40 ff.
Bezeichnung, katastermäßige, der Immobilien in Notariatsurkunden **64**, 5 ff.; **65**, 74 f. — der Parteivertreter bei Abfassung der Urteile in bürgerlichen Rechtsstreitigkeiten **82**, 158 — des Meterflächenmaßes **84**, 35 f. — der portopflichtigen Dienstbriefe **85**, 195 f.
Bezirke von Gemeinden, Amtsgerichten, Bezirksämtern, Verfahren bei Änderungen von solchen **81**, 362 — s. a. Aushebungsbezirke, Einlieferungsbezirke, Gerichtsbezirke, Schwurgerichtsbezirke.
Bezirksämter, Übernahme der Amtsanwaltschaft **79**, 1179 f.; s. a. **67**, 281 ff. — Bestimmungen über die Behandlung des Gebührenwesens bei dens. **79**, **1314** ff., 1320 ff., 1336 f. — Befugnis zur Abordnung der Gendarmerie zur Unterstützung der Gerichtsvollzieher bei Zwangsvollstreckungen **82**, 70 f. — Errichtung eines Bezirksamts in Ludwigshafen a. Rh. **86**, 183 — Vorbereitungsdienst der Rechtspraktikanten bei dens. **93**, 141 ff., 164 ff. — s. a. Bezirke.
Bezirksärzte, Thätigkeit bei Unterbringung von Blödsinnigen und Geisteskranken in Irrenanstalten oder bei deren sonstigen Verwahrung **95**, 73 f. — s. a. Amtsärzte.
Bezirksärztliche Stellvertreter, Diensteinweisung und Verpflichtung **81**, 96 ff. — s. a. Ärzte.
Bezirksamtsassessoren, Verpflichtung **67**, 282 f. — exponierte, Hilfsbeamte der Staatsanwaltschaft **79**, 536 — als Amtsanwälte **79**, 1180 — Gebührenbewertung durch dies. **79**, 1314 ff., 1320 ff., 1336 f.
Bezirksamtsdiener, Militärpensionen **95**, 128.
Bezirksamtsschreiber, Militärpensionen **95**, 128.
Bezirkskommando, dessen Verständigung von gerichtlichen Bestrafungen ꝛc. der Militärpersonen des Beurlaubtenstandes **91**, 35, 36; verabschiedeter Offiziere **91**, 40 f.
Bezüge des instabilen Gerichtspersonals **63**, E. H., 79, 85, 96 f., 101 f.; **77**, 249; **92**, 131, 134 f. — des Dienerpersonals **63**, E. H., 84, 85, 96 f. — der Gerichtsschreibergehilfen **91**, 137 f., 143; **92**, 134 — s. a. Funktionsbezüge, Gehalte.
Bibliotheken der Gerichte, Mitbenützung durch Staatsanwälte **67**, 108 ff.; **71**, 61 f. — Ausscheidung **70**, 61 ff., 452 f. — s. a. Bücher, Büchersammlungen.
Bibliothekordnung für die Kollegialgerichte **67**, 107 ff.
Bierbrauerei, Zwangsvollstreckung in die dem Betriebe derselben dienenden Brauhäuser u. s. w. s. Malzaufschlag.
Bildende Künste s. Urheberrecht.
Bildnisse der K. Majestät, Anschaffung **63**, E. H., 86 — Seiner K. Hoheit des Prinz-Regenten **86**, 265 f.; **92**, 118 f.
Bindfaden, Naturalabgabe **63**, E. H., 78; **68**, 146; 80, 156.
Binnenschiffahrt, Vollzug des Reichsgesetzes vom 15. Juni 1895 über die privatrechtlichen Verhältnisse derselben **95**, 297 f., 298 ff.
Blätter, Verrechnung der Abonnements auf amtliche B. **68**, 172 — Reklamationen abgängiger Nummern amtlicher **73**, 87 ff. — Auswahl der zur Veröffentlichung amtlicher Bekanntmachungen bestimmter **79**, 362 f.; **82**, 267 — Einrückung von Auszügen ꝛc. bei öffentlichen Zustellungen und Ladungen **79**, 795 ff. — s. a. Kreisamtsblatt, Zentralpolizeiblatt.
Blattzahlen in Akten der Strafkammern und Schwurgerichte **81**, 304.
Bleistifte des Gerichtspersonals, Bewilligung von Geldaversen hiefür **63**, E. H., 78; **68**, 145 f.; **75**, 313 f.; **80**, 156.
Blödsinnige, Unterbringung in Irrenanstalten oder deren sonstige Verwahrung **94**, 63 f.; **95**, 72 ff.
Bodenrinnen, Verrechnung der Ausgaben für Unterhaltung **81**, 414.

Bodenzinse, Eintragung in das Hypothekenbuch **86**, 186 — s. a. Handlohnsbodenzinse, Lehensbodenzinse, Weiderechtsbodenzinse.
Boten bei dem Obersten Landesgerichte, den Oberlandesgerichten und Landgerichten, Verpflichtung **63**, E. H., 14 — Aufstellung rc. **79**, 389 ff., 394; **87**, 69 — Besetzung deren Stellen mit Militäranwärtern **86**, 19, 66 f.; **88**, 235 f. — allgemeine Vorbedingungen zur Anstellung **86**, 70 — Aufrückungsstellen für dies. **86**, 74 — Personalakten und Qualifikation **86**, 76 ff. — Militärpension **95**, 316 ff. — s. a. Diener- u. Botenpersonal.
Botenbücher, Führung **63**, 113; **87**, 41 f., 66 — Vernichtung **70**, 65 — Fortführung **70**, 408.
Botendienst, gerichtlicher, Verwendung des Etats für Aushilfe **71**, 104 f.
Botengehilfen bei den Oberlandesgerichten und Landgerichten, Geldaversen zur Anschaffung gewisser Schreibmaterialien **63**, E. H., 78; **68**, 145 f. — Verpflichtung **66**, 169 f. — Aufnahme rc. **79**, 391 f. — Gesuche um Vormerkung für die Stelle eines B. **86**, 13 — Besetzung deren Stellen mit Militäranwärtern **86**, 66, 67 — allgemeine Vorbedingungen zur Anstellung **86**, 70 f. — Personalakten und Qualifikation **86**, 76 ff.
Botenlohnaversen, Anrechnung bei Regulierung der Militärpension **95**, 316 ff.
Botenlöhne, Bestreitung **63**, E. H., 85 — Liquidation in Strafsachen **79**, 1431 f.
Botenpersonal s. Diener- und Botenpersonal.
Brände, Überhandnahme **69**, 254 — in Gerichtsgefängnissen **83**, 98.
Brandstiftung, Mitteilung über Einleitung und Ergebnis des Strafverfahrens hiewegen an die K. Brandversicherungskammer **75**, 202.
Brandversicherungsbeiträge für Gerichtsgebäude **63**, E. H., 87.
Brandversicherungskammer, Mitteilung von Strafverfahren an dies. **75**, 202.
Branntweinsteuer, Zuwiderhandlung gegen die Vorschriften über die Erhebung und Kontrolle ders. s. Steuergesetze.
Brasilien, Vollzug des Auslieferungsvertrags zwischen dem Deutschen Reiche und Brasilien v. 17. September 1877: **79**, 65 f., 66 f. — Rechtshilfeverkehr hiemit **87**, 293 — Mitteilung von Strafnachrichten nach B. **88**, 147 ff.; **89**, 201 f. — Konsularvertrag hiemit **95**, 241 — s. a. Erwirkung von Auslieferungen, insbes. **90**, 229 f.
Brauhäuser s. Malzaufschlag.
Brennmaterialien, Bedarf der Gerichte **63**, E. H., 79, 85, 90 f., 91.
Briefe, geschäftliche, an den Gerichtsvollzieher, Sicherung im Falle des Todes rc. des Gerichtsvollziehers **79**, 617 — Schreibgebühren für die durch Dienstgeschäfte der Gerichtsvollzieher veranlaßten **81**, 373 — s. a. Dienstbriefe, Mahnbriefe, Steckbriefe.
Briefpostsendungen, rekommandierte, Führung von Postaufgabebüchern zur Bescheinigung der Aufgabe **72**, 66 f.; **87**, 41 f.
Brieftaubenverkehr **94**, 151 f., 152 f.
Briefumschlag bei Ersatzzustellung durch den Gerichtsvollzieher **95**, 263 f.
Briefwechsel in den Gerichtsgefängnissen **83**, 119 ff.
Britannien s. Großbritannien.
Britische Kolonien s. Erwirkung von Auslieferungen, insbes. **90**, 235 f.
Brunnen, Einbinden mit Stroh u. dgl. zur Winterszeit und Entfernung dieses Schutzmaterials, Verrechnung der Kosten **64**, 26; **81**, 414.
Buchbinderarbeiten, technische Revision von Kostenvoranschlägen über solche **65**, 68 f. — Bestellungen von solchen **67**, 42.
Buchbinderlöhne, Bestreitung **63**, E. H., 84, 85, 87, 89.
Buchhalter an den Strafanstalten, Besetzung deren Stellen mit Militär- und Zivilbewerbern **86**, 12 ff., 68 — Aufrückungsstelle **86**, 75 — Personalakten und Qualifikation **86**, 76 ff.
Bücher, Ausscheidung aus Amtsbibliotheken und Registraturen **70**, 61 ff., 452, 452 f. — Pfändung **79**, 1517 — s. a. Arzneibuch, Aufschreibbücher, Bestellbuch, Botenbücher, Einlaufsbücher, Gefängnisbücher, Geschäftsbücher, Grundbücher, Haftbuch, Hauptbuch, Hypothekenbücher, Insinuationsbücher, Kassebuch, Krankenkostbuch, Postaufgabebücher, Postportobescheinigungsbücher, Quittungsbücher, Rapportbuch, Strafbuch, Tagebuch, Urteilsbücher, Verwahrungsbuch, Vormerkungsbuch, Zustellungsbücher.
Büchersammlungen der Kollegialgerichte, Benützung und Instandhaltung **67**, 107 ff. — Sturzprotokolle hierüber **68**, 27 — der Gerichte und Staatsanwaltschaften **88**, 133 — s. a. Bibliotheken.
Bürgerliche Rechtsstreitigkeiten s. Rechtsstreitigkeiten.
Bürgermeister, Hilfsbeamte der Staatsanwaltschaft und Beiziehung zur Amtsanwaltschaft **79**, 104 — Vornahme von Sühneversuchen **79**, 369 ff. — und deren Stellvertreter, Zustellung durch Niederlegung bei dens. **79**, 557 ff.

Bulgarien s. Konsulargerichtsbarkeit.
Bundesangehörigkeit, Erwerbung und Verlust **71**, 97; **73**, 74.
Bundesbeamte, Kautionen ders., Reichsgesetz **71**, 95.
Bundesflagge, Reichsgesetz über die Befugnis zur Führung ders. **71**, 95.
Bundesgesetze, Einführung Norddeutscher B. in Bayern **71**, 93 f., 94 ff.
Bundeskonsuln s. Reichskonsuln.
Bundesstaaten, Einziehung der in anderen B. erwachsenen Gerichtskosten **80**, 269 ff.; **86**, 113; **87**, 139.
Bureau s. Amtsräumlichkeiten, Statistisches Bureau.
Bureaubedürfnisse, etatsmäßige Fonds bei Gerichten **63**, E. H., 78, 83 f.
Bureaudiener bei den Strafanstalten, Besetzung deren Stellen mit Militäranwärtern **86**, 12 ff., 68 — allgemeine Vorbedingungen zur Anstellung **86**, 70 f. — Bewerbung um Amtsgerichtsdienerstellen **86**, 71 f., 74 — Aufrückungsstellen für dieselben **86**, 75 — Personalakten und Qualifikation **86**, 76 ff.
Bureaustunden s. Geschäftsstunden.
Buße, vollstreckbare Ausfertigung von Urteilen, durch welche auf eine B. erkannt ist **79**, 777 — zwangsweise Beitreibung **79**, 1558 f.

C.

C. Bezeichnung der Arreste und einstweiligen Verfügungen; ferner anderer Vergehen als solcher, bei welchen ein Strafbefehl beantragt oder erlassen war; der Strafsachen in der Berufungsinstanz, in welchen vor 5 Richtern verhandelt worden ist; der Revisionen gegen Urteile der Berufungsinstanz, welche Vergehen und Übertretungen mit Ausnahme der Privatklagesachen betreffen **80**, 421, 429, 430, 431; des Verzeichnisses der Zivilgefangenen **83**, 132.
C̄. Bezeichnung der von den Strafkammern der Landgerichte überwiesenen Vergehen **80**, 430.
China s. Konsulargerichtsbarkeit.
Christbäume, Zunahme der Forstfrevel durch Entwendung solcher in Oberfranken **87**, 247 ff.; **92**, 233.
Siehe auch **K.** u. **Z.**

D.

D. Bezeichnung der Entmündigungssachen, dann gewisser Übertretungen und der Berufungen in Privatklagesachen **80**, 421, 423, 430, 431; des Verzeichnisses der polizeilichen und Schubgefangenen **83**, 132.
Dachrinnen, Kosten der Reinigung **63**, E. H., 87 — Verrechnung der Ausgaben für Unterhaltung auf Baufonds **81**, 414.
Dächer, Kosten der Reinigung **63**, E. H., 87.
Dänemark, Rechtshilfeverkehr hiemit **87**, 293 — s. a. Erwirkung von Auslieferungen, insbes. **90**, 230.

Dampfgefäße, Dampfkessel, Untersuchung der Explosionen **93**, 49 f.
Darlehen aus Gemeinde- und Stiftungskassen, Nachweise hiezu **63**, 10 f., 141 ff.
Datum, Feststellung desselben bezüglich einer Privaturkunde **79**, 633 ff., 816 f.
Debitakten, Vernichtung **70**, 64.
D. G.: Abkürzung für Depositalgebühr **82**, 319.
Delegierte zur Generalversammlung des Pens.- und Unterst.-Vereins der Kanzlisten bei den Justizbehörden Bayerns **91**, 155.
Depeschen, Formulare für telegraphische Depeschen zur Verfolgung flüchtiger Verbrecher **63**, 210 f.; **65**, 154 — Anwendung der französischen Sprache **65**, 153 f. — telegraphische Bestimmungen über gebührenfreie Beförderung im Deutschen Reiche **72**, 309 f. — Sicherstellung geschäftlicher D. an den Gerichtsvollzieher im Falle dessen Todes, Entlassung, Enthebung oder Versetzung **79**, 617.
Depositalgebühren, Erhebung **82**, 309 ff., 318 ff.; **92**, 187 f.
Depositen, Anlegung bei der K. Bank durch Notare **63**, E. H., 42 f. — Anlage bei der K. Bank in Nürnberg und ihren Filialen **75**, 347 f.; **93**, 52 f. — s. a. Pupillendepositen.
Depositenamt, Anlegung und Aufbewahrung der Akten **63**, 122.
Depositenhauptbuch s. Hauptbuch.
Depositenkassen der Amtsgerichte, Verwahrung der Duplikate rentamtlicher Kasseschlüssel in dens. **80**, 251 f.
Depositenkommissionen der Oberlandesgerichte, Landgerichte und Amtsgerichte **79**, 663 ff.
Depositenraum des Amtsgerichts, Benützung zur Aufbewahrung von Geldern, Kostbarkeiten und Wertpapieren durch Gerichtsvollzieher **79**, 723 f., 1196.
Depositentagebuch s. Tagebuch.
Depositenverkehr, Bestimmungen über die Geldanlagen bei der K. Bank **87**, 124 ff.; **90**, 393 f.; **93**, 52 f.
Depositenwesen, Behandlung bei Beurlaubung der Gerichtsschreiber **69**, 168 f. — Aktenvernichtung **70**, 67 — Bestimmung hierüber **79**, 109 — Behandlung bei den rechtsrheinischen Gerichten **79**, 661 ff.; **89**, 3 — in Strafsachen **79**, 701 ff. — bei dem K. Amtsgerichte München I Abt. A f. Zivils., dessen Übertragung an die K. Bank **82**, 311 ff., 321 f.; **83**, 63 f. — depositalmäßige Behandlung ausländischer Wertpapiere **89**, 105 — in der Pfalz s. Hinterlegungswesen.
Deserteure, Kosten der Auslieferung von solchen **77**, 110 f.
Desinfektion der Gefängnisräume **88**, 104, 184.
Deutschland, gegenseitiger Markenschutz zwischen D. und Großbritannien **75**, 225, 226 ff. — Korrespondenz mit den Gesandtschaften und Konsulaten des Deutschen Reichs **76**, 341 f. — Übereinkommen zwischen D. und der Schweiz wegen unmittelbarer Korrespondenz der beiderseitigen Gerichtsbehörden **79**, 1 ff.; **88**, 95 ff.; **90**, 36 f. — Vereinbarung mit Belgien wegen gegenseitiger Zulassung der beiderseitigen Staatsangehörigen zum Armenrechte **79**, 22, 23 f. — Literar-Konvention mit Belgien **85**, 1 ff.; mit Italien **85**, 6 ff., 51 ff. — Verehelichung von Italienern in D. **85**, 88 f. — Vereinbarung mit Rußland wegen gegenseitiger Anerkennung der Aktiengesellschaften **85**, 184 f. — Übereinkunft mit Luxemburg wegen gegenseitiger Zulassung der beiderseitigen Staatsangehörigen zum Armenrechte **85**, 207 f. — Verzeichnisse der deutschen Gerichte, Rechtsanwälte, Notare und Gerichtsvollzieher **86**, 148 — s. a. Auslieferungsverträge.
Diätare bei den Verkehrsanstalten, Militärpensionen **95**, 128.
Diätenregulativ **75**, 50 ff.; Instruktion hiezu **75**, 58 ff.
Diener, Nebengeschäfte öffentlicher D. **68**, 245 f. — Ersatzzustellung an solche **79**, 1237, 1239 f. (Form. 1263, 1266) — Mitteilung an die Finanzbehörden über strafgerichtliche Untersuchungen gegen öffentliche **84**, 209 ff. — beim Obersten Landesgerichte u. den Oberlandesgerichten s. Ratdiener.
Diener- und Botenpersonal, gerichtliches, Dienstwohnungen **63**, E. H., 6 ff. — Beeidigung **63**, E. H., 14 — Ladungs- und Zustellungsgebühren **63**, E. H., 32 ff., 87, 107, 111 f.; **68**, 218; **75**, 65; **77**, 170; **79**, 391, 1340; **84**, 119 ff. — Geldaversen zur Anschaffung von Kalendern und Schreibmaterialien **63**, E. H., 78; **68**, 145 f. — Gratifikationen aus Regieersparnissen **63**, E. H., 80 ff.; **70**, 487 — gegenseitige Aushilfe **63**, E. H., 82 — Obliegenheiten **63**, E. H., 87 — Bezüge **63**, E. H., 84, 85, 96 f. — Verwendung des Etats für Aushilfe **70**, 488; **71**, 104 f. — Aufstellung und dienstliche Verhältnisse **79**, 389 ff., 394 — Mitwirkung bei Erhebung von Gerichtskosten **84**, 121 ff. — Beiziehung des Dienerpersonals der Amtsgerichte zu Siegelungen und Entsiegelungen **85**, 158 f. — Beurlaubung **88**, 122 ff. — Besetzung der Stellen **88**, 235 f. — s. a. Dienstpersonal.

Dienerwohnungen in Gerichtsgebäuden 63, E. H., 6 ff.
Dienstalter richterlicher Beamten 80, 249.
Dienstalterszeichen, Rücklieferung militärischer D. 76, 140 f.
Dienstaufsicht, allgemeine, bei den Amtsgerichten 79, 93 f., 382, 540 f. — gebührenfreie Gegenstände ders. 79, 1319 — des Justizministeriums über die Hypothekenämter in der Pfalz 80, 191 — s. a. Aufsicht, Beaufsichtigung.
Dienstbefreiungsgesuche, telegraphisch gestellte, Gebührenpflicht 86, 92 f.
Dienstbriefe, Bezeichnung der portopflichtigen D. 85, 195 f.
Diensteid, Leistung 63, E. H., 13 f. — Form der Beurkundung bei Hinweisungen auf dens. 71, 288 f. — s. a. Amtseid, Beeidigung, Verpflichtung.
Diensteinkommen, Pfändung 79, 1517 — richterlicher Beamten, Entziehung 81, 267 — s. a. Militärfiskus.
Diensteinweisung amtlicher Ärzte und deren Stellvertreter 81, 96 ff.
Dienstenthebung, vorläufige, s. Suspension.
Dienstentlassung der Gerichtsvollzieher 79, 617, 726 f., 1212; 94, 209 — der Hypothekenbewahrer 80, 195 — richterlicher Beamten 81, 250 ff., 256, 263, 268 — der Handelsrichter 81, 275.
Dienstesprovisorium der Gerichtsschreiber 79, 388.
Dienstexemplare des Gesetz- und Justizministerialblattes, Behandlung 68, 20 f.; 70, 429 f.
Dienstführung s. Geschäftsführung.
Dienstgeschäfte, auswärtige, s. Tagegelder und Reisekosten.
Dienstkautionen des Gerichtspersonals 63, E. H., 100 f. — der auf eine andere Stelle versetzten Notare 66, 10 ff., 26 ff. — s. a. Amtsbürgschaften.
Dienstkleidung s. Amtskleidung.
Dienstkorrespondenzen, portofreie, Gebrauch von Siegelwappen 72, 118.
Dienstlohn, Beschlagnahme 71, 95.
Dienstmütze der Gerichtsvollzieher 79, 613, 723, 1195; 87, 69 — der Gerichtsvollziehergehilfen 79, 621 — des subalternen Justizpersonals 87, 69 — der Direktoren und Verwalter der Strafanstalten und Arbeitshäuser 88, 106 f.
Dienstordnung s. Dienst- und Hausordnung.
Dienstpersonal, subalternes, bei den Gerichten und Staatsanwaltschaften, Uniformierung 87, 67 f., 69 — Beurlaubung 88, 122 ff. — s. a. Dienerpersonal.
Dienstpflicht, militärische 91, 39 f.
Dienstregister, allgemeines, der Gerichtsvollzieher 79, 1198, 1199 ff., 1211 ff., 1213; 81, 328 f.; 89, 251 (Form. 79, 1219 ff.).
Dienstregisternummer, Angabe auf den Urkunden der Gerichtsvollzieher 79, 1193.
Dienstreisen der Amtsärzte 91, 170 f. — s. a. Tagegelder und Reisekosten.
Dienstschreiben, portopflichtige, Behandlung 72, 20 f.
Dienstsendungen, portopflichtige, Behandlung 84, 26 f., 109 ff. — Bezeichnung 85, 195 f.
Dienstsiegel, Abdruck auf den Postpacketadressen zu portofreien Fahrpostsendungen 74, 77 f. — für die Justiz-Stellen und Behörden des Königreichs 79, 541 ff. — der Gerichtsvollzieher 79, 613, 617, 620, 621, 723, 923 f., 1192, 1193, 1197 — der Vorstände der Anwaltskammern 79, 1739 — der Disziplinargerichte 81, 278.
Dienststunden s. Geschäftsstunden.
Dienst- und Hausordnung für die Gerichtsgefängnisse 83, 77 ff. (Inhalts-Verzeichnis hiezu 175 ff.); 89, 53.
Dienstunfähigkeit in Irrenanstalten befindlicher Beamten, Erhebung 73, 117 — von Mitgliedern des Pensions- u. Unterstützungs-Vereins der Kanzlisten bei den Justizbehörden Bayerns 91, 142, 149 — s. a. Unterhaltsbeiträge.
Dienstverantwortlichkeit der Amtsrichter 79, 94 — s. a. Verantwortlichkeit.
Dienstvergehen richterlicher Beamten 81, 249 ff.
Dienstverhältnisse, Zuständigkeit der Landgerichte für Ansprüche der Staatsbeamten gegen den Staat aus dens. 79, 96 — der geprüften Bewerber um das Gerichtsvollzieher- und Gerichtsschreiberamt, Änderungen 79, 719; 80, 33 ff. — der Hypothekenbewahrer in der Pfalz 80, 191 ff.
Dienstverkehr, schriftlicher, Vereinfachung 74, 108 ff., 140 ff., 170 f.; 80, 461 f.; 85, 75 f., 97 f. — s. a. Korrespondenz, Verkehr.
Dienstverträge der Gerichtsschreibergehilfen 92, 133.
Dienstvorschriften für die Gerichtsschreiber 79, 743 ff.; s. a. 605 ff., 622, 633 ff.; 80, 253 ff., 269 f., 271 f., 318 f., 426 f., 468; 81, 324 ff., 869 ff., 375, 496 f.; 83, 16 f. — für die Gerichtsvollzieher 79, 1185 ff.; s. a. 610 ff., 713 ff.; 81, 324, 328 ff., 331 f., 372 f.; 83, 16 f.
Dienstwohnungen in Staatsgebäuden, Wendung der Baufälle 64, 33 ff. — der Beamten, Gärten bei dens. 65, 39 f. — der Gefängniswärter, Kosten für Reinigung

der Rauchrohre 75, 204 — der Ratdiener, Boten, Gefängniswärter und Amtsgerichtsdiener 79, 391 — Anstrich der Fußböden mit Ölfarbe in ärarialischen 80, 363 — Tapezieren ders. 81, 434 — Ansatz bei Festsetzung des Zivildiensteinkommens 95, 127 — s. a. Dienerwohnungen, Riemenböden.

Dienstzeichen der Landgerichtsräte, Ober-Amtsrichter und Amtsrichter 79, 384 — der Obergerichtsschreiber und Gerichtsschreiber 79, 389 — der Gerichtsvollzieher 79, 613.

Dienstzeit der Gefängnisbediensteten 83,85.

Diplomatischer Verkehr, Zusammenstellung der Vorschriften für die im Auslande zu erledigenden Ersuchschreiben der Justizbehörden 87, 279 ff.: I. Rechtshilfe. A. Allgemeine Bemerkungen 280 ff.; B. Ersuchen an die Gerichtsbehörden in den deutschen Schutzgebieten 284 ff.; C. Ersuchen an diplomatische Vertreter des Reiches und Bayerns 285; D. Ersuchen an deutsche Konsuln 285 ff.; E. Ersuchen an ausländische Behörden 289 ff.; F. Besondere Bemerkungen über den Rechtshilfeverkehr mit einzelnen Ländern 292 ff.; — II. Gesuche außerhalb des Gebietes der Rechtshilfe 305 f.

Direktoren der Strafanstalten und Arbeitshäuser, Uniformierung 88, 106 f. — s. a. Landgerichtsdirektoren.

Direktorialakten, Vernichtung 70, 67.

Dispensation von Ehehindernissen und dem Aufgebote 75, 76, 77 f.

Dispensationsgesuche auf grund des Reichsgesetzes über die Eheschließung, Instruktion 75, 47 f. — Übersichten über deren Erledigung pro 1876/77: 78, 138 f.; pro 1878—1880: 81, 159 f.; pro 1881 und 82: 83, 217 f.; pro 1883—1885: 86, 192 ff.; pro 1886—1888: 89, 142 f.; pro 1889 mit 1892: 94, 81 ff. — der Rechtspraktikanten 93, 149.

Distriktspolizeibehörden s. Distriktsverwaltungsbehörden.

Distriktsstraßen, Mitteilung der Ergebnisse der im Gebiete der Straßenpolizei eingekommenen Anzeigen wegen Übertretungen in bezug auf solche an die Distriktspolizeibehörden 79, Beil., 40.

Distriktsverwaltungsbehörden, Mitwirkung bei Auslieferungen von Verbrechern 64, 29 ff. — Beteiligung bei der Strafrechtspflege 67, 281 ff.; 68, 169 ff. — Mitteilung der Ergebnisse der im Gebiete der Straßenpolizei eingekommenen Anzeigen wegen Übertretungen in bezug auf Distriktsstraßen und Gemeindewege an dies. 79, Beil., 40 — deren Vorstände und Stellvertreter derselben als Hilfsbeamte der Staatsanwaltschaft 79, 536 — Instruierung von Auslieferungsanträgen durch dies. 90, 206 — Thätigkeit bei Unterbringung von Blödsinnigen und Geisteskranken in Irrenanstalten oder bei deren sonstiger Verwahrung 94, 63 f.; 95, 72 ff.

Disziplin in den Gerichtsgefängnissen 79, 1271; 81, 357 ff.; 83, 99 ff. — über die Gerichtsschreibergehilfen 92, 132 f. — über die Rechtspraktikanten 93, 143 f., 167, 173 — s. a. Schuldisziplin.

Disziplinargerichte s. Disziplinarhof, Disziplinarkammern.

Disziplinargesetz für richterliche Beamte vom 26. März 1881: 81, 249 ff. — Vollzug 81, 277 f., 279 ff.

Disziplinargewalt über Gerichtsvollzieher 79, 618 — über Hypothekenbewahrer 80, 194 — über Gefängniswärter und deren Hilfsbediensteten 83, 82.

Disziplinarhof, Verfassung und Zuständigkeit 81, 253 ff. — Beschwerden an dens. 81, 258, 260, 267, 270 — Verfahren vor dems. 81, 266 — Bezeichnung, Dienstsiegel und Formel der Entscheidungen 81, 277 f. — Regiebedürfnisse, Register und Akten 81, 286 — Geschäftsübersicht 81, 286 (Form. 291 f.).

Disziplinarkammern, Verfahren und Zuständigkeit 81, 253 ff. — Verfahren vor dens. 81, 256 ff., 279 ff. — Bezeichnung, Dienstsiegel und Formel der Entscheidungen 81, 277 f. — Regiebedürfnisse, Register und Akten 81, 286 — Geschäftsübersicht 81, 286 (Form. 287 ff.).

Disziplinarstrafen gegen Notare, Mitteilung an die Notariatskammern 69, 15 f. — gegen Gerichtsvollzieher 79, 618, 727 — gegen Hypothekenbewahrer 80, 194 f. — gegen richterliche Beamte 81, 250 ff. — gegen Handelsrichter 81, 275 — gegen Personen des Beurlaubtenstandes, Kosten der Haft bei solchen 82, 134 f.; 83, 195 f. — für die Gerichtsgefängnisse 83, 102 f. — s. a. Strafbuch.

Disziplinarverfahren gegen Gerichtsvollzieher 79, 618 f. — Geschäfte der Gerichtsschreiber in dems. 79, 831 f. — gegen öffentliche Beamte und Diener sowie gegen Notare, Zustellungen in dems. 79, 1257 — zwangsweise Beitreibung der Geldstrafen von Notaren 79, 1558 — gegen Hypothekenbewahrer 80, 194 f. — gegen richterliche Beamte 81, 252 f., 256 ff., 279 ff.; Kostenwesen 85, 147 — gegen Gefangene in den Gerichtsgefängnissen 83, 103.

Dolmetscher, Wahrnehmung des Dienstes dess. durch Gerichtsschreiber 79, 754.

Doppelwaisen s. Unterstützungsverein.
Dramatische Werke s. Urheberrecht.
Drittschuldner, Stellung bei Zwangsvollstreckungen in Forderungen und andere Vermögensrechte **79**, 1538 ff. — vorsorgliche Benachrichtigung desselben von der beabsichtigten Pfändung durch den Gläubiger **79**, 1543 f. — s. a. Militärfiskus, Nachweisung, Verkehrsanstalten.
Druckerschwärze, Naturalabgabe **63**, E. H., 78; **68**, 145 f.; **80**, 156.
Druckformulare für den gerichtlichen Dienst **79**, 259 f., 334, 1659 — Bestreitung der Kosten für die Anschaffung der zum Vollzuge des Forstgesetzes erforderlichen D. durch das K. Ärar **79**, 1659 — Verzeichnis der von der J. G. Weiß'schen Buchdruckerei in München zu beziehenden D. **91**, 64 (Beil. zu Nr. IV) — s. a. Formularpapier.
Druckschriften, ausländische, Verbot **78**, 177.
Druckstempel bei Präsentation des Einlaufs **66**, 350; **95**, 136.
Dünger, Pfändung **79**, 1516.
Durchlaufende Gelder, rechnerische Behandlung und Beitreibung im Gebührenwesen **79**, 1314 f., 1321, 1325, 1330, 1334, 1335, 1340; **88**, 144 f.; in Forstrügesachen **79**, 1657 — s. a. Quittungsverzeichnis.
Durchlieferung s. Erwirkung von Auslieferungen insbes **90**, 212, 225 f.
Durchstreichungen in Schriftstücken der Gerichtsschreiber **79**, 744 — in Urkunden und Geschäftsbüchern der Gerichtsvollzieher **79**, 1191 f., 1198.
Durchsuchung der Wohnung bei Zwangsvollstreckungen **79**, 1506.
Durchtransporte in Ausweisungsfällen, Kosten **95**, 87.

E.

E. Bezeichnung des Aufgebotsverfahrens, der Ehesachen, der Berufungen in Übertretungssachen mit diesem Buchstaben **80**, 421, 423, 431; des Einzugsregisters **84**, 123.
Egypten s. Konsulargerichtsbarkeit.
Ehefrauen kautionspflichtiger Beamten, Verzichtsurkunden **78**, 261 ff. — Register über die zur Erhaltung des Vorzugsrechtes angemeldeten Forderungen von Ehefrauen **79**, 222 ff.
Ehegerichte, protestantische, Beglaubigung der Urkunden ders. **63**, 96.
Ehehindernisse, Ausübung der Befugnis zur Dispensation von solchen **75**, 76, 77 f.; s. a. Dispensationsgesuche — Zuständigkeit zur Erteilung von Bescheinigungen über deren Nichtvorhandensein in Belgien und Italien **78**, 149.
Ehemänner, alphabetisches Namensverzeichnis der im Register über die zur Erhaltung des Vorzugsrechtes angemeldeten Forderungen von Ehefrauen eingetragenen E. **79**, 223 (Form. 230).
Ehesachen, Sühneversuch in Ehesachen **79**, 755 f. — Bezeichnung mit E. **80**, 421 f., 423 — rechnerische Behandlung der Kosten in solchen **81**, 61 f.; **82**, 289 f.
Eheschließungen **72**, 213 f. — Bayerischer, in der Pfalz heimatberechtigter Staatsangehöriger in der Schweiz **78**, 118 f. — von in der Pfalz heimatberechtigten Männern in den Landesteilen rechts des Rheins **84**, 80 ff. — von Ausländern (Italienern) **85**, 88 f. — s. a. Dispensation, Dispensationsgesuche, Verehelichung, Zivilehegesetz.
Ehetrennungen **76**, 246 ff.
Eheverträge, Gebührenbewertung **83**, 19, 377; **86**, 180.
Ehrengerichtliches Verfahren gegen Rechtsanwälte, Zustellungen in dems. **79**, 1257 — zwangsweise Beitreibung der Geldstrafen in dems. **79**, 1558.
Ehrenkränkungsakten, Vernichtung **70**, 64.
Ehrenmitglieder des Pens.- u. Unterst.-Vereins der Kanzlisten bei den Justizbehörden Bayerns **91**, 145.

Ehrenrechte, bürgerliche, Aberkennung ders. 82, 281 ff.; 83, 61 f.; 89, 36 — Wiedereinsetzung eines Militärpflichtigen in dies. 91, 38 f. — Wirkung deren Aberkennung auf das Pensionsbezugsrecht eines Mitgliedes des Pensions- und Unterstützungsvereins der Kanzlisten bei den Justizbehörden Bayerns 91, 150; s. a. 151.
Ehrenzeichen, Unstatthaftigkeit der Pfändung 79, 1517.
Eid der Zeugen und Sachverständigen in schöffengerichtlichen Strafsachen 79, Beil. 22 — s. a. Amtseid, Beeidigung, Diensteid, Verpflichtung.
Eidesabnahmen durch Reichskonsuln 71, 95, 186 ff.; 72, 67 ff., 208 f.; 87, 287 f.; 95, 97, 98 ff. — in Großbritannien und Irland 82, 213 ff.
Eigentumsvorbehalte, Eintrag im Hypothekenbuche 63, 202 ff. — bei Verträgen über Liegenschaften oder diesen gleichgeachteten Rechte 64, 219 f.; 65, 51 f.
Einberufung zum Militärdienst von Mitgliedern des Pens.- u. Unterst.-Vereins der Kanzlisten bei den Justizbehörden Bayerns 91, 147.
Einbinden der Literalien und Hypothekenprotokolle 63, E. H., 87 — von Gefängnisbüchern 83, 128 — der standesamtlichen Nebenregister 83, 322.
Einforderung von Gebühren und Auslagenvorschüssen 79, 1321, 1327; 80, 286 f.
Eingaben von Privaten und Rechtsanwälten an öffentliche Stellen und Behörden, Form. 74, 108 f., 140 f.; 86, 107 f. (Form. 74, 143) — Format 77, 66.
Einhebung der Gebühren der Hypothekenschätzer 64, 222 f. — der Kosten in gerichtlichen Strafsachen durch die Rentämter 79, 1426 — von Auslagen-Vorschüssen bei Ersuchen bayerischer Gerichte 88, 144 — der Beiträge zum Pens.- u. Unterstütz.-Verein der Kanzlisten bei den Justizbehörden Bayerns 91, 143.
Einheitszeit für den Eisenbahndienst 91, 211 f.
Einkindschaftsakten, Vernichtung 70, 63.
Einkindschaftsverträge, Sammelakten und Inhaltsverzeichnisse 63, 120 f.
Einkommen der Gerichtsvollzieher, Erhöhung durch staatliche Zuschüsse 79, 614 — s. a. Diensteinkommen.
Einkommensteuer, Verfahren bei Zuwiderhandlungen gegen das Gesetz hierüber 81, 419 ff.
Einlauf bei Gerichten und Staatsanwaltschaften 63, 106 ff.; 66, 350; 79, 746 — beim Hypothekenamt 69, 170; 72, 126 f.; 79, 747 — bei der Gerichtsschreiberei 79, 746 ff.
Einlaufregister in der Pfalz, Wegfall 88, 270.
Einlaufsbücher in Strafsachen, Vernichtung 70, 67.
Einlaufsjournale, Vernichtung 70, 64 — der Staatsanwaltschaft bei den Landgerichten 79, 565 f.
Einlieferungsbezirke s. Arbeitshäuser, Gefangenanstalten, Strafanstalten.
Einnahmen an Schreibgebühren, Aufzeichnung der Gerichtsschreiber hierüber erlassen 92, 141 f.
Einölen der Schlösser in Gefängnissen 70, 193.
Einrichtung von Strafregister s. Strafregister — s. a. Gerichtsschreiberei.
Einschaffung der von bürgerlichen Strafgerichten zur Festungshaft verurteilten Personen in die Festung Oberhaus 79, 362 — der von bürgerlichen Strafgerichten verurteilten Personen in die Strafanstalten 79, 358 ff.; 80, 281 f.
Einschaltungen zwischen den Zeilen in Schriftstücken der Gerichtsschreiber 79, 744; der Gerichtsvollzieher 79, 1191.
Einschreibungen in das Hypothekenbuch 72, 128; 75, 330 — Gebühren hiefür 81, 218 f.; 83, 35 f. — Ersuchen um Einschreibungen von Mündelhypotheken 88, 264 (Form. 273 f.).
Einsichtnahme der Hypothekenbücher durch Notariatsgehilfen 63, 55 ff.; durch Notare 66, 78 ff., 83 f.; 69, 163 ff. — von strafrechtlichen Akten durch Notare 63, 70 f. — von Notariatsurkunden durch Untersuchungsrichter 65, 77 f. — von Flächenrepertorien, Ur- und Umschreibkatastern in den rentamtlichen Bureaulokalitäten durch Notare, Hypothekenämter und Behörden 77, 263 — von Akten und Geschäftsbüchern der Gerichtsvollzieher 79, 1213 f., 1491 — von den Gebührenregistern durch die gebührenverrechnenden Beamten 79, 1324 f. — s. a. Akteneinsicht.
Einspruch gegen einen Strafbefehl, Erhebung 79, Beil. 60; Verwerfung ohne Beweisaufnahme, Bezeichnung mit B. 80, 430 — gegen einen Vollstreckungsbefehl, Vermerkung der Erhebung dess. im Mahnregister 80, 424 — gegen den Beschluß der Disziplinarkammer auf Entziehung des Diensteinkommens richterlicher Beamten 81, 267.
Einstampf von Akten s. Aktenvernichtung.
Einstellung der Zwangsvollstreckung 79, 1510 ff.
Einstweilige Verfügungen, vollstreckbare Ausfertigung 79, 772, 773, 1499 f. — Eintrag im Vollstreckungsregister und Aufführung in der Geschäftsübersicht der

Gerichtsvollzieher 79, 1210, 1215 — Vollziehung durch Gerichtsvollzieher 79, 1554 f. — Eintragung von Anträgen auf solche in das Prozeßregister und Bezeichnung derselben mit E. 80, 420, 421, 429.

Einträge in das Tagebuch für das Hypothekenamt 72, 126 ff. — in den Geschäftsbüchern der Gerichtsvollzieher 79, 1198 f. — in das Einzugsregister, Schreibgebühren hiefür 80, 51 — im Mahnregister, keine Schreibgebühren für solche 81, 381 — in die Quittungsbücher der Boten und Amtsgerichtsdiener 95, 318 — s. a. Hypothekenbuch.

Eintragsrolle für Werke der bildenden Künste 76, 176 ff. (Form. 179 f.).

Eintritt von Gerichtsschreibergehilfen, Anzeige von demselben 91, 137, 143.

Einweisung der Strafkosten 79, 1432, 1440; 81, 95 — s. a. Diensteinweisung.

Einwendungen des Schuldners oder dritter Personen gegen Vornahme der Zwangsvollstreckung 79, 1510, 1513, 1518.

Einwilligung außerhalb des Prozeßes, Zustellung 79, 1186 f., 1258 f.

Einzelhaft, Strafvollstreckung 83, 370.

Einzelrichter bei den Amtsgerichten 79, 94.

Einziehung, zwangsweise, von Gegenständen in Strafsachen 79, 1559 f. — und Verrechnung der für die Geschäfte des Reichsgerichts in Ansatz kommenden Kosten 79, 1580 f., 1581 ff.; 86, 126; 87, 239 ff. — der in einem anderen Bundesstaate erwachsenen Gerichtskosten 80, 269 ff.; 87, 139 — der Militär- und Gendarmerie-Pensionen 91, 48; 95, 125, 126 ff. — eines Teiles der Pension von Mitgliedern des Pensions- und Unterstützungsvereins der Kanzlisten bei den Justizbehörden Bayerns 91, 150 — der Schreibgebühren für die Staatskasse 92, 131 f., 132 ff., 139 ff.; s. a. 137 ff., 226 f.; 93, 14, 59 ff., 273 f., 322; 94, 163 ff.

Einzugsregister, Vortrag der Haftkosten unter der abgekürzten Bezeichnung „H. K." in dens. 83, 193 f. — Bezeichnung mit E 84, 123 — über Geldstrafen und Kosten in Strafsachen s. Strafkostenregister — über Strafen, Werts- und Schadensersatz, dann Kosten in Forstrügesachen s. Forststrafenregister.

Eisenbahnen, Benützung durch Notare 70, 10; durch Gerichtsvollzieher 72, 66; bei Dienstreisen der Beamten und Bediensteten 75, 54 f., 60 — Stellung der Bahningenieure 70, 10 f. — Schadensersatz für Tödtungen und Körperverletzungen beim Betriebe von solchen 71, 124 ff. — Mitteilung der Ergebnisse der wegen Übertretungen in bezug auf Staatseisenbahnen eingekommenen Anzeigen an die Oberbahnämter 79, Beil. 40 — einheitliche Eisenbahnzeit 91, 211 f. — Beförderung von Schubgefangenen auf dens. 95, 41 — s. a. Fahrbetriebsmittel.

Empfänger in Person, Zustellung an dens. 79, 1236 f. (Form. 1263).

Empfangnahme von Geldern durch Notare 66, 137 ff. — der Leistungen im Zwangsvollstreckungsverfahren 79, 1496 f., 1505, 1508 — von Zahlungen bei Erhebung von Wechselprotesten durch Gerichtsvollzieher 81, 373.

Empfangsbescheinigungen im Mahnverfahren 79, 316 — der Gerichtsvollzieher 79, 785, 791 f., 1189, 1196 f., 1210 — über die in Sachen der nichtstreitigen Gerichtsbarkeit und in Kostensachen ergangenen Benachrichtigungen 79, 801 — Zustellungen gegen Empfangsbescheinigung 79, 1258 — für den Gerichtsvollzieher über die Hinausgabe von aus dem Pfandverband freigegebenen Sachen 79, 1537 f. — s. a. Bescheinigung.

England s. Großbritannien.

Enthebung des Gerichtsvollziehers vom Amte 79, 617, 1212; 94, 209.

Entlassung, vorläufige, von Sträflingen 72, 2 ff., 44 f., 45 — der Gefangenen aus den Gerichtsgefängnissen 83, 128 ff. — von Pfleglingen aus der Vormundschaft 96, 15 ff. — von Pfleglingen der Privatirrenanstalten 96, 36 f., 37 ff. — s. a. Dienstentlassung.

Entlassungstermine s. Kalender.

Entmündigung, Berechtigung zur Antragstellung hiewegen 84, 8 ff; 95, 70 ff.

Entmündigungsbeschlüsse, Mitteilung an die Notariatskammern in der Pfalz 81, 431 f.

Entmündigungssachen, Bezeichnung mit D 80, 421, 423 — rechnerische Behandlung der Kosten in solchen 81, 61 f.; 82, 289 f. — Thätigkeit der Staatsanwälte in solchen 95, 70 ff.

Entschädigung s. Geldentschädigungen, Gendarmerie, Hinterlegung, Reiseentschädigung, Sachverständige, Zeugen.

Entschädigungsklagen gegen Gerichtsvollzieher wegen Überschreitung ihrer Amtsbefugnisse, Unzuständigkeit des Verwaltungsgerichtshofes hiebei 83, 234.

Entscheidungen der vereinigten Zivilsenate des Obersten Landesgerichts 79, 102 — der zur Ausübung der Gerichtsbarkeit berufenen Behörden, Formel für dies. 79, 337 f. — Ausfertigungen und Auszüge von gerichtlichen E. 79, 759 f. — in bürgerlichen Rechtsstreitigkeiten, vollstreckbare Ausfertigung 79, 771, 772 f.

— Aushändigung durch die Gerichtsschreiber 79, 801 ff., 827 — über zurückgewiesene Gesuche um Erlassung von Zahlungs- und Vollstreckungsbefehlen 79, 803 f. — Zustellung von solchen an Gefangene durch Gerichtsvollzieher 79, 1251 — gerichtliche, über revisorische Erinnerungen gegen den Ansatz von Gebühren und Auslagen bei den Gerichten 79, 1344 f. — als Schuldtitel zur Zwangsvollstreckung 79, 1497 ff. — der Disziplinargerichte 81, 255, 258, 263, 278.

Entsetzung s. Besitzentsetzung.

Entsiegelungen durch Gerichtsschreiber der Amtsgerichte im Konkursverfahren 79, 105 f., 812 ff. — durch Gerichtsvollzieher im Konkursverfahren 79, 106, 627, 1562 f. — Beiziehung des Dienerpersonals der Amtsgerichte zu solchen 85, 158 f.

Entweichung von Gefangenen aus den Gerichtsgefängnissen 83, 96, 98.

Entwendung von Christbäumen s. Christbäume.

Erbansprüche deutscher Reichsangehöriger in den Niederlanden 85, 161 ff.

Erben, Vollstreckungsklausel für die E. des Gläubigers und gegen die E. des Schuldners 79, 1502.

Erbschaftssteuer, Verfahren im Verwaltungswege bei Zuwiderhandlungen gegen die Vorschriften hierüber 79, 1709 ff.

Erbschaftszeugnisse, Anlage zu Staatsobligationen behufs Vinkulierung und Umschreibung 63, 82.

Erfordernisse zur Mitgliedschaft beim Pensions- und Unterstützungs-Verein der Kanzlisten bei den Justizbehörden Bayerns 91, 145 f.; s. a. 157.

Ergänzung von Bestimmungen s. die betr. Bestimmungen.

Ergänzungen in Schriftstücken der Gerichtsschreiber 79, 744; der Gerichtsvollzieher 79, 1192.

Ergänzungsrichter bei den Landgerichten 79, 98 — bei den Oberlandesgerichten 79, 100.

Erhebung der Dienstunfähigkeit in Irrenanstalten befindlicher Beamten 73, 117 — von Kostenbeträgen und Strafgeldern in Militärstrafsachen durch Gerichtsvollzieher 79, 1569, 612, 616, 626, 629, 1194 — von Gebührenvorschüssen in amtsgerichtlichen Sachen 81, 517 f.; 82, 84 — von Depositalgebühren 82, 309 ff., 318 ff.; 92, 187 f. — von Gerichtskosten, Mitwirkung der Gerichtsboten und Amtsgerichtsdiener hiebei 84, 121 ff.

Erhebungsanweisungen, vollstreckbare Ausfertigung 79, 772, 774, 1499 — Übersendung solcher an die im Verteilungstermine nicht erschienenen Beteiligten durch Gerichtsschreiber 79, 810.

Erinnerungen, revisorische, gegen Ansätze von Gebühren und Auslagen bei den Gerichten 79, 1344 f. — der Parteien wegen Gebührenansatzes rc., Verfahren hiebei 79, 1351 f. — der Landgerichtspräsidenten an die Hypothekenbewahrer wegen Unregelmäßigkeiten rc. 80, 196.

Erklärungen der Beteiligten, Protokolle der Gerichtsschreiber hierüber 79, 748 ff. — außerhalb des Prozeßes, Zustellung durch Gerichtsvollzieher 79, 1258 ff., 1186 f. — der Pfälzischen Hypothekenbank nach Art. 4 Abs. 1 der Novelle zur Subhastationsordnung 95, 57 f.

Erkrankungen in den Gerichtsgefängnissen 83, 121 f. — von Gerichtsschreibergehilfen 92, 134.

Erlaß der Witwen- und Waisengeldbeiträge von Angehörigen der Reichs-Zivilverwaltung, des Reichsheeres und der Kaiserlichen Marine 88, 89 ff., 91 ff.

Erlasse, gerichtliche, Beförderung in das Ausland 64, 63 f. — öffentlicher Behörden und Stellen, Form 74, 109 f. (Form. 141 f., 145 ff.) — allgemeine, Verzeichnung und Aufbewahrung 87, 140.

Erlöschen der Mitgliedschaft beim Pens.- und Unterstützungs-Verein der Kanzlisten bei den Justizbehörden Bayerns 91, 146 f.

Ermächtigung zur strafrechtlichen Verfolgung bei Beleidigung des Deutschen Reichstags 73, 91.

Ermahnungen der Gerichtsvollzieher wegen Verfehlungen 79, 726 — der Hypothekenbewahrer wegen Unregelmäßigkeiten 80, 196 — richterlicher Beamten wegen geringerer Dienstvergehen 81, 250.

Ermittelungen durch Gerichtsvollzieher 79, 612, 616, 626 f.; in Sachen der nichtstreitigen Gerichtsbarkeit 79, 721 f., 1568 f.; im Subhastationsverfahren 79, 1545 f. — Verfahren bei Ermittelung der Identität und Zuständigkeit unbekannter Personen 81, 378 f. — s. a. Belohnungen.

Ernennung der Richter 79, 89 — der Handelsrichter 79, 89, 741 ff. — der Oberstaatsanwälte und Staatsanwälte 79, 103 — der Gerichtsschreiber 79, 105 — der Gerichtsvollzieher 94, 209 — s. a. Administrationspersonal.

Erneuerung von Quittungskarten für die Invaliditäts- und Altersversicherung, Verfahren hiebei 90, 333 ff., 350 ff.

Eröffnung des Reichsschuldbuches 92, 93 ff.

Errichtung von Zustellungsurkunden s. Zustellungsurkunden.

Ersatzbehörden, Mitteilung über strafgerichtliche Untersuchungen und Aburteilungen an dies. **82**, 41 ff.; **91**, 31 ff.
Ersatzzustellungen durch Gerichtsvollzieher **79**, 557 ff., 1237 ff. (Form. 1263 ff.); **95**, 263 f.; in Forst- und Militärstrafsachen **79**, 558 f., 1254 f.
Ersparnisse s. Regieersparnisse.
Ersuchen zur Erteilung des Auftrags an den Gerichtsvollzieher **79**, 723, 784, 817 — der Post um Bewirkung einer Zustellung durch Gerichtsschreiber **79**, 781 ff., 792; **81**, 283, 324 ff.; **86**, 178 f.; durch Gerichtsvollzieher **79**, 1194, 1233 f., 1245 ff.; **80**, 282 ff.; **81**, 324 f. (Form. **79**, 1269) — der Gerichte um Strafvollstreckung, Benützung der Formulare hiebei **80**, 6 ff. — eines anderen Bundesstaates um Einziehung von Gerichtskosten **80**, 270 ff. — um Auskunft aus den Strafregistern **82**, 180, 187 f. (Form. 193 ff.) — bayerischer Gerichte, Behandlung der Gerichtsauslagen bei solchen **88**, 144 ff. — um Einschreibung der Mündelhypothek **88**, 264 (Form. 273 f.) — s. a. diplomatischer Verkehr.
Ersuchschreiben der Vormundschaftsbehörden zum Zwecke der Ermittelung der Vaterschaft und Alimentation außerehelicher Kinder **64**, 121 ff. — an einen auswärtigen Gerichtsschreiber wegen Beauftragung eines Gerichtsvollziehers in schöffengerichtlichen Strafsachen **79**, Beil., 13 (Form. 73); in landgerichtlichen und schwurgerichtlichen Strafsachen, Formular **79**, 1001 — Absendung der von den Gerichtsschreibern an andere Behörden zu richtenden E. **79**, 745 — bei Zustellungen im Auslande an fremde Landesbehörden **81**, 360 f. — Erstattung des Portobetrags bei Einziehung von Gerichtskosten in einem anderen Bundesstaate **87**, 139 — der Justizbehörden, die im Auslande zu erledigenden **87**, 279 ff.; **90**, 291 f.; **93**, 227 f. — s. a. diplomatischer Verkehr, Requisition.
Erübrigungen aus dem Schreibgebührenanfalle **92**, 135 f.
Erwerbs- und Wirtschaftsgenossenschaften, Zuständigkeit der Landgerichte **79**, 97 — Benachrichtigungen nach dem Gesetze hierüber v. 1. Mai 1889: **92**, 63 ff.
Erwirkung von Auslieferungen, das von den Justizbehörden hiebei zu beobachtende Verfahren **90**, 210 ff.; **92**, 45 ff., 54 f.
Erziehung von Pfleglingen **66**, 225 f.
Erziehungsanstalten, Unterbringung jugendlicher Personen **72**, 16, 16 ff., 181; **93**, 52; s. a. **91**, 65 ff.
Eßgeräte der Gefangenen in den Gerichtsgefängnissen **83**, 107 f.
Etats für Bureaubedürfnisse und Dienerpersonal **70**, 487 — für Aushilfe im gerichtlichen Botendienste, Verwendung **71**, 104 f. — s. a. Regieetats.
Euerdorf, Aufhebung des Notariats **87**, 153.
Ewiggeldsachen, Zuständigkeit der Amtsgerichte **79**, 93.
Exigenzen für das Kanzleipersonal **63**, E. H., 101 f.
Expeditionsgeschäfte bei den Gerichten, Besorgung durch Gerichtsschreiber **79**, 605 f., 748.
Explosionen von Dampfkesseln u. Dampfgefäßen, Untersuchung **93**, 49 f.
Extradition der Gerichtsschreiberstellen **63**, 50.
Extraditionsakten, Vernichtung **70**, 67.

F.

F. Bezeichnung von Anträgen außerhalb eines bei dem Amtsgerichte anhängigen Rechtsstreites, dann der gewöhnlichen Prozesse II. Instanz bei den Landgerichten **80**, 421, 423.
Fälligkeit der Gebühren und rückzuersetzenden Auslagen im Gebührenwesen **79**, 1327 f. — in gerichtlichen Strafsachen **79**, 1436 — der Depositalgebühren in Vormundschaften und Pflegschaften in den Landesteilen rechts des Rheins **82**, 310.
Fahrbetriebsmittel von Eisenbahnen, Pfändung **79**, 1518; **86**, 237 f.; **87**, 28 f.
Fahrpostsendungen, Verpackung amtlicher **65**, 42 f. — Führung von Postaufgabebüchern **72**, 66 f.; s. a. **87**, 41 f. — portofreie, Benützung von Postpacketadressen hiezu **74**, 77 f.

Familienangehörige, Ersatzzustellung an solche **79**, 1237 (Form. 1263, 1267).
Familienfideikommißsachen, Vernichtung von Akten hierüber **70**, 63 — Zuständigkeit der Oberlandesgerichte **79**, 99 — Zustellungen in solchen **79**, 1257.
Familiennamen unehelicher Kinder **64**, 113 ff. — Gesuche um Berichtigung ders. **66**, 157 ff.
Familienstand, Vernichtung von Akten hierüber **70**, 63.
Familienverhältnisse der geprüften Bewerber um Gerichtsvollzieherstellen **79**, 719 — der Gerichtsvollzieher **79**, 728 — der geprüften Bewerber um das Gerichtsschreiberamt **80**, 34 ff. — s. a. Rechtsanwälte.
Farbe der Aktenumschläge **79**, 818 ff., Beil. 43.
Faustpfand s. Pfand.
Federmesser des Gerichtspersonals, Geldaversen hiefür **63**, E. H., 78, 86; **68**, 145 f.; **75**, 313 f.; **80**, 156.
Federn s. Schreibfedern.
Fehlanzeigen bei der Konkursstatistik **95**, 13, 18.
Fehlblatt, Einlage eines solchen bei Aktenversendung oder Adhibierung **63**, 123.
Feier der Sonn- und Feiertage seitens der Notare in der Pfalz **92**, 37 f.
Feiertage s. Sonn- und Feiertage.
Feldfrevel, Vollzug der Übereinkunft mit Österreich über die Bestrafung solcher **80**, 85 ff.
Fenster in den Geschäftslokalitäten, Kosten der Reinigung **63**, E. H., 87 — s. a. Kellerfenster, Winterfenster.
Fenstervorhänge, Anschaffung **63**, E. H., 86.
Festnahme, vorläufige, flüchtiger Personen s. Auslieferung, insbes. **90**, 221 ff.; **92**, 48 ff., 54 f.
Festsetzung der korrektionellen Nachhaft **91**, 65 ff.
Feststellung des Thatbestandes einer in der Sitzung begangenen strafbaren Handlung, Protokoll des Gerichtsschreibers hierüber **79**, 754, 757 — s. a. Datum, Identitätsfeststellung, Militärbehörde.
Festtage s. Sonn- und Feiertage.
Festungshaft, Einschaffung der von bürgerlichen Strafgerichten hiezu verurteilten Personen in die Festung Oberhaus **79**, 362 — Hausordnung für deren Vollzug an Zivilpersonen **93**, 101 ff.
Feuerungsmaterial, Pfändung **79**, 1516 — für die Gerichtsgefängnisse **83**, 179 ff.
Fideikommißsachen s. Familienfideikommißsachen.
Finanzbehörden, Mitteilung an diese über Konfiskationen **68**, 207 f. — Zuständigkeit im Gebührenwesen **79**, 1310, 1313 — Mitteilungen über strafgerichtliche Untersuchungen gegen Beamte und öffentliche Diener an dies. **84**, 209 ff.
Finanzdienst, niederer, Vorbedingungen für die Zulassung zur Prüfung für dens., I. Abt. **83**, 68, 68 ff.
Finanzgesetz vom 26. Mai 1892 für die XXI. Finanzperiode, Vollzug des § 14: **92**, 139 ff., 290 f.; s. a. 137 ff., 226 f.; **93**, 14, 59 ff., 273 f., 322; **94**, 163 ff.
Finanzkammer s. Regierungsfinanzkammer.
Finanzministerialblatt, Anschaffung **66**, 250.
Finanzrechnungswesen, hier Regierechnungen der Gerichte und Staatsanwaltschaften **69**, 255.
Finnische Konkursordnung **85**, 95 ff.
Fischfrevel, Vollzug der Übereinkunft mit Oesterreich über die Bestrafung solcher **80**, 85 ff.
Fiskalbeamter, staatsanwaltschaftliche Vertretung des Ärars durch dens. **79**, 1353 — der K. Bayerischen Verkehrsanstalten, Amtsgeschäfte desselben **88**, 104 f.
Fiskus, Zwangsvollstreckung gegen dens. **79**, 1496 — s. a. Militärfiskus.
Flächenänderungen s. Ummessungen.
Flächenbezeichnung im Metermaße **84**, 35 f.
Flächenmaß s. Meterflächenmaß.
Flächenrepertorien, Einsichtnahme von denselben in den rentamtlichen Bureaulokalitäten durch die Notare, Hypothekenämter und Behörden **77**, 263.
Flößerei, Vollzug des Reichsgesetzes vom 15. Juni 1895 über die privatrechtlichen Verhältnisse derselben **95**, 297 f., 298 ff.
Flößereiabgaben, Reichsgesetz **71**, 97.
Flüchtige Personen s. Erwirkung von Auslieferungen.
Flurbereinigungsgesetz, Vollzugsvorschriften zu demſ **87**, 267 f.; **89**, 134.
Flurbereinigungsverfahren, Gebühren der Hypothekenbewahrer in der Pfalz **87**, 267 f.
Flurwächter, Verpflichtung **63**, E. H., 33.
Forderungen, Zwangsvollstreckung in solche und andere Vermögensrechte **79**, 1538 ff. — s. a. Hypothekenforderungen, Tabelle.
Form der Requisitionen um provisorische Verhaftungen **63**, 210 — des schriftlichen Verkehrs der Gerichte mit den Notaren **64**, 266 f. — der Beurkundung bei Hinweisungen auf den Diensteid **71**, 288 f. — der Vorstellungen, Eingaben, Berichte ꝛc.

74, 108 ff., 140 ff. — der vollstreckbaren Ausfertigungen von Notariatsurkunden 80, 110 f. — der Ladungen 80, 461 f. — der für Frankreich bestimmten gerichtlichen Requisitionen 85, 110 f. — s. a. Korrespondenz.

Format s. Papierformat.

Formation der Oberlandesgerichte 79, 112 f. — der Landgerichte und Amtsgerichte 79, 113 f., 115 ff.

Formel für Entscheidungen der zur Ausübung der Gerichtsbarkeit berufenen Behörden 79, 337 f. — für Entscheidungen der Disziplinargerichte 81, 278.

Formulare für die Sach- und Personenregister zu den Hypothekenbüchern 63, 85 ff. — zum Vollzuge der Geschäfts- und Registraturordnung 63, 125 ff., 211 f.; 77, 250 f. — für telegraphische Depeschen zur Verfolgung flüchtiger Verbrecher 63, 210 f.; 65, 154 — für Anträge auf Wendung von Baufällen an Staatsgebäuden 64, 35 — Verwendung solcher zu Notariatsurkunden 64, 273 f.; 69, 181 — zu den Postportobescheinigungsbüchern 66, 71 ff. — zu Postpacketadressen, Kosten 74, 33 — für den dienstlichen Verkehr 74, 143 ff. — zum Vollzuge des Reichsgesetzes vom 6. Februar 1875 über die Beurkundung des Personenstandes und die Eheschließung 76, 7 ff., 46, 64 ff., 74 f., 85 ff. — für das Mahnverfahren 79, 317 ff. — für den Schöffen- und Geschworenendienst 79, 334; 80, 303 ff.; 84, 32 — für das schöffengerichtliche Verfahren 79, 377 und Beil., 49 ff. — für den Dienst der Gerichtsschreiber 79, 745, 835 ff.; 81, 325, 333 f. — für das Strafverfahren bei den Schwurgerichten und Landgerichten 79, 933, 934 ff.; 84, 49 f., 201 f. — für den Dienst der Gerichtsvollzieher 79, 733 ff., 1191 f., 1219 ff., 1261, 1263 ff.; 81, 345 ff. — für das Gebührenwesen 79, 1355 f., 1357 ff. — für das Kostenwesen in gerichtlichen Strafsachen 79, 1446, 1447 ff. — für die Genehmigung zur Beerdigung einer aufgefundenen Leiche 79, 1577 — zum Vollzuge des Forstgesetzes 79, 1661 ff., 1718 f. — für die Herstellung der Geschäftsausweise der Gerichte 79, 1773 ff., 1787, 1788, 1789, 1791 ff., 1799, 1803, 1821 ff., 1848; 80, 387 ff., 395 f., 397 ff., 407 ff., 411 ff. — Benützung (Ausfüllung) bei Ersuchen um Strafvollstreckung 80, 6 ff. — zum Verzeichnis der Bewerber um das Gerichtsschreiberamt, sowie für die Personal- und Qualifikationsliste ders. 80, 40 f. — zu den Kalendern für die mündlichen Verhandlungen 80, 433 ff. — für die Berichterstattung der Vorsitzenden der Schwurgerichte 80, 465 ff. — für die Kriminalstatistik 81, 501 f. — zu Strafnachrichten 82, 189 ff.; 85, 178 — zur Registerführung in den Gerichtsgefängnissen 83, 127 ff., 139 ff., 195 f., 197 ff. — zu den Personal- und Qualifikationsbogen für die Justizbeamten und die Bewerber um Anstellung im höheren Justizstaatsdienst 83, 309 ff.; 84, 53 f. — für Umzugsgebühren-Liquidation 84, 96 — zum Vollzuge der Grundsätze für die Besetzung der Subaltern- und Unterbeamtenstellen bei den Reichs- und Staatsbehörden mit Militäranwärtern 86, 46 ff. — zu den Personal- und Qualifikationslisten für das niedere Justizpersonal 86, 83 ff. — Bezug der die Militäranwärter betreffenden F. 86, 102 — zum Bestellbuch des Gerichtsschreibers 87, 43 ff. — zur Ausführung des Reichsgesetzes v. 17. Juni 1887, betr. die Fürsorge für die Witwen und Waisen von Angehörigen des Reichsheeres und der Kaiserlichen Marine 87, 223 ff. — für das Nebenregister zu den Prozeß- und Berufungsregistern 87, 335 ff. — zum Vormundschaftswesen in der Pfalz 88, 273 ff. — für gerichtliche Ausfertigungen 89, 169 — für die rechnerische Behandlung der Einnahmen und Ausgaben des Allgemeinen Unterstützungsvereins für die Hinterlassenen der K. B. Staatsdiener ꝛc. 90, 111 ff. — zur Invaliditäts- und Altersversicherung 90, 354 ff., 385 ff. — für die Anzeige über die Aufnahme von Gerichtsschreibergehilfen 91, 139; über deren Dienstaustritt 140 — für den Antrag zur Aufnahme als Mitglied in den Pensions- und Unterst.-Verein der Kanzlisten bei d. Justizbehörden Bayerns 91, 158; für die Aufnahmsurkunde 159 — für Benachrichtigungen nach dem Genossenschaftsgesetze 92, 66 — in bezug auf das Reichsschuldbuch 92, 101 ff. — zu den Ausführungsvorschriften betr. die Prüfungen für den höheren Justiz- und Verwaltungsdienst u. die Vorbereitung für diese Prüfungen 93, 189 ff. — für Hypothekenstatistik 94, 193 ff.; s. a. 223 — für Konkursstatistik 95, 12 f., 14 ff., 17 ff. — zu Anträgen auf Feststellung und Anweisung von Witwen- u. Waisengeldern 95, 183 ff. — zu Quittungen über Witwen- und Waisengelder 95, 186 ff. — zum Schiffsregister 95, 305 ff. — zu Schiffsbriefen 95, 311 ff. — s. a. Druckformulare, Formularpapier.

Formularpapier zur Geschäfts- und Registraturordnung und zum Nachtrag hiezu 63, 211 f.; 77, 250 f. — für das

Hypothekenbuch **63**, E. H., 84, 88 f. — für die Urlisten der Schöffen und Geschworenen, dann für die Jahreslisten der Haupt- und Hilfsschöffen **79**, 259 f. — für das Gebührenwesen **79**, 1355 f., 1881 f., 1884 — zum Vollzuge des Forststrafgesetzes **79**, 1659 — für das Kostenwesen in gerichtlichen Strafsachen **79**, 1882, 1884, 1894 f. — zu den Geschäftsausweisen der Gerichte **80**, 385 — für die Register über Gesuche um Bewilligung des Armenrechts in bürgerlichen Rechtsstreitigkeiten, für die Mahnregister und zu den Kalendern für die mündlichen Verhandlungen **81**, 4 f. — für die Gerichtsgefängnisse **83**, 136 f. 195 — für die Personal- und Qualifikationsbogen **84**, 53 f. — Verzeichnis der von J. G. Weiß'schen Buchdruckerei in München zu beziehenden Druckformularien **91**, 64 (Beil. zu Nr. IV).

Forstämter, Mitteilung der Strafurteile wegen Holzdiebstahls und Jagdfrevels an dies. **63**, E. H., 59 f. — Anfertigung der Geschäftsübersicht über die Ergebnisse des Forstrügeverfahrens durch dies. **80**, 379 — Zuständigkeit 2c. im Forstrügeverfahren **85**, 126 ff.

Forstberechtigungen, Vollzugsbestimmungen in bezug hierauf **79**, 1627 ff.

Forstdiener, Protokoll d. Gerichtsschreiber über Beeidigung ders. **79**, 754, 757.

Forstfrevel, Vollzug der Übereinkunft mit Österreich über deren Bestrafung **80**, 85 ff. — Zunahme derselben durch Entwendung von Christbäumen in Oberfranken **87**, 247 ff.; **92**, 233.

Forstgerichtsboten in der Pfalz, Behandlung ihrer Gebühren und Auslagen für Zustellungen in Forstrügesachen **81**, 338, 340, 343.

Forstgesetz vom 28. März 1852 (neuer Textierung vom Jahre 1879), Vollzugsvorschriften zu dems. **79**, 1625, 1626 ff.; **85**, 125 ff. — Formulare zum Vollzuge dess. **79**, 1661 ff., 1718 f. — Aufhebung des § 59 Abs. 4 der revidierten Vorschriften zu dessen Vollzug **82**, 302 — Vollzug des Art. 120: **83**, 369 f.

Forstpolizei, Verpflichtung der Hilfspersonen zur Handhabung ders. **64**, 252 f.; **71**, 33 f.; **83**, 369 f.

Forstpolizeiliche Bestimmungen **79**, 1632 ff.

Forstpolizeiübertretungen **79**, 1636 f., 1641.

Forstrechte, Verkauf, Transferierung und Teilung realer F. **63**, 224 f.

Forstrügeakten, Aufbewahrung und Vernichtung **69**, 104 f.; **70**, 66; **89**, 125 f.

Forstrügebogen s. Forstrügeverzeichnisbogen.

Forstrügesachen, Aktenaufbewahrung in solchen **69**, 104 f. — Zustellungen und Ladungen in solchen **79**, 558 f., 612, 616, 626, 629, 779, 1254 f.; **81**, 1 ff.; **85**, 131 f.; **86**, 178 f.; **88**, 282 — Aufnahme der Berufung oder Revision eines Angeklagten durch Gerichtsschreiber **79**, 752 — Kostenwesen und Vollzug der Haftstrafen in solchen **79**, 1651 ff. — Gebühren in solchen **80**, 285 — Verfolgung von solchen in Grenzwaldungen **80**, 329 ff. — Beurkundung der Zustellungen in solchen **91**, 203 f.

Forstrügesitzungen **85**, 131 ff.

Forstrügeverfahren **79**, 1639 ff.; **85**, 125 ff. (Form. **79**, 1659, 1661 ff.).

Forstrügeverzeichnisbogen **79**, 1639 ff.; **85**, 126 ff. (Form. **79**, 1663 ff.).

Forstrügeverzeichnisse **85**, 126 ff.; **89**, 125 (Form. **79**, 1666).

Forstschutzbedienstete, Verpflichtung **64**, 252 f.; **71**, 33 f.; **83**, 369 f.

Forststrafenregister (Einzugsregister über Strafen, Wert- und Schadenersätze, dann Kosten in Forstrügesachen **79**, 1654 ff. (Form. 1688 f.).

Forststrafsachen s. Forstrügesachen.

Forstwirtschaftliche Bestimmungen zum Vollzuge des Forstgesetzes **79**, 1626 f.

Fortdauer der Mitgliedschaft beim Pensions- und Unterstützungs-Verein der Kanzlisten bei den Justizbehörden Bayerns bei Dienstverlust **91**, 146.

Fortlaufende Unterstützungen an Gerichtsschreibergehilfen **92**, 134.

Fortsetzung der Hypothekenbuchfolien **69**, 179 ff.

Frachtgut, Beschlagnahme **95**, 113 f.

Fragen an die Geschworenen, Formular **79**, 1051.

Frankenthal, Aufhebung der Gefangenanstalt dortselbst **83**, 329 f.

Frankreich, Vertrag über Zulassung zum Armenrechte vom 11. März 1870: **70**, 121 ff. — Korrespondenz mit französischen Polizeibehörden **75**, 71 f. — Form der für Frankreich bestimmten gerichtlichen Requisitionen **85**, 110 f. — Rechtshilfeverkehr **87**, 293 — Austausch von Strafnachrichten hiemit **88**, 147, 149 — Verpflichtung der vor französischen Gerichten als Kläger auftretenden Ausländer zur Sicherheitsleistung **95**, 251 — s. a. Erwirkung von Auslieferungen, insbes. **90**, 230 f.

Freiheitsstrafen, Berechnung **64**, 155 ff. — im schöffengerichtlichen Verfahren, Vollzug **79**, Beil., 28 ff. — in Forstrüge-

sachen, Vollzug **79**, 1654 ff. — Vollzug gegen sonn- und feiertagsschulpflichtige Personen **82**, 230 f. — Vollzug gegen Militärpersonen **91**, 31 ff. — Kosten für Vollziehung **94**, 259 f. — s. a. Tagebuch.
Freiwillige Rechtspflege s. nichtstreitige Rechtspflege.
Freizügigkeitsgesetz vom 1. November 1867, Einführung in Bayern **71**, 95 — Auslegung und Anwendung des § 3 Abs. 2: **94**, 173 f.; **95**, 86 f.
Fremdwörter, Vermeidung **67**, 44 f.; **74**, 110.
Fristen, Gebührenfreiheit der Bestimmung oder Änderung von solchen in Parteisachen **79**, 1319.
Fronfestfournituren s. Gefängnisgerätschaften.
Früchte, Pfändung und Versteigerung **79**, 1531, 1535, 1545.
Fürsorge für die Witwen und Waisen von Angehörigen des Reichsheeres und der Kaiserlichen Marine **88**, 177 ff.; **91**, 113 ff.; **95**, 173 ff., 177 ff., 206 — für das Kanzleipersonal bei den Gerichten und Staatsanwaltschaften **91**, 133 ff.
Fuhrlöhne, Bestreitung **63**, E. H., 85.
Funktionsbezüge der Sekretariatsgehilfen bei den Gerichten, Oberstaatsanwälten und Staatsanwaltschaften bei den Landgerichten **87**, 151; s. a. Jahresfunktionsbezug — der Gerichtsschreibergehilfen **92**, 134.
Funktionsgehalt der Ratdiener, Boten, Gefängniswärter und Amtsgerichtsdiener **79**, 390 f. — Quittungsgebühr hiebei **86**, 182.
Fußböden, Anstrich mit Ölfarbe in Dienstwohnungen **80**, 363.
Futter, Pfändung **79**, 1516.

G.

G. Bezeichnung der bewegliches Vermögen betreffenden Verteilungsverfahren, dann der Urkundenprozesse in der Berufungsinstanz bei den Landgerichten mit diesem Buchstaben **80**, 422, 423.
G. Bezeichnung der Wechselprozesse in der Berufungsinstanz bei den Landgerichten mit diesem Buchstaben **80**, 423.
Gährkeller s. Malzaufschlag.
Gänge, Verrechnung der Kosten für Reinigung **63**, E. H., 87 f.
Gärten, Pachtrente und Nutzungsanschlag der Gärten bei den Dienstwohnungen der K. Beamten **65**, 39 f.
Gantakten, Vernichtung **70**, 64.
Gebäude, Versicherung **78**, 166 ff. — Nummerierung **79**, 231 f. — s. a. Amtsgebäude, Gefängnisgebäude, Gerichtsgebäude, Staatsgebäude.
Gebrauchsgegenstände s. Nahrungs- und Genußmittel, Untersuchungsanstalten.
Gebühren der Hypothekenschätzer **64**, 222 f.; **73**, 225 f. — bei den Konsulaten des Deutschen Reiches **72**, 225 f., 227 ff.; **87**, 288 f. — Mindestbetrag **79**, 1320 — Entrichtung von solchen durch Verwendung von Gebührenmarken **79**, 1485 f., 1487 ff. — von Quittungen **79**, 1896 f.; **86**, 182 — in Forstrügesachen **80**, 285 — Erhebung von Abschlagszahlungen auf dies. im Konkursverfahren **80**, 287 — Ansatz der nach dem Werte des Gegenstandes zu erhebenden G. **80**, 331 — für Prüfungszeugnisse der Bewerber um das Gerichtsschreiber- und Gerichtsvollzieheramt **81**, 57 f. — in Hypothekensachen **81**, 217 ff. — in Verlassenschaftsverhandlungen **81**, 219; **82**, 217; **83**, 19 — von Eheverträgen **83**, 19, 377 — von Gesellschaftsverträgen **83**, 19 f. — für Einschreibungen von Löschungen in das Hypothekenbuch **83**, 35 f. — von Notariatsurkunden **83**, 216, 377 — der von Amtsanwälten und Staatsanwälten außerhalb der Rentamtssitze vernommenen Zeugen und Sachverständigen **84**, 223 f. — für Prüfungszeugnisse der Rechtspraktikanten **93**, 163 — s. a. Ärzte, Anstellungsgebühren, Aufbringungsgebühren, Beglaubigung, Beschwerden, Besitzveränderungsgebühren, Bestellgebühr, Depositalgebühren, Erinnerungen, Gefängniswärter, Gerichtsvollzieher, Hypothekenbewahrer, Ladungsgebühren, Nachholung, Notare, Notariats-

zeugen, Postgebühren, Privatärzte, Prüfungsgebühr, Rechtsanwälte, Sachverständige, Schreibgebühren, Staatsgebühren, Tagegebühren, Telegraphengebühren, Umzugsgebühren, Zeugen, Zustellungsgebühren.

Gebührenabstriche durch die K. Regierungsfinanzkammern, Beschwerden hiegegen 75, 195.

Gebührenbewertung bei den Notaren 79, 1314, 1315 f., 1320 ff., 1325 f., 1354 ff. — bei den Gerichten und Staatsanwaltschaften durch die Gerichtsschreiber 79, 1314 ff, 1320 ff., 1326 ff.; 93, 13 f. — bei den Bezirksämtern 79, 1314 ff., 1320 ff., 1336 f. — Abrundung von Pfennigbeträgen 79, 1870 — von Eheverträgen rc. 83, 19, 377 — von Aktiengesellschaftsverträgen und Notariatsurkunden 84, 163.

Gebührenfreiheit von Gegenständen der allgemeinen Dienstaufsicht 79, 1319 — von Quittungen 79, 1493 f.; 86, 182 — der rentamtlichen Besitz- und Belastungszertifikate 80, 346 f.

Gebührengesetz vom 18. August 1879 bezw. 29. Mai 1886, 8. März 1888, 22. Dezember 1889 und 26. Mai 1892, Vollzug im allgemeinen: 79, 1309 ff., 1317 ff.; 80, 286 ff.; 86, 177 ff.; des Art. 2: 79, 1320; des Art. 2 Abs. 2: 79, 1870; 80, 285; des Art. 3 Ziff. 4: 79, 1319; des Art. 4: 79, 1313; des Art. 5: 79, 605 ff., 1312; des Art. 7: 80, 462 f.; des Art. 21 (Art. 20 neuer Fassung): 79, 1327; 80, 287 f.; des Art. 22 (Art. 21 n. F.): 79, 1328; 80, 287; des Art. 35 (Art. 34 n. F.): 79, 1333; der Art. 36 u. 39 Abs. 1 (Art. 35 u. 38 Abs. 1 n. F.): 80, 285; des Art. 48 (Art. 47 n. F.): 79, 1345; 86, 179, 180; des Art. 49 (Art. 48 n. F.): 79, 1345; der Art. 52, 59 (Art. 51, 59 n. F.): 79, 609; der Art. 76—78: 82, 310; des Art. 81: 79, 1333; des Art. 83: 81, 219 ff.; 82, 217; 83, 19; 86, 179 f.; des Art. 84: 86, 180 f.; des Art. 88: 81, 217 ff.; des Art. 89 (Art. 88 n. F.): 81, 217 ff.; 83, 35 f.; des Art. 110 (Art. 111 n. F.): 79, 1320; des Art. 113 Abs. 1 Ziff. 1 (Art. 114 Abs. 1 Ziff. 1 n. F.): 83, 216; des Art. 114 (Art. 115 n. F.): 83, 19; 86, 179 f.; des Art. 117 Abs. 5 (Art. 118 Abs. 5 n. F.): 83, 19 f.; des Art. 125a Abs. 3 (Art. 127 Abs. 3 n. F.): 86, 180, 181; des Art. 133 (Art. 135 n. F.): 83, 20, 377; des Art. 140 Abs. 1 (Art. 142 Abs. 1 n. F.): 83, 19 f.; des Art. 146 (Art. 148 n. F.): 83, 19; des Art. 154 (Art. 156 n. F.): 79, 1486, 1490 f.; des Art. 156 Abs. 2 (Art. 158 Abs. 2 n. F.): 79, 1491; des Art. 160 (Art. 162 n. F.): 79, 1486, 1490 f.; der Art. 163, 164 (Art. 165, 166 n. F.): 79, 1310 f.; des Art. 165 (Art. 167 n. F.): 79, 1311; des Art. 170 Ziff. 3 u. 4 (Art. 172 Ziff 3 u. 4 n. F.): 79, 1486, 1489 f.; des Art. 175 (Art. 177 n. F.): 79, 1486, 1489 f.; 81, 57 f.; des Art. 177 (Art. 179 n. F.): 79, 1486, 1489 f.; des Art. 184 (Art. 186 n. F.): 79, 1311, 1333; des Art. 195 (Art. 197 n. F.): 79, 1310; des Art. 197 (Art. 199 n. F.): 79, 1486, 1489; 82, 72 f.; des Art. 221 (Art. 223 n. F.): 86, 181; des Art. 223 (Art. 225 n. F.): 86, 182; des Art. 229 (Art. 231 n. F.): 79, 1485, 1488; des Art. 233 Ziff. 5 (Art. 235 Ziff. 5 n. F.): 79, 1897; 86, 182; des Art. 260 (Art. 253 n. F.): 79, 1311; des Art. 264 (Art. 257 n. F.): 82, 309 ff.; des Art. 266 (Art 259 n. F.): 79, 1333, 1440; 80, 51; 81, 405 f.; des Art. 267 (Art. 260 n. F.): 79, 1314; des Art. 269 (Art. 262 n. F.): 79, 1485 f., 1487 ff.; des Art. 273 Abs. 2 (Art. 266 Abs. 2 n. F.): 79, 1710; des Art. 279 Abs. 3 (Art. 272 Abs. 3 n. F.): 80, 191 ff.

Gebührenliquidationen der nichtamtlichen Ärzte 80, 221 f.

Gebührenmarken, Verwendung 79, 1485 f., 1487 ff.

Gebührenordnung, Bayerische, vom 6. September 1879 für Gerichtsvollzieher 79, 625 ff.; 81, 318 f.; 90, 76 f. — Bayerische, vom 25. September 1879 für Rechtsanwälte 79, 1287 ff. — s. a. Notariats-Gebührenordnung, Reichs-Gebührenordnung.

Gebührenpflicht des Auftraggebers bei den durch einen Gerichtsschreiber an den Gerichtsvollzieher vermittelten Aufträgen 79, 791, 810, 1187 — Befreiung von ders. 79, 1318 ff. — Befreiung von Quittungen hievon 79, 1493 f. — telegraphisch gestellter Dienstbefreiungsgesuche 86, 92 f.

Gebührenregister der Notare 79, 1322, 1324 f.; 86, 181 (Form. 79, 1357 ff.) — allgemeines der Gerichte 79, 1322, 1324 f., 1329, 1335, 1341 f., 1346 f., 1361; 81, 322; 83, 194; 88, 144 f. (Form. 79, 1361 ff.) — für das Hypotheken- und Grundbuchwesen bei den rechtsrheinischen Amtsgerichten 79, 1322, 1330, 1365; 84, 123 (Form. 79, 1365 ff.) — der Landgerichte für Handelssachen 79, 1329 f. — s. a. Einzugsregister.

Gebührenregisternummern 72, 129; 79, 315, 1321, 1323, 1335.

Gebührenrückstände im Notariatswesen 80, 315.

Gebührensachen, Zustellung in solchen **79**, 1256.
Gebührenvorschüsse, Behandlung von solchen durch Gerichtsvollzieher **79**, 1189 — Behandlung im Gebührenwesen **79**, 1321, 1326, 1327, 1334; **80**, 61 f., 286 f.; in gerichtlichen Strafsachen **79**, 1433, 1436, 1438, 1439; **80**, 51 f. — Erhebung in amtsgerichtlichen Sachen **81**, 517 f.; **82**, 84.
Gebührenwesen, Bestimmungen zur Ausführung des Gesetzes hierüber **79**, 1309 ff., 1317 ff., 1870, 1881 ff.; **86**, 177 ff. — Instruktion zum Vollzuge des Gesetzes hierüber **79**, 1317 ff. — Beschwerden und Erinnerungen in dems. **79**, 1315 ff. — Formulare für dass. **79**, 1355 f., 1357 ff. — Verfahren im Verwaltungswege bei Zuwiderhandlungen gegen die Vorschriften über dass. 1709 ff. — Besorgung des Gebühren- und Rechnungswesens bei dem K. Landgerichte München I: **84**, 119; bei dem K. Landgerichte Nürnberg **93**, 13 f.; bei dem K. Amtsgerichte Nürnberg **93**, 253 f.; beim K. Landgerichte München II: **93**, 254; bei dem K. Amtsgerichte Würzburg **256**; s. a. 67 f. — beim K. Amtsgerichte Augsburg **96**, 36 — s. a. Gebührengesetz.
Geburten in Gerichtsgefängnissen **83**, 122 f.
Geburtsregisterauszüge, Beglaubigung **63**, 96 — Anfertigung **76**, 89 f.
Gedenkfeier der Errichtung des Deutschen Reiches **96**, 13 f.; 17 ff.
Gefälle, Beitreibung rückständiger Gemeinde- oder Stiftungsgefälle **79**, 329 f. — s. a. Grundgefälle, Staatsgefälle.
Gefängnisarbeit s. Arbeit, Übersicht über die Arbeitsthätigkeit.
Gefängnisaufseher, Militärpension **95**, 128.
Gefängnisbeamte 83, 79 ff.
Gefängnisbedienstete 83, 79 ff.
Gefängnisbücher, Führung **83**, 127 f. s. a. 121, 180 ff., 184.
Gefängnisdienst, Versehung und Überwachung **83**, 79, 80 — Führung **83**, 90 ff.
Gefängnisgebäude, ständige Bauausgabe **70**, 193.
Gefängnisgerätschaften, Akten des Gerichtsvorstandes hierüber **63**, 114 — Geschäftsbehandlung bei Anschaffungen und Reparaturen **63**, E. H., 71 ff.; **71**, 119; **83**, 191 f. — Abschreibung unbrauchbar gewordener G. **66**, 65; **83**, 191 f.
Gefängniskommissionen 83, 86 ff.
Gefängnisse, Preise für Wäsche und sonstige Gerätschaften **72**, 301 — s. a. Amtsgerichtsgefängnisse, Aushilfsgefängnisse, Gerichtsgefängnisse, Landgerichtsgefängnisse.
Gefängnissträflinge, strengere Behandlung **83**, 126 f.
Gefängnisstrafen, Vollzug konkurrierender G. **68**, 2 f. — **Einleitung des Strafvollzugs** in bezug auf solche **72**, 38 ff. — **Vollzug** beim Zusammentreffen mit Haftstrafen **72**, 286; **75**, 103; **77**, 109; **92**, 256 — s. a. Gerichtsgefängnisse, Kosten, Strafvollzug.
Gefängnisverwalter s. Verwalter.
Gefängnisvorstände, Obliegenheiten rc. **83**, 79 ff., 179 ff. — schriftlicher Verkehr mit den Oberstaatsanwälten **85**, 97 f.
Gefängniswärter, Verpflichtung **63**, E. H., 14; **83**, 82 — Verpflichtung zur Reinigung der Schüblinge **68**, 62 ff. — Schreibmaterialien **70**, 49 f. — Kosten für Reinigung der Rauchrohre der Dienstwohnungen ders. **75**, 204 — Aufstellung, Funktionsgehalt, Amtskleidung u. Dienstwohnung **79**, 389 ff., 394; **87**, 69 — Gebühren für Verpflegung der Gefangenen **79**, 391 — Zustellungen durch dies. an Gefangene in nichtstreitigen Rechtssachen **79**, 722 — Protokoll der Gerichtsschreiber über Beeidigung ders. **79**, 754, 757 — Vorschriften bezüglich des Dienstes ders. **83**, 79 ff., 180 ff. — Hausbedarf an Feuerungsmaterial **83**, 179 — Vergütungen ders. **83**, 180, 183, 186, 187 — Belohnungen von solchen **83**, 193 — Besetzung deren Stellen mit Militäranwärtern **86**, 67 — als Aufrückungsstelle **86**, 74 — Personalakten und Qualifikation **86**, 76 ff.
Gefängniswärtergehilfen, Verpflichtung **66**, 169 f. — Aufnahme bei den Landgerichtsgefängnissen **79**, 392; **83**, 82 — Protokoll der Gerichtsschreiber über die Beeidigung ders. **79**, 754, 757 — Besetzung deren Stellen mit Militäranwärtern **86**, 12 ff., 67 — Vorbedingungen zur Anstellung **86**, 70 f., **74** — Bewerbung um Amtsgerichtsdienerstellen **86**, 71 f., 74 — Personalakten und Qualifikation **86**, 76 ff. — Militärpensionsregulierung **95**, 128.
Gefangenanstalten, Abänderung der Hausordnung **68**, 78; **75**, 317 f. — Umbildung der Staats-Erziehungsanstalt Niederschönenfeld in eine Gefangenanstalt für jugendliche Personen **79**, 1892 ff. — Aufhebung der Gefangenanstalt Frankenthal **83**, 329 f. — Zellenbau bei der Gefangenanstalt Amberg **83**, 370 — Einlieferungsbezirk der Gefangenanstalt Lichtenau **93**, 255 f. — s. a. Strafanstalten.
Gefangene, vorläufige Entlassung **72**, 2 ff., 44 f., 45 — Zustellungen an solche **79**, 622, 722, 1251 f., 1261; **90**, 197 — Verpflegskosten in den Strafanstalten **81**, 105 ff. — s. a. Strafgefangene, Übersicht, Untersuchungsgefangene.

Gefangenenarbeit s. Übersicht über die Arbeitsthätigkeit in den Strafanstalten und Arbeitshäusern des Königreichs.
Gefangenenverzeichnisse, Führung in den Gerichtsgefängnissen 83, 128 ff. — s. a. Verzeichnis.
Gehalte der Richter 79, 382 — der Staatsanwälte 79, 385 — der Gerichtsschreiber 79, 388 — Gehaltsbezüge der nichtpragmatischen Staatsbediensteten, ihre Aufbesserung 88, 70 ff. — Gehaltsnormen für die pragmatischen Staatsdiener 92, 143 ff. — s. a. Funktionsgehalt.
Gehaltszulage, nichtpragmatische 92, 147 ff.
Gehilfe des rechnungsführenden Sekretärs bei dem K. Landgerichte München I, Vorbedingung für dessen Stelle 86, 71; Personalakten und Qualifikation 86, 76 ff. — s. a. Amtsgerichtsdienergehilfen, Botengehilfen, Gefängniswärtergehilfen, Gerichtsschreibergehilfen, Gerichtsvollziehergehilfen, Gewerbegehilfen, Küchengehilfen, Notariatsgehilfen, Rechnungsgehilfen, Schreibgehilfen, Waschgehilfen.
Geisteskranke, Unterbringung in Irrenanstalten oder deren sonstige Verwahrung 94, 63 f.; 95, 72 ff. — Entmündigung 95, 70 ff.
Geistliche, Pfändung 79, 1517 — Vollzug der Haft als Zwangsvollstreckungsmittel gegen dies. 79, 1550.
Geldanlagen im Depositenverkehr mit der K. Bank 87, 124 ff., 90, 393 f., 93, 52 f., 257.
Geldaversen zur Anschaffung von Schreibmaterialien des Gerichtspersonals 63, E. H., 78; 68, 145 f.; der Staatsanwälte und deren Hilfspersonals 81, 49 — s. a. Geldentschädigungen.
Geldbeträge, Übersendung solcher an die im Verteilungstermine nicht erschienenen Beteiligten 79, 810.
Geldentschädigungen für Schreibmaterialien des Gerichtspersonals 75, 313 f. — s. a. Geldaversen.
Gelder, Empfangnahme solcher durch Notare 66, 137 ff. — amtliche, der Gerichtsvollzieher 79, 617, 723, 725, 1187, 1189, 1196, 1206 f., 1519, 1524, 1536 — Ablieferung ärarialischer Gelder an die Rentämter 79, 1323 — einer Depositalgebühr unterworfene 82, 318 — s. a. durchlaufende Gelder, Strafgelder, Tagebuch.
Geldforderungen, Beitreibung durch Pfändung beweglicher Sachen 79, 1513 f.
Geldsätze, Bestimmung nach der Reichswährung 75, 317 f., 366.
Geldstrafen, Bekanntgabe, Perzeption u. Einsendung der gegen Notare ausgesprochenen G. 68, 14 f., 53 ff.; 75, 340 f. — als Disziplinarstrafe der Gerichtsvollzieher 79, 618, 624; der Hypothekenbewahrer 80, 195; der richterlichen Beamten 81, 250, 267 f.; der Handelsrichter 81, 275 — rechnerische Behandlung und Beitreibung im Gebührenwesen 79, 1314 f., 1321, 1334; in gerichtlichen Strafsachen 79, 1314 f., 1426, 1436 ff.; in Forstrügesachen 79, 1654 ff. — zwangsweise Beitreibung 79, 1557 f. — in Militärstrafsachen, Erhebung durch Gerichtsvollzieher 79, 1569 — Vollzug 80, 313 f. — Beitreibung und Stundung 80, 468 — wegen Übertretung bergpolizeilicher Vorschriften 81, 359 — rechnerische Behandlung der auf grund des Reichsgesetzes vom 14. Mai 1879 auferlegten G. 84, 33 f.; 85, 147; 90, 54 — Kosten der Beitreibung von solchen in anderen Bundesstaaten 86, 113 — in Branntweinsteuer- &c. und Strafsachen anfallende, Verteilung und Verrechnung 89, 31 f.
Geldzinse, Eintrag in das Hypothekenbuch 86, 187 f., 188 f.
Gemeindebeamte, Verpflichtung der mit der Vertretung der Staatsanwaltschaft betrauten G. 67, 282 f. — Besorgung der Amtsanwaltschaft 79, 103, 104 — Hilfsbeamte der Staatsanwaltschaft 79, 104 — Zwangsstrafen gegen solche 79, 108 — Rückgabe der bei dens. zum Zwecke der Zustellung niedergelegten Schriftstücke 89, 248 f., 249 ff.
Gemeindebedienstete, Mitteilungen über Untersuchungen gegen diese 68, 208.
Gemeindebehörden, Mitteilungen an dies. in Malzaufschlagssachen 68, 225 f. — Zuständigkeit zu Sühneversuchen in Beleidigungssachen durch dies. 79, 111, 369 ff. — deren Anspruchnahme zu Ladungen, Vorführungen, Ermittelungen &c. in nichtstreitigen Rechtssachen 79, 722 — zwangsweise Vollziehung ihrer Beschlüsse und Ausstandsverzeichnisse 79, 1560 f. — Portopflicht bei Vermittelung der Einzahlung von Gerichtskosten und der Rückerstattung von Kostenvorschüssen durch dies. 84, 5 f. — mittelbare, Korrespondenz mit Amtsgerichten und Rentämtern 85, 75 f. — Obliegenheiten ders. hinsichtlich der Invaliditäts- und Altersversicherung 90, 37 f.
Gemeindebezirke, Verfahren bei Änderung von solchen 81, 362 f.
Gemeindegefälle, Beitreibung rückständiger 79, 329 f.
Gemeindegründe-Verteilung, Nichterfordernis notarieller Beurkundung 64, 250 f.

Gemeindekassen, Darlehen hieraus **63,** 10 f., 141 ff.

Gemeinden, Zustellung an dies. **79,** 1235 f., 1237, 1239 f. (Form. 1266 f.) — Zwangsvollstreckung gegen solche **79,** 1496 — Kapitalsausleihungen **85,** 83 f., 84 f. — s. a. Stadtgemeinden.

Gemeinderechte, Teilung und Übertragung **93,** 66 f.

Gemeindeverwaltungen, Korrespondenzform zwischen dens. und Gerichten **65,** 27; **85,** 75 f.

Gemeindevorsteher s. Gemeindebeamte.

Gemeindewege, Mitteilung der Ergebnisse der im Gebiete der Straßenpolizei eingekommenen Anzeigen wegen Übertretungen in bezug auf solche an die Distriktspolizeibehörden **79,** Beil. 40.

Gemeinschuldner, Schließung der Geschäftsbücher des Gemeinschuldners nach Eröffnung des Konkursverfahrens durch den Gerichtsschreiber **79,** 812 f.

Gendarmerie, Assistenzleistung b. Schwurgerichtssitzungen **69,** 237 ff. — Stellung von Strafanträgen bei Beleidigungen ders. **72,** 294 — Pensionen der Mannschaft des Gendarmerie-Corps **78,** 117 f.; s. a. **91,** 48 — Hilfsorgan der Staatsanwaltschaft **79,** 537 — Verwendung zu Behändigungen und Vorzeigungen von schriftlichen Mitteilungen im Strafverfahren **79,** 556 — Beiziehung zu Zwangsvollstreckungen **79,** 559 f.; **82,** 70 f. — unentgeltliche Abgabe der Beilagen der Kreisamtsblätter an dies. **81,** 376 ff. — Vollzug der Schubtransporte durch dies. **82,** 70, 265 f. — Erstattung von Anzeigen über Antragsreate durch dies. **84,** 4 f. — Zulagen und Entschädigungen ders. **84,** 18 f. — Übertragung von Rücktransporten an dies. **84,** 111 f. — Anstellung von Gendarmen im subalternen Zivildienste **88,** 169 ff.; **89,** 149 ff. — Vormerkung über den Bezug von Gendarmerie-Pensionen **91,** 48, 49 f. — Einzug von Gendarmerie-Pensionen bei der Anstellung im Zivilstaatsdienste **95,** 125, 126 ff.; s. a. 317 Anmerkung.

Generalakten 63, 115 f.; **87,** 140 — Inhaltsverzeichnis **63,** 135 f.; **87,** 140 — Vernichtung **70,** 67.

Generaldirektion der Verkehrsanstalten (Postabteilung), Attestierung der Ortsentfernungen behufs Berechnung der Umzugsgebühren **75,** 345 f.

Generaliensammlung, Anlage einer solchen **66,** 321 ff.; **87,** 140.

Generalrechnung s. Unterstützungsverein, allgemeiner.

Generalversammlung des Pensions- und Unterstützungsvereins der Kanzlisten bei den Justizbehörden Bayerns **91,** 143, 154 ff.

Generelle Weisungen, Registerführung hierüber seitens der Notare in der Pfalz **92,** 37 f.

Genossenschaften, geistliche, Vollzug der Amortisationsgesetze für dies. **69,** 118 f. — s. a. Erwerbs- und Wirtschaftsgenossenschaften.

Genossenschaftsgesetz s. Erwerbs- und Wirtschaftsgenossenschaften.

Genossenschaftsregister, Führung **73,** 168 ff.; **79,** 97 — Veränderungen in der Zuständigkeit zur Führung ders. **79,** 285 ff. — Zustellungen von hierauf bezüglichen Verfügungen **79,** 1256.

Genußmittel s. Nahrungs- und Genußmittel.

Geräte s. Amtsgerätschaften, Eß- und Trinkgeräte, Gefängnisgerätschaften, Feldgeräte, Hausgeräte, Küchengeräte.

Gerichte, Behandlung des Einlaufs **63,** 106 ff.; **66,** 350; **79,** 746 — Geschäftsverkehr und Geschäftsbehandlung **63,** E. H., 11 ff.; **66,** 239 ff. — Aufnahme von Testamenten **63,** E. H., 47 f. — Holzbedarf **63,** E. H., 79, 85, 90 f., 91 — Zuständigkeit zur Beurkundung von Verträgen oder Vergleichen über Alimentation außerehelicher Kinder **64,** 20 f. — Thätigkeit bei Auslieferung von Verbrechern **64,** 29 ff. — Form des schriftlichen Verkehrs mit Notaren **64,** 266 f. — Korrespondenzform zwischen dens. u. Magistraten sowie Gemeindeverwaltungen **65,** 27; **85,** 75 f. — Aufhebung früherer Gerichte **79,** 90 f. — Justizverwaltung, Aufsicht **79,** 107 ff. — Gutachten **79,** 109 — Depositen **79,** 109 — Rechtshilfe **79,** 109 f. — Verzögerungsbeschwerden gegen dies. **79,** 108 f. — Formel für die Urteile 2c. **79,** 337 f. — Verkehr der Amtsanwälte mit dens. **79,** Beil. 44 f. — Behandlung des Depositenwesens bei den rechtsrheinischen Gerichten **79,** 661 ff.; **89,** 3; in der Pfalz **79,** 1277 ff.; **88,** 219 ff., 227 ff., 245; **90,** 273 — Zwangsvollstreckung aus Urteilen nichtdeutscher Gerichte **79,** 1500 f. — Verzeichnis derselben im Deutschen Reiche **86,** 148 — Sekretariatsgehilfen bei dens. **87,** 151 f., 152 f. — Beurlaubungen bei dens. **88,** 122 ff. — Büchersammlungen **88,** 133 — Ersuchen ders. und Behandlung der dabei erwachsenden Auslagen **88,** 144 f. — Verbesserung der Lage des Kanzleipersonals **91,** 133 ff. — Vorbereitungsdienst der Rechtspraktikanten bei dens. **93,** 141 ff., 163 ff. — s. a. Aktenausscheidung, Amtsgerichte, Amtsinventare, Ausland, Beglaubigung, Bestrafungen,

Disziplinargerichte, Ehegerichte, Geschäftsausweise, Kollegialgerichte, Kriminalstatistik, Landgerichte, Militärgerichte, Mobilien, Oberlandesgerichte, Oberstes Landesgericht, Prozeßgerichte, Regieaversen bis Regiewesen, Registerführung, Reichsgericht, Rheinschiffahrtsgerichte, Schöffengerichte, Schwurgerichte, Sicherheitsleistung, Termine, Vollstreckungsgericht, Zivilgerichte.

Gerichtsakten, Einsicht durch Notariatsgehilfen **63**, 55 ff. — Einsicht durch Advokaten-Konzipienten **63**, 57 f. — Aushändigung an Notare **63**, 69 ff. — Benützung durch die Staatsanwälte **63**, E. H., 15 — Abgabe an die Archive **68**, 260 f.

Gerichtsauslagen s. Auslagen.

Gerichtsbarkeit, allgemeine **79**, 90 ff. — Streit **79**, 91 f. — in Angelegenheiten der Mitglieder der Königlichen Familie **79**, 111 — Formel für Entscheidungen der zur Ausübung ders. berufenen Behörden **79**, 337 — Ermittelungen und zwangsweise Vorführungen in Sachen der nichtstreitigen Gerichtsbarkeit durch die Gerichtsvollzieher **79**, 612, 721 f., 1561 f., 1568 f. — Beaufsichtigung der streitigen Gerichtsbarkeit **81**, 165 ff., 168 ff. — über Militärpersonen des aktiven Dienststandes in Strafsachen **91**, 33 f. — Übersicht der zur Ausübung ders. befugten Kaiserlichen Konsuln **95**, 98 — s. a. inländische Gerichtsbarkeit, nichtstreitige Rechtspflege.

Gerichtsbeamte, Register für Beeidigung ders. **70**, 285 f. — Liquidation der Kommissionskosten **79**, 1331; **83**, 331 f.

Gerichtsbehörden, Versicherung der Inventarsbestände gegen Feuersgefahr **81**, 301 f. — Ersuchen an dies. in den deutschen Schutzgebieten **87**, 284 f. — Verzeichnis der Schweizerischen G. **88**, 95 ff.; **90**, 36 f.

Gerichtsbezirke, Bildung **79**, 112 ff. — Verfahren bei Änderung von solchen **81**, 362 f. — Änderung **94**, 101.

Gerichtsboten, Mitwirkung bei Erhebung von Gerichtskosten **84**, 121 ff. — s. a. Boten.

Gerichtsgebäude, Verschluß und Beaufsichtigung **63**, E. H., 6 ff. — Bauunterhaltungsausgaben **63**, E. H., 85 f., 87 — Brandversicherungsbeiträge für dies. **63**, E. H., 87 — sogenannte ständige Bauausgaben für dies. **64**, 25 ff. — Wendung der großen und kleinen Baufälle **64**, 33 ff.

Gerichtsgefängnisse, oberärztliche Visitationen **64**, 245 f.; **83**, 357 f. — gutachtliche Vorlage von Anträgen an das K. Justizministerium in bezug auf das Regiewesen ders. **80**, 153 — Kosten der Haft und der Vollziehung von Gefängnisstrafen in dens. **81**, 454 ff.; **83**, 193 ff. — Dienst- und Hausordnung für dies. **83**, 77 ff.; **89**, 53 (Inhaltsverzeichnis hiezu **83**, 175 ff.) — Vorschriften über die Organisation ders. **83**, 78 ff. — ärztlicher Dienst in dens. **83**, 88 f. — Vorschriften über die ökonomische Verwaltung ders. **83**, 179 ff. — Bestimmungen über den Arbeitsfond für dies. **83**, 208 ff. — s. a. Amtsgerichtsgefängnisse, Landgerichtsgefängnisse.

Gerichtskosten, Erhebung im Falle der Rechtshilfe unter den Behörden verschiedener Bundesstaaten **79**, 1336 — rechnerische Behandlung der in Armenrechtssachen erwachsenden G. **79**, 1336 — Einziehung solcher in einem anderen Bundesstaate **80**, 269 f., 270 ff.; **87**, 139 — verschiedene Bestimmungen hierüber **80**, 286 ff. — Vermittelung der Einzahlung von solchen durch die Gemeindebehörden, Portopflicht **84**, 5 f. — Mitwirkung der Gerichtsboten und Amtsgerichtsdiener bei deren Erhebung **84**, 121 ff. — s. a. Nachforderung, Niederschlagung, Reichsgericht.

Gerichtskostengesetz für das Deutsche Reich s. Reichs-Gerichtskostengesetz.

Gerichtslokalitäten, Mietzinse hiefür **63**, E. H., 78, 84, 85, 97 — Reinigung der Öfen durch den Hafner **64**, 26 — Bestreitung der Beheizung, Beleuchtung und Reinigung ders. **80**, 155 — s. a. Amtsräumlichkeiten.

Gerichtspersonal, Geldaversen zur Anschaffung von Schreibmaterialien dess. **63**, E. H., 78; **68**, 145 f. — Bezüge des instabilen G. **63**, E. H., 79, 85, 96 f., 101 f.; **77**, 249; **92**, 131, 134 f. — Dienusteskautionen **63**, E. H., 100 f. — Tagegelder und Reisekosten dess. in gerichtlichen Strafsachen **79**, 1427.

Gerichtsräumlichkeiten, Akten des Amtsvorstandes hierüber **63**, 114.

Gerichtsschreiber, Extradition ihrer Stellen **63**, 50 — Verpflichtung zu Aktuariatsdiensten und Fertigung von Reinschriften **63**, E. H., 16 — Besorgung der Regiegeschäfte **63**, E. H., 77, 89 f., 113 f.; **80**, 157 — Geldaversen zur Anschaffung von Kalendern und Schreibmaterialien **63**, E. H., 78; **68**, 145 f. — Aushilfe im Kanzleidienste **63**, E. H., 102 — Vorrückung in höhere Besoldungsklassen **64**, 265 f. — Besorgung der Geschäfte des Schubwesens **68**, 125 ff.; **79**, 605; in der Pfalz **81**, 223 f. — Stellvertretung und Geschäftsurlaub **69**, 1 f., 168 f.; **76**, 304, 362; **79**, 106, 606 f.; **88**, 122 ff. — Unterzeichnung von Ausfertigungen in der Pfalz **79**, 95, 98 — Anstellung, Ernennung, Amtseid 2c. **79**, 105 f. — Vorbedingungen zur Anstellung, pragmatische Rechte, Dienstesprovisorium, Gehalt, Rang, Amtskleidung, Dienstzeichen und Vorrang **79**, 386 ff., 392 — Sitzungskleidung **79**, 392, 1909 ff. — Verantwortlichkeit und Geschäftsverteilung **79**, 606 — Dienstvorschriften **79**, 743 ff., s. a. 605 ff., 622, 633 ff.; **80**, 253 ff., 269 f., 271 f., 318 f., 426 f., 468; **81**, 324 ff., 369 ff., 375, 496 f.; **83**, 16 f. — Protokoll über Beeidigung ders. **79**, 754, 757 — Behandlung des Gebührenwesens, sowie des Kostenwesens in gerichtlichen Strafsachen und in Forstrügesachen **79**, 1314 ff., 1321 ff., 1326 ff., 1425 ff., 1654 ff. — Besorgung des Gerichtsschreiberdienstes bei den Disziplinargerichten **81**, 255 — Titulatur **81**, 453 f. — Personalakten und Qualifikation **83**, 294, 295 ff. — Versetzungs- und Beförderungsgesuche ders. **83**, 306 f. — Aufnahme von Begnadigungs- und Strafaufschub-Gesuchen durch Gerichtsschreiber an den Amtsgerichten **92**, 289 f. — s. a. Abschriften, Ausfertigungen, Bestellbuch, Dolmetscher, geschäftsleitende Gerichtsschreiber, Obergerichtsschreiber, Protokolle, rechnungsführ. Gerichtsschreiber, Schreibgebühren, Tagebuch, Tantiemen, Zustellungen.

Gerichtsschreiberamt, Anstellung in dems. **79**, 386 ff.; **80**, 21 ff. — s. a. Bewerber, Prüfung, Vorbereitungsdienst.

Gerichtsschreiberei, Dienstexemplare des Justizministerialblattes **70**, 429 f. — interimistische Geschäftsführung bei ders. **76**, 362 — Besetzung 2c. **79**, 105 f. — Personal bei der Handelskammer **79**, 536 — Geschäftseinrichtung **79**, 605 ff.; **87**, 151 ff.; **90**, 85 f.; **92**, 131 f., 132 ff.; s. a. 139 ff., 225 f. — Verwendung des Gerichtsvollziehers als Gehilfen auf ders. **79**, 615, 724 — Beschäftigung der Bewerber um das Gerichtsvollzieheramt auf ders. **79**, 713, 717, 720 — Geschäftsstunden **79**, 743 f.; **81**, 370 — autographische Pressen **79**, 745 — Korrespondenzform **79**, 745 f. — Behandlung des Ein- und Auslaufs **79**, 746 ff. — Entgegennahme der gerichtlichen Aufträge auf ders. durch den Gerichtsvollzieher **79**, 785, 810, 1186 — Niederlegung von Schriftstücken auf ders. **79**, 805 ff.; **89**, 249 ff. — Hinterlegung der gesetzlichen Entschädigung für Reisekosten und Versäumnis von im Strafverfahren unmittelbar geladenen Zeugen und Sachverständigen auf ders. **79**, 808 ff., 1253 f. — des Obersten Landesgerichts, Besorgung der Geschäfte der Gerichtsschreiberei bei dem Gerichtshofe für Kompetenzkonflikte **79**, 832 — Honorierung und Verrechnung des auf Kosten des Ärars angeschafften Formularpapiers ders. durch das Rentamt **79**, 1884 — Bestreitung der Beheizung, Beleuchtung und Reinigung der Räumlichkeiten, sowie aller sächlichen Regiebedürfnisse ders. **80**, 155 f. — Aktenanlage bei eingelegter Revision in Strafsachen **80**, 317 f. — Vorbereitungspraxis der Kameralpraktikanten auf ders. **83**, 68, 68 ff. — Verwendung geprüfter Bewerber um das Gerichtsschreiberamt auf ders. **83**, 225 f. — Rückgabe der bei ders. zum Zwecke der Zustellung niedergelegten Schriftstücke **89**, 249 ff. — Organisation (Einzug der Schreibgebühren für die Staatskasse) **92**, 131 f., 132 ff., 139 ff., 225 f.; s. a. **92**, 137 ff., 226 f.; **93**, 14, 59 ff., 273 f., 322; **94**, 163 ff.; vergl. ferner **93**, 13, 67 ff., 253, 254, 256 — Vorbereitungsdienst der Rechtspraktikanten auf ders. **93**, 167 ff. — s. a. Gebührenwesen; München, Amtsgericht I.

Gerichtsschreibergehilfen, Aufnahme, Bezüge 2c. **79**, 607 ff.; **86**, 12; **90**, 85 f.; 91, 136, 137, 143; **92**, 131 f., 132 ff. — Protokoll der Gerichtsschreiber über Beeidigung ders. **79**, 754, 757 — Führung von Personalakten über dies. **91**, 137 f. — s. a. Sekretariatsgehilfen.

Gerichtsschreiberstellen, Extradition **63**, 50.

Gerichtssiegel s. Dienstsiegel.

Gerichtssitze, Bestimmung **79**, 112 ff.

Gerichtsstand s. Gerichtsbarkeit.

Gerichtstafel, Anheftung von Bekanntmachungen, Ausfertigungen 2c. durch Gerichtsschreiber **79**, 794 ff.

Gerichtsurkunden, Beglaubigung **63**, 95 ff.; **66**, 13 f.; **68**, 65 f.

Gerichtsverfassungsgesetz von 1861, vorbehaltene Bestimmungen **79**, 111 — s. a. Reichs-Gerichtsverfassungsgesetz.

Gerichtsvollzieher, Postportofreiheit **70**, 529 f.; **71**, 55, 240; **72**, 87 f.; **79**, 1197; **95**, 315 — Benützung der reinen Güterzüge **72**, 66 — Gebrauch von Siegelwappen bei portofreien Dienstkorrespondenzen **72**, 118 — Regelung der Dienst- und Geschäftsverhältnisse, dann Ausschließung in nichtstreitigen Sachen **79**, 106 — Zuständigkeit **79**, 106, 611 f., 721, 1233 — Voraussetzungen zur Aufstellung als solcher **79**, 610 — Aufstellung **79**, 611 — Stellung, Dienstzeichen, Amtskleidung **79**, 613; **87**, 69 — Dienstsiegel **79**, 613, 617, 620, 621, 723, 1192, 1193, 1197 — Geschäftslokal **79**, 613, 724 — Unterhaltsbeiträge für dienstunfähige Gerichtsvollzieher und deren Witwen und Waisen **79**, 614, 624; **94**, 209 f. — Amtseid **79**, 614 f. — Pflichten und Verhalten **79**, 615 — Wohnsitz **79**, 615, 724 f. — Stellvertretung **79**, 616, 620 f., 1192, 1212 f. — Haftung **79**, 616, 1199 — Aufstellung von Amtsgerichtsdienern und Gehilfen als Gerichtsvollzieher für Zustellungen und Zwangsvollstreckungen in Strafsachen **79**, 622, 1217 f.; **81**, 318; **86**, 67, 75 — Gebühren, Vergütungen und Auslagen **79**, 625 ff., 1431; **80**, 142 f., 230 ff.; **81**, 317 ff., 324, 331 f., 335 ff., 372 f.; **83**, 359; **85**, 157 — Urlaub **79**, 725, 1212; **88**, 122 ff. — Qualifikation **79**, 728 ff. (Form. 737) — Protokoll der Gerichtsschreiber über Beeidigung ders. **79**, 754, 757 — Dienstvorschriften für dies. **79**, 1185 ff.; s. a. 610 ff., 713 ff.; **81**, 324, 328 ff., 331 f., 372 f.; **82**, 290 ff.; **83**, 16 f.; **84**, 25 f.; **85**, 157 f. — Ausführung der Zustellungen und Anheftungen durch dies. **79**, 1233 ff.; **88**, 282; **90**, 197; **95**, 263 f. — Ausführung der Zwangsvollstreckungen und einiger anderer Geschäfte durch dies. **79**, 1494 ff.; **95**, 85 — Beschäftigung der geprüften Bewerber um das Gerichtsschreiberamt bei dens. **80**, 33 — öffentliche Bekanntmachung ihrer Zwangsversteigerungen **80**, 332 — dienstliche Verehelichungsbewilligung für dies. **80**, 335 f. — Liquidationen ders. **81**, 335 ff.; **83**, 16 f. — Übernahme von Nebengeschäften durch dies. **81**, 372 f.; **84**, 25 f. — Entschädigungsklagen gegen solche wegen Überschreitung ihrer Amtsbefugnisse, Unzuständigkeit des Verwaltungsgerichtshofes hiebei **83**, 234 — Abfassung von Klageschriften und Erwirkung von Zahlungs- und Vollstreckungsbefehlen durch dies. **84**, 25 — Anfertigung der zur Zustellung erforderlichen Abschriften durch dies. **85**, 157 f. — Besetzung deren Stellen mit Militäranwärtern **86**, 19, 68, 75 — Verzeichnis ders. im Deutschen Reiche **86**, 148 — die von denselben in Armenrechtssachen an die Auftraggeber zu machenden Sendungen **88**, 105 f. — Vorschriften für dieselben bezüglich unmittelbarer Ladung von Zeugen und Sachverständigen in Strafsachen **90**, 75 f. — persönliche Zustellungen derselben an Gefangene **90**, 197 — nachträgliche Errichtung von Zustellungsurkunden durch dies. **91**, 203 f. — Ernennung, Enthebung und Entlassung ders. **94**, 209 f. — s. a. Abschriften, Ausfertigungen, Beglaubigung, Gebührenordnung, Geschäftsbücher, Geschäftsübersicht, Reichsgebührenordnung, Zustellungen.

Gerichtsvollzieherakte, formelle Beschaffenheit und Aufstellung einer Kostenberechnung auf dens. **79**, 1191 ff., 1242 ff., 1508 f. — Bewertung solcher in Gegenständen der nichtstreitigen Rechtspflege durch Gebührenmarken **79**, 1486, 1490 f.

Gerichtsvollzieheramt, Anstellung in dems. **79**, 610 f., 713 ff. — Bewerbung von Militäranwärtern um dass. **81**, 393 f. — als Nebenamt s. Amtsgerichtsdiener — s. a. Bewerber, Prüfung, Vorbereitungsdienst.

Gerichtsvollziehergehilfen **79**, 616, 621, 724, 725, 1186, 1192, 1199; **80**, 284; **88**, 282 — Protokoll der Gerichtsschreiber über Beeidigung ders. **79**, 754, 757 f.

Gerichtsvollzieher-Ordnung vom 6. September 1879: **79**, 610 ff. — Ausführung **79**, 713 ff. — Abänderung von Bestimmungen ders. **81**, 318; **87**, 69; **94**, 209 f.

Gerichtsvorstände, Akten **63**, 113 f. — Thätigkeit bezüglich des Regiewesens **63**, E. H., 113 f. — Organe des Justizministeriums bei den Geschäften der Justizverwaltung **79**, 107 — Aufsichtsrecht **79**, 107 f. — Verzögerungsbeschwerden gegen dies. **79**, 108 f. — Bestellung von Stellvertretern der Gerichtsschreiber und Genehmigung der Aufstellung, sowie der Bezahlung 2c. der Gerichtsschreibergehilfen **79**, 606, 607, 609; **91**, 136, 137, 143; s. a. 131, 132 ff. — Einträge in die Quittungsbücher der Boten und Amtsgerichtsdiener durch dieselben unstatthaft **95**, 318.

Gesamtnebennote der geprüften Rechtspraktikanten aus Stil und Darstellung **93**, 148, 183 f.

Gesamtnote der geprüften Rechtspraktikanten **93**, 147 f., 183 f.

Gesamtstrafen, Vollstreckung von solchen bei Festsetzung der Einzelstrafen von Gerichten verschiedener Bundesstaaten **85**, 159 ff.

Gesandtschaften, unmittelbarer Verkehr zwischen auswärtigen G. und den K. B. Stellen und Behörden **66**, 17 f. — Verkehr mit solchen **76**, 341 f. — Ersuchschreiben bei Zustellungen im Auslande an dies. **81**, 360 f.

Geschäfte der Gerichtsvollzieher **79**, 612 f., 617, 621, 1190 f., 1194 f., 1201 f., 1212 f., 1214; **81**, 372 f. — s. a. Kanzleigeschäfte, Nebengeschäfte, Notariatsgeschäfte, Regiegeschäfte, Registraturgeschäfte, Reichsgericht, Schreibgeschäfte.

Geschäftsanzeigen s. Geschäftsausweise, Geschäftsübersichten.

Geschäftsaushilfe in den Gerichtsschreibereien **69**, 1 f.; **92**, 134 f.

Geschäftsausweise der Gerichte **80**, 376 ff.; **81**, 497 f.; **82**, 288 f.; **84**, 51 ff., 105 f.; **87**, 327 ff.; **88**, 1 f., 3; **92**, 90; näheres s. Amtsgerichte, Landgerichte, Oberlandesgerichte, Schwurgerichte — s. a. Formulare, Formularpapier, Geschäftsübersichten, Kriminalstatistik.
Geschäftsbehandlung bei den Gerichten **63**, 105 ff., E. H., 11 ff.; **66**, 239 ff. — bei den Hypothekenämtern **64**, 210 ff.; **66**, 78 ff., 253 f.; **72**, 126 ff.; **77**, 131 f.; **91**, 89 f., 161 — bei Abschreibung unbrauchbar gewordener Gefängnisgerätschaften **66**, 65 — Vorschriften für dies. in den zur Zuständigkeit der Schöffengerichte gehörigen Strafsachen **79**, 377 f. und Beil.; **80**, 6 ff.; **81**, 58 ff.
Geschäftsbücher, Bestreitung des Buchbinderlohns hiefür **63**, E. H., 87 — der Gerichtsvollzieher **79**, 617, 624, 725, 1198 ff., 1211 ff.; **81**, 373 (Form. **79**, 1219 ff.).
Geschäftseinrichtung der Gerichtsschreibereien **79**, 605 ff.; **87**, 151 ff.; **90**, 85 f.; **92**, 131 f., 132 ff.; s. a. 139 ff., 225 f.
Geschäftsformen 86, 207 f.
Geschäftsführung des Gerichtsvollziehers **79**, 725 ff. — der Notare in der Pfalz **92**, 37 f.
Geschäftsjahr, Bestimmungen hierüber **79**, 630.
Geschäftsleitende Gerichtsschreiber, Aufstellung **79**, 105 — Verteilung und Überwachung der Geschäfte durch dies., Stellvertretung ders., dann Aufnahme, Bezahlung und Verwendung von Gehilfen durch dies. **79**, 606, 607 ff.; **86**, 12; **92**, 131, 132 ff. — Besorgung des Einlaufs und Führung des Bestellbuchs durch dies. **79**, 747, 748 — Gebührenbewertung bei den Amtsgerichten **79**, 1321.
Geschäftsleitung der Gerichtsschreiberei bei den Amtsgerichten **79**, 105, 724.
Geschäftslokal, Zustellung dortselbst **79**, 1236 f., 1239, 1240 — der Gerichtsvollzieher **79**, 613, 724, 1185 f. — s. a. Amtsräumlichkeiten.
Geschäftsnummern bei den durch die Gerichtsschreiber zu bewirkenden Zustellungen im Parteiauftrage und von amtswegen **79**, 782, 783; **81**, 326 f.
Geschäftsordnung des Obersten Landesgerichts **79**, 102 — des Reichsgerichts **80**, 126 ff.; **86**, 249 ff. — s. a. Kammer der Abgeordneten.
Geschäftsregister der Notare **64**, 137 f.; 73, 27 f.
Geschäftsreisen, Vergütung des Aufwands für Gerichtsboten und Diener **63**, 50 f., E. H., 87; für Staatsanwälte **63**, E. H., 110 f.
Geschäftsstunden **63**, 110 — der Gerichtsschreiberei **79**, 743 f. — der Gerichtsvollzieher **79**, 1185 f. — der Hypothekenbewahrer **80**, 193.
Geschäftsübersichten der Gerichtsvollzieher **79**, 1214 ff.; **80**, 332 f.; **81**, 329 f., 373; **82**, 290 ff.; **86**, 295 (Form. **79**, 1231) — der Disziplinargerichte **81**, 286 (Form. 287 ff.) — der Gerichte s. Amtsgerichte, Landgerichte, Oberlandesgerichte, Schwurgerichte.
Geschäfts- und Registraturordnung vom 20. September 1863: **63**, 106 ff., 211 f.; **64**, 46 ff., 258 ff.; **66**, 105; **69**, 170; **81**, 61 — Nachtrag hiezu **64**, 185 ff.; **67**, 194; **77**, 250 f. — bei den Staatsanwaltschaften der Landgerichte **79**, 565 ff.
Geschäftsurlaub s. Urlaub.
Geschäftsverkehr der Gerichte **63**, E. H., 11 ff.; **66**, 239 ff. — Vereinfachung **74**, 108 ff., 140 ff., 170 f.; **75**, 186 — unmittelbarer, zwischen den Deutschen und Schweizerischen Gerichtsbehörden **79**, 1 f., 289.
Geschäftsverteilung bei den Amtsgerichten **79**, 93 f., 928 f. — bei den Oberlandesgerichten und Landgerichten **79**, 97 f., 100, 630 ff., 1879 f.; **81**, 415 f. — in der Gerichtsschreiberei **79**, 606 — unter den Gerichtsvollziehern **79**, 612, 619, 721, 722 f., 784 — bei dem Amtsgericht München I **79**, 1165 f.; **90**, 394 f. — unter den Kammern für Handelssachen **91**, 170.
Geschäftsverzeichnis der Rechtspraktikanten **93**, 171 f., 175 (Form. 191 ff.).
Geschäftsziffer für Einläufe 2c. **63**, 109 — für die Akten in schöffengerichtlichen Strafsachen **79**, Beil., 41, 43.
Geschmacksmusterschutz, Urteile **94**, 210 f.
Geschworene, Protokoll der Gerichtsschreiber über deren Auslosung **79**, 754 — Formulare zur Ladung **79**, 1011 ff. — Formular zu den Fragen an dies. **79**, 1051 — zwangsweise Beitreibung der Geldstrafen gegen solche **79**, 1558 — Vergütung von Reisekosten an dies. **83**, 349 f. — s. a. Hilfsgeschworene, Spruchliste, Urliste.
Geschworenenbank, Formular zum Protokoll über die Bildung ders. **79**, 1047 ff.
Geschworenendienst, Herstellung der Listen, sowie die Wahlen für dens. **79**, 331 ff.; **80**, 290 ff.; **81**, 374, 374 f.; **83**, 13 ff.; **87**, 164 — Druckformulare hiefür **79**, 334.
Gesellschaften mit beschränkter Haftpflicht, Zuständigkeit der Landgerichte zur Führung der Register für dies. **79**, 97 — s. a. Kommanditgesellschaften.

Gesellschaftsregister, Führung **79**, 97, 285 ff.
Gesellschaftsverträge, Gebührenbewertung **83**, 19 f.
Gesetzmäßigkeit inländischer öffentlicher Urkunden, Bescheinigung **91**, 240.
Gesetz- und **Verordnungsblatt**, Bestreitung des Buchbinderlohns hiefür **63**, E. H., 87 — Behandlung der Dienstexemplare **68**, 20 f. — Benützung des amtsgerichtlichen Exemplars durch den Gerichtsvollzieher **79**, 724.
Gesuche um Änderung oder Bestimmung neuer Namen **63**, E. H., 33 f. — um Bewilligung zur Vornamensänderung **66**, 61 ff. — um Berichtigung von Familiennamen **66**, 157 ff. — um Archivbenützung **77**, 13 f. — der Gerichtsvollzieheramtsbewerber **79**, 713 f., 715 — der Beteiligten, Protokolle der Gerichtsschreiber hierüber **79**, 748 ff. — der Bewerber um das Gerichtsschreiberamt **80**, 22 f., 23, 24 f., 27, 32 — der Bewerber um Anstellung im höheren Justizstaatsdienst **80**, 244; **93**, 139, 141, 144 f., 154, 155 ff., 163, 174 f., 184 — um Stundung von Geldstrafen **80**, 468 — von Gefangenen in den Gerichtsgefängnissen **83**, 102 — der Militäranwärter um Anstellung im niederen Justizdienst **86**, 12 ff. — um die Allerhöchste Bewilligung zur Annahme fremder Auszeichnungen **87**, 40 f. — um Anstellung oder Beförderung, Erwähnung des etwaigen Bezugs einer Militär- 2c. Pension bei Begutachtung ders. **91**, 48 — des Kanzleipersonals bei den Gerichten und Staatsanwaltschaften um Unterhaltsbeiträge oder momentane Unterstützungen **91**, 135 f. — an den Verwaltungsrat des Pensions- und Unterstützungs-Vereins bei den Justizbehörden Bayerns **91**, 142 — von Hinterbliebenen der Militär-Ober- und Unterklassen um Pension, Unterstützung 2c. **95**, 188, 189 ff. — s. a. Adoptionsgesuche, Arrogationsgesuche, Beförderungsgesuche, Begnadigungsgesuche, Dienstbefreiungsgesuche, Dispensationsgesuche, Großjährigkeitserklärungsgesuche, Legitimationsgesuche, Namensänderungsgesuche, Sustentationsgesuche, Urlaub, Versetzungsgesuche.
Gesundheitsverhältnisse der Gerichtsvollzieher **79**, 610, 730 — der geprüften Bewerber um das Gerichtsvollzieheramt **79**, 719 — um das Gerichtsschreiberamt **80**, 34 f. — der Justizbeamten **83**, 302.
Getreide, Qualitätsbestimmung **91**, 196 ff.
Getreideprober, Einführung **91**, 197 f.
Gewerbe, Unstatthaftigkeit des Betriebs eines solchen durch Gerichtsvollzieher **79**, 615.
Gewerbebetrieb, Anzeigen über dens. behufs Führung der Handelsregister **79**, 38, 39 f. — im Umherziehen, Behandlung der Straffälle bei Zuwiderhandlungen gegen das Gesetz über dessen Besteuerung **79**, 1712 ff.
Gewerbegehilfen, Ersatzzustellung an solche **79**, 1239 (Form. 1264).
Gewerbesteuer, Zuwiderhandlungen gegen das Gesetz hierüber, Verfahren **81**, 419 ff.
Gewerbetreibende, Zustellung an solche **79**, 1239, 1254.
Gewerbliche Streitigkeiten, Berufungen und Beschwerden in solchen **92**, 90 f.
Gewerblicher Sachverständigen-Verein s. Urheberrecht.
Glockenzüge in den Amtszimmern, Anschaffung **63**, E. H., 86.
Gnadenerlaß anläßlich der Gedenkfeier des Deutschen Reiches **96**, 13 f.
Gnadenunterstützungen an Waisen von Unteroffizieren und Soldaten, Gewährung **91**, 113 ff.; **95**, 206.
Goldmünzen s. Reichsgoldmünzen.
Gold- und **Silbersachen**, Aufbewahrung, Schätzung und Verwertung gepfändeter **79**, 1196, 1519, 1524, 1527, 1529 f.
Gothaer Vertrag, Kosten der Ausweisung **95**, 87.
Gottesdienst in den Gerichtsgefängnissen **83**, 117.
Gratifikationen an das Kanzlei- und Botenpersonal **63**, E. H., 80 ff.; **70**, 487; **81**, 49 — für Aktenausscheidung **70**, 69 — s. a. Remunerationen.
Grenzwaldungen, Verfolgung in Forstrügesachen in solchen **80**, 329 ff.
Großbritannien, gegenseitiger Markenschutz zwischen dem Deutschen Reiche und Großbritannien **75**, 225, 226 ff. — Zeugenvernehmungen und Eidesabnahmen dortselbst **82**, 213 ff. — Rechtshilfeverkehr hiemit **87**, 293 ff. — s. a. Erwirkung von Auslieferungen, insbes. **90**, 231 ff.
Großjährigkeitserklärungsgesuche, Vernichtung, **70**, 62 f.
Grundbuchwesen, Zuständigkeit der Amtsgerichte, **79**, 93 — s. a. Gebührenregister.
Grundbücher, Verzeichnis **67**, 194.
Grundgefälle des Staates und der Ablösungskasse **86**, 186 ff., 188 f.
Grundlastenrepartition 63, E. H., 39.
Grundsätze für die Besetzung der Subaltern- und Unterbeamtenstellen bei den Reichs- und Staatsbehörden mit Militäranwärtern **86**, 20 ff. — Vollzug **86**, 11 ff. — für Gewährung staatlicher Unterstützungen an das Kanzleipersonal bei den Gerichten und Staatsanwaltschaften **91**, 133 ff.

Grundsteuer, Zuwiderhandlungen gegen das Gesetz hierüber, Verfahren **81**, 417 ff.
Grundsteuerkataster, Evidenthaltung **64**, 5 ff. — Fortführung der definitiven **65**, 52, 74 ff.; **71**, 308 f.; **82**, 208.
Grundstücke, richtige Preisangabe in Notariatsurkunden bei Veräußerungen **68**, 4 — Mitteilungen über Ummessungen an die Hypothekenämter **68**, 243 f. — Pfändung beweglicher Zugehörungen **85**, 209.
Güterzüge, Benützung durch Notare **70**, 10; durch Gerichtsvollzieher **72**, 66; durch Untersuchungsrichter **73**, 15.
Gutachten der Gerichte und Staatsanwälte **79**, 109 — der Amtsärzte über Unterbringung von Blödsinnigen und Geisteskranken in Irrenanstalten oder über deren sonstige Verwahrung **95**, 73 f.
Gymnasialschüler, strafrechtliche Untersuchungen gegen solche und Verurteilungen ders., Mitteilung hierüber an die Rektorate **64**, 21 f.; **79**, Beil. 38; **91**, 74 f.

H.

H. Bezeichnung des Tagebuchs für das Hypothekenamt mit diesem Buchstaben **63**, 109; der Zwangsversteigerungen von Gegenständen des unbeweglichen Vermögens mit Einschluß der in Art. 182 der S. O. und Art. 208 des A. G. z. R. C. P. O. u. K. O. bezeichneten gerichtlichen Versteigerungen **80**, 422; der Beschwerden in bürgerlichen Rechtsstreitigkeiten und im Konkursverfahren **80**, 428; des Hypotheken-Gebührenregisters **84**, 123.
Haarschneiden der Gefangenen in den Gerichtsgefängnissen **83**, 108, 186 f.
Haft, Berechnung der Strafzeit bei Unterbrechungen ders. **64**, 46 — als Disziplinarstrafe der Gerichtsvollzieher **79**, 618 — als Zwangsvollstreckungsmittel **79**, 1549 ff. — als persönlicher Sicherheitsarrest **79**, 1554 — des Gemeinschuldners im Konkursverfahren **79**, 1555 — Kosten derselben in den Gerichtsgefängnissen **81**, 454 ff.; **83**, 179 ff., 193 ff. — Kosten derselben bei Disziplinarstrafen gegen Personen des Beurlaubtenstandes **82**, 134 f.; **83**, 195 — s. a. Auslieferung, Festungshaft, Personalhaft, Sicherheitsarrest, Zwangshaft.
Haftbarkeit für Kosten **79**, 1329, 1350.
Haftbefehl des Richters, des Gerichts und der Staatsanwaltschaft, Formel für Erlassung **79**, 337 f. — des Amtsrichters, Ausfertigung **79**, Beil. 26 (Form. 169) — des Untersuchungsrichters, des Landgerichts, des Staatsanwalts, Formulare **79**, 1139 ff. — Zustellung an den in Untersuchungshaft genommenen Angeschuldigten **79**, 1251 f.; s. a. 794 — s. a. Auslieferung, insbes. **90**, 217 ff.
Haftkosten, Vortrag derselben in den Gebühren- und Einzugsregistern unter der Bezeichnung „H. K." **83**, 193 f. — s. a. Haft.
Haftrequisitionen an ausländische Behörden, Zurücknahme **69**, 120.
Haftsträflinge, strengere Behandlung in den Gerichtsgefängnissen **83**, 126 f.
Haftstrafen, Verbüßung in Arbeitshäusern **72**, 48 — Vollzug beim Zusammentreffen mit Zuchthaus- und Gefängnisstrafen **72**, 286; **75**, 103; **77**, 109; **92**, 256 — in Forstrügesachen, Vollzug **79**, 1654 ff.
Haftstrafenverzeichnis in Forstrügesachen **79**, 1656 (Form. 1692).
Hafttage 83, 193 f.
Haftung der Amtsrichter **79**, 94 — der Gerichtsvollzieher **79**, 616, 1199 — der Parteien und Parteivertreter für Gebühren und Auslagen **79**, 1328, 1329, 1350.
Handelsbuchsauszüge, Beglaubigung **79**, 91.
Handelsgesellschaft, offene, Erwerb eines Anwesens für eine solche, Gebührenbewertung **83**, 377.
Handelsgesetzbuch als Reichsgesetz **71**, 95.
Handelskammern bei Landgerichten, Zuständigkeit **79**, 97 — Bildung **79**, 533 ff.; **91**, 169 f., 187 — Dienstsiegel **79**, 544 — Besetzung der Stellen von Handelsrichtern an dens. **79**, 741 ff. — Kalender für die mündlichen Verhandlungen in bürgerlichen Rechtsstreitigkeiten **80**, 428 f. (Form. 433 ff.) — Errichtung weiterer

H. bei den Landgerichten München I u. Nürnberg **90**, 255 f. — Festsetzung deren Zahl **91**, 169 — Geschäftsverteilung bei dens. **91**, 170 — Zahl ders. am Landgerichte München I **91**, 187 — s. a. Vorsitzender.
Handelsmäkler, Protokolle der Gerichtsschreiber über deren Beeidigung **79**, 754, 757 — Pflichten **87**, 137 f.
Handelsregister, Führung **71**, 93 f ; **79**, 38, 39 f., 285 ff. — Mitteilung von Beschlüssen im Konkursverfahren an die Behörden für die Führung dess. **79**, 800 — Zustellung von hierauf bezüglichen Verfügungen **79**, 1256.
Handelsregistereinträge, Veröffentlichung **81**, 380; **91**, 195 f.
Handelsrichter, Ernennung ꝛc. **79**, 89, 381, 535 — Sitzungskleidung **79**, 392, 1912 — Besetzung der Stellen von solchen **79**, 535, 741 ff. — Protokoll der Gerichtsschreiber über deren Beeidigung **79**, 754, 757 — Disziplinarverfahren gegen dies. **81**, 275, 285.
Handelssachen, Zuständigkeit **79**, 97 — Führung der Prozeßregister für solche **79**, 819 — Führung besonderer Gebühren-, Vorschuß- und Auslagenregister bei Landgerichten hiefür **79**, 1329 f. 1334 — Sicherheitsleistung der in solchen vor französischen Gerichten als Kläger auftretenden Ausländer **95**, 251.
Handelsvollmachten, Beglaubigung **79**, 91.
Handelszeitung, Bayerische **81**, 380; **91**, 195 f., 240 f.
Handlohnsäquivalente und **Handlohnsbodenzinse,** Eintragung in das Hypothekenbuch **64**, 241 ff.; **86**, 186.
Handpapier für Hypothekenbücher **90**, 171.
Handregistraturen über unerledigte Verlassenschaftsakten **63**, 118 — über unerledigte Pflegschaftsakten **64**, 186.
Handwerker, Pfändung **79**, 1516.
Handzeichen, Beglaubigung durch Gerichtsschreiber **79**, 752.
Hauptbuch der Depositenkommission **79**, 674 ff. (Form. 697 ff.) — der Hinterlegungskommission **88**, 225, 228 ff.
Hauptnote der geprüften Rechtspraktikanten **93**, 147 f., 183 f.
Hauptquittungen, Gebühren bei Ausstellung von solchen **86**, 182.
Hauptschöffen s. Jahresliste.
Hauptverhandlungen im schöffengerichtlichen Verfahren **79**, Beil., 20 ff. — Protokolle der Gerichtsschreiber hierüber **79**, 756 f.; vor dem Schöffengerichte (Form. **79**, Beil., 153 ff.); vor der Strafkammer (Form. **79**, 1023 ff.); **80**, 318; vor dem Schwurgerichte, Form. **79**, 1027 ff.; **80**, 318; in der Berufungsinstanz (Form. **79**, 1135 ff.); in Forstrügesachen **80**, 429; **85**, 130 ff. — in Strafsachen, Kalender hiefür **80**, 429 ff. — vor den Disziplinargerichten **81**, 256, 260 ff. — Protokollierung des Ergebnisses der Vernehmungen in den strafgerichtlichen H. **86**, 167 — in Strafsachen, Aufnahme der Begründung von Beschlüssen in das Protokoll **94**, 94 ff.; Feststellung von Strafen der Zeugen und Vorstrafen der Angeklagten **94**, 171 f.
Hauptverzeichnis der geprüften Bewerber um Gerichtsvollzieherstellen **79**, 718 — der geprüften Bewerber um das Gerichtsschreiberamt **80**, 32, 33 — der geprüften Rechtspraktikanten **80**, 238 ff.; **95**, 234.
Hauptzollamt, Bekanntgabe des Ergebnisses der Untersuchungen und Mitteilung der Untersuchungsakten bei Zuwiderhandlungen gegen das Malzaufschlagsgesetz an dass. **74**, 251 — Mitteilung zum Zwecke der Sicherung des Ärarial- und Malzaufschlages an dass. **88**, 199.
Hausarrest als Disziplinarstrafe der Gerichtsvollzieher **79**, 618.
Hausgenossen, Ersatzzustellung an solche **79**, 1237 (Form. 1263, 1267).
Hauskinder, Spezialkuratel über minderjährige H. **86**, 235 f.
Hausmeister in Gerichtsgebäuden **63**, E. H., 7 f.; **79**, 391; Uebertragung der Reinigung und Beheizung der Gerichtslokalitäten **63**, E. H., 82 f. — in den Strafanstalten **86**, 12 ff., 68, **74**, 75, 76 ff.
Hausordnung für die Zuchthäuser und Gefangenanstalten, Abänderung **68**, 78; Bestimmung der Geldsätze nach der Reichswährung **75**, 317 f. — für die Gerichtsgefängnisse **83**, 77 ff.; **89**, 53 (Inhaltsverzeichnis hiezu **83**, 175 ff.) — für den Vollzug der Festungshaft an Zivilpersonen **93**, 101 ff.
Hauspolizei in den Gerichtsgefängnissen **83**, 95 ff.
Haussteuer, Zuwiderhandlungen gegen das Gesetz hierüber, Verfahren **81**, 417 ff.
Hauswirte, Ersatzzustellung an solche **79**, 1237, 1241 (Form. 1264, 1267).
Hauswirtschaft in den Gerichtsgefängnissen **83**, 103 ff.
Hebammen, Pfändung **79**, 1516.
Heer, Fürsorge für die Witwen und Waisen von Angehörigen des Reichsheeres und der Marine **87**, 195 ff.; **88**, 177 ff.; **89**, 153 — s. a. Administrationspersonal, Witwen.
Heften der Verlassenschaftsakten **63**, 118 — der Pflegschaftsakten **63**, 119 — der Akten in den zur Zuständigkeit der Schöffen-

gerichte gehörigen Strafsachen **79**, Beil. 28, 43 — von Schriftstücken der Gerichtsschreiber **79**, 744 f. — der Akten in bürgerlichen Rechtsstreitigkeiten **79**, 819, 821 — von Urkunden der Gerichtsvollzieher **79**, 1192 — von Gefängnisbüchern **83**, 128, 134, 181.
Heilanstalten, Verbringung von Sträflingen in solche **71**, 67 ff.
Heimatbehörden, deren Einvernahme bei Legitimations- und Namensänderungsgesuchen **92**, 2 f.
Heimatgesetz vom 16. April 1868, Ausländer im Sinne dess. **72**, 213 f.
Heizöfen **79**, 1516.
Helgoland, Portofreiheit im Verkehr hiemit **89**, 104.
Herausgabe von Sachen und unselbstständigen Personen, Zwangsvollstreckung zu deren Erwirkung **79**, 1546 ff.
Herrenlose Gegenstände, Adjudikation derselben an das K. Ärar **65**, 43 f.
Hessen, Übereinkunft mit demselben bezüglich der Kosten der Rechtshilfe in Strafsachen **84**, 20 f.
Hilfsaufseher bei den Strafanstalten, Besetzung deren Stellen mit Militäranwärtern **86**, 12 ff., 68 — allgemeine Vorbedingungen zur Anstellung **86**, 70 f. — Bewerbung um Amtsgerichtsdienerstellen **86**, 71 f., 74 — Aufrückungsstellen für dies. **86**, 75 — Personalakten und Qualifikation **86**, 76 ff.
Hilfsbeamte der Staatsanwaltschaft **79**, 104, 536 f., 538 ff.
Hilfsbedienstete in den Gerichtsgefängnissen **83**, 79 ff.
Hilfsgeschworene, Formulare zur Ladung **79**, 1017 ff.
Hilfsmittel bei den Prüfungen für den höheren Justiz- und Verwaltungsdienst **93**, 140, 147, 159, 178.
Hilfspersonen der Forstpolizei, Verpflichtung **64**, 252 f.; **71**, 33 f.; **83**, 369 f.
Hilfsschöffen, Wahl **80**, 298 ff.; s. a. Jahresliste.
Hinausgabe empfangener Gelder, Wertpapiere rc. an die Empfangsberechtigten durch Gerichtsvollzieher **79**, 1195 ff., 1207 — gerichtlich verwahrter Gegenstände in Strafsachen, Zuständigkeit zu deren Verfügung **80**, 473 ff.
Hinterbliebene von Gerichtsvollziehern, Anweisung von Unterhaltsbeiträgen für dies. **79**, 614, 624; **94**, 209 f. — von Sekretariats-Assistenten, Fürsorge für dies. **90**, 85 f. — s. a. Fürsorge, Militärhinterbliebenengesetz, Waisen, Witwen.
Hinterlassene der K. B. Staatsdiener s. Unterstützungsverein; s. a. Hinterbliebene.
Hinterlegung der beendigten Verlassenschaftsakten und Pflegschaftsakten in der Repositur **63**, 118 f.; **64**, 186 f. — durch Gerichtsvollzieher **79**, 628, 1189, 1536 f. — der gesetzlichen Entschädigung für Reisekosten und Versäumnis von im Strafverfahren unmittelbar geladenen Zeugen und Sachverständigen auf der Gerichtsschreiberei **79**, 808 ff., 1253 f. — der Vormundschaftsakten in der Pfalz **88**, 271 f. — s. a. Depositenwesen.
Hinterlegungskommissionen in der Pfalz **88**, 220 ff., 227 ff., 245.
Hinterlegungswesen, gerichtliches, in der Pfalz **79**, 1277 ff.; **88**, 219 ff., 227 ff., 245; **90**, 273 — s. a. Depositenwesen.
H. K., Vortrag der Haftkosten in den Gebühren- und Einzugsregistern unter dieser Bezeichnung **83**, 193 f.
Höfe, Verrechnung der Kosten für Reinigung **63**, E. H., 87.
Höhe der Beiträge zum Pensions- und Unterstützungs-Verein der Kanzlisten bei den Justizbehörden Bayerns **91**, 148 — der Unterhaltsbeiträge genannten Vereins **91**, 134, 135 — der Pension der Mitglieder des genannten Vereins **149** ff. — der Krankenunterstützung der Mitglieder genannten Vereins **152**.
Holzbedarf der Gerichte **63**, E. H., 79, 85, 90 f., 91.
Holzdiebstahl, Mitteilung der Strafurteile wegen H. an die K. Forstämter **63**, E. H., 59 f.
Holzhauerlöhne bei Gerichten **63**, E. H., 85.
Hüter, Aufstellung für gepfändete Sachen **79**, 1521.
Hüttenwerke, Militärpensionen des Aufsichtspersonals derselben **95**, 128.
Hypothek, Befugnis der Notare zur Beurkundung selbständiger Anträge auf Vormerkung oder Eintragung einer solchen **64**, 257 f. — Mündelhypothek in der Pfalz **88**, 261 ff.
Hypothekenämter in den Landesteilen rechts des Rheins, Anlegung und Aufbewahrung der Akten **63**, 122 — Mitteilungen der Rentämter über Immobilarummessungen **63**, 198 ff.; **68**, 243 f.; **88**, 161 ff.; **89**, 43 ff. — Geschäftsbehandlung im Verkehre mit den Notaren **64**, 210 ff.; **66**, 78 ff., 253 f. — Behandlung der das Hypothekenwesen berührenden Notariatsurkunden bei dens. **64**, 212 ff.; **66**, 78 ff., 253 f.; **69**, 77 ff., 123, 163 ff., 170; **72**, 127 ff., 139; **91**, 89 f. — Verzeichnisse der Bücher, Protokolle rc. **67**, 194 — Behandlung des Einlaufs **69**,

170; **72**, 126 f.; **79**, 747 — Benachrichtigung des Hypothekschuldners bei Veränderung in der Person des Gläubigers **71**, 319 f. — Geschäftsbehandlung bei dens. **72**, 126 ff.; **77**, 131 f.; **88**, 161 ff.; **89**, 43 ff.; **91**, 89 f., 161 — Eintrag des Meterflächenmaßes in das Hypothekenbuch **77**, 257 f. — Einsichtnahme der Flächenrepertorien, Ur- und Umschreibkataster in den rentamtlichen Bureaulokalitäten **77**, 263 — Eintrag von Reallastberechtigungen des Staates und der Ablösungskasse in das Hypothekenbuch **86**, 188 f. — Behandlung der Neumessungsergebnisse **89**, 43 ff. — s. a. Ummessungen.

in der Pfalz, Einrichtung **80**, 191 ff. — Überwachung **81**, 125 ff. — Eintrag der Mündelhypothek **88**, 264 ff.

Hypothekenbank, Pfälzische, in Ludwigshafen, Beglaubigung deren Erklärungen im Subhastationsverfahren **95**, 57 f.

Hypothekenbeilagenbände, Verzeichnis hierüber **67**, 194.

Hypothekenbereinigungsverfahren in der Pfalz, Zustellungen in dems. **79**, 1258 f.

Hypothekenbestellung für Kaufschillinge, Alimentenvorbehalte ꝛc. **63**, 202 ff.

Hypothekenbewahrer in der Pfalz, Salarien **79**, 1320 — Dienst- und Geschäftsverhältnisse **80**, 191 ff. — Anstellungsabgaben **81**, 194 f. — Personalakten und Qualifikation **83**, 294, 295 ff. — Versetzungsgesuche **83**, 306 f. — Gebühren im Flurbereinigungsverfahren **87**, 267 — Gebühren ders. in Vormundschaftssachen **89**, 1 f.

Hypothekenbuchfolien, Vereinigung nach erfolgtem Zwangsverkaufe von Liegenschaften **69**, 177 f. — Fortsetzung und Uebertragung **69**, 179 ff. — Evidenthaltung **88**, 161 ff.

Hypothekenbuchpapier, Anschaffung **63**, E. H., 84, 88 f. — s. a. **90**, 171; **94**, 64.

Hypothekenbücher, Einsicht durch Notariatsgehilfen, **63**, 55 ff. — Eintrag von Eigentumsvorbehalten **63**, 202 ff. — Aufwand auf dies. **63**, E. H., 88 f.; **67**, 41 f. — Einsicht durch Notare **66**, 78 ff., 83 f.; **69**, 163 ff. — Verzeichnis **67**, 194 — ordentliche und außerordentliche Kosten hiefür **68**, 150 f. — Vormerkungen in dens. **69**, 77 ff. — Eintrag der Besitzveränderungen **69**, 150 ff. — Fortsetzung und Übertragung der Folien **69**, 179 ff. — Einschreibungen **72**, 128; **75**, 330; **81**, 217 ff.; **83**, 35 f.; **88**, 161 ff. — Richtigstellung nach dem Metermaß **77**, 257 f.; **78**, 15 — Eintrag der Grundgefälle des Staates und der Ablösungskasse **86**, 186 ff., 188 f. — s. a. Beschlagnahme, Personenregister, Sachregister.

Hypothekenforderungen, Übertragung und Verpfändung **69**, 123 — der Gemeinden und Stiftungen, Abquittierung und Löschung bezahlter H. **85**, 83 f., 84 f., 85 ff.; **86**, 252 f.; **91**, 90 f.

Hypotheken-Gebührenregister, Bezeichnung mit H. **84**, 123.

Hypothekengesetz vom 1. Juni 1822 bzw. 29. Mai 1886, Vollzug des § 22 Nr. 5 u. F.: **86**, 188 f.; des § 23: **66**, 101 ff.; des § 34: **85**, 209; der §§ 81, 139, 140, 142 und 164: **69**, 177 f.; der § 98 Abs. 1, §§ 136, 139: **69**, 150 ff.; des § 99 Nr. 2: **63**, 202 ff.; des § 127: **69**, 179 ff.; des § 157: **71**, 319 f.

Hypothekenprotokolle, Bestreitung des Buchbinderlohns hiefür **63**, E. H., 87 — Register zu dens. **65**, 148 f.; **91**, 219 — Verzeichnis hierüber **67**, 194 — Führung **72**, 127 ff.; **91**, 89 f. — s. a. Beilagen.

Hypothekenregisterbände, Verzeichnis hierüber **67**, 194.

Hypothekensachen, Zustellungen in solchen **79**, 1257 — Gebühren in solchen **81**, 217 ff.

Hypothekenschätzer, Einhebung ihrer Gebühren **64**, 222 f. — Beeidigung **71**, 33 f.; **79**, 754, 757 — Gebühren **73**, 225 f.

Hypothekenschätzungen, Aufnahme **63**, E. H., 40.

Hypothekenschuldner, Benachrichtigung dess. bei Veränderungen in der Person des Gläubigers durch das Hypothekenamt **71**, 319 f.

Hypothekentagebuch s. Tagebuch für das Hypothekenamt.

Hypothekenurkunden, vollstreckbare Ausfertigung **79**, 774, 1499, 1500.

Hypothekenverkehr, Statistik **94** 190 ff., 223, 239 f.

Hypothekenwesen in den rechtsrheinischen Landesteilen, Formulare zu den Sach- und Personenregistern **63**, 85 ff. — Behandlung der dasselbe berührender Notariatsurkunden **66**, 253 f.; **94**, 229 — Beziehungen zum Notariat **69**, 77 ff., 123; **72**, 126 ff., 139 — Aktenvernichtung **70**, 63 — Einfluß der Reichswährung in bezug auf dass. **75**, 330 — Zuständigkeit der Amtsgerichte **79**, 93 — Beaufsichtigung **81**, 170 ff. — s. a. Gebührenregister, Statistik, Ummessungen.

I.

J. Bezeichnung der Zwangsverwaltungen 80, 422.
Jagden, Pachtung 63, 11 f.
Jagdfrevel, Mitteilung der Strafurteile wegen J. an die K. Forstämter 63, E. H., 59 f. — Vollzug der Übereinkunft mit Österreich über deren Bestrafung 80, 85 ff.
Jahr s. Geschäftsjahr, Kalenderjahr.
Jahrbuch, statistisches 94, 154 f.
Jahresaversen für Regiebedürfnisse 63, E. H., 83 f.
Jahresfunktionsbezug, fester, der Kanzlisten bei den Justizbehörden Bayerns 91, 149.
Jahresliste der Hauptschöffen 80, 298 ff. (Form. 304) — der Hilfsschöffen 80, 299 (Form. 305) — s. a. Formularpapier.
Jahresquittungen über empfangene Witwen- und Waisengelder 87, 219 (Form. 226, 227 f.).
Jahresübersichten der Geschäftsausweise der Gerichte 80, 382 — s. a. Geschäftsübersichten.
Jalousien s. Zug-Jalousien.
Japan s. Konsulargerichtsbarkeit.
Identitäts-Feststellung bezüglich unbekannter Personen, Verfahren hiebei 81, 378 f.
Identitätszeugen, Stellung solcher vor Gerichtsschreibern 79, 745; vor Gerichtsvollziehern 79, 1187 — s. a. Auskunftspersonen.
Immissionen s. Zwangsverwaltungen.
Immobilien, Mitteilung der Rentämter über Immobiliar-Ummessungen an die Hypothekenämter 63, 198 ff.; 68, 243 f. — katastermäßige Bezeichnung in Notariatsurkunden 64, 5 ff.; 65, 74 f. — Vollzug der Amortisationsgesetze 69, 118 f. — Anwendung des Art. 14 des Notariatsgesetzes auf Verpfändung ꝛc. von solchen 69, 123 f. — Vereinigung der Hypothekfolien nach erfolgtem Zwangsverkaufe von J. 69, 177 f. — s. a. Liegenschaften.
Indossament-Papiere, Aufbewahrung, Hinausgabe und Eintrag im Kassabuch durch die Gerichtsvollzieher 79, 1195 f., 1207 — Pfändung von Forderungen aus solchen 79, 1542.
Informatorische Beschäftigung der Militäranwärter 86, 15 f., 41 f., 43 f., 71 ff.
Ingenieure s. Bahn-Ingenieure.
Inhaber-Papiere mit Prämien, Reichsgesetz vom 8. Juni 1871: 71, 126 ff.
Inhaltsverzeichnis zu den Generalakten 63, 115; 87, 140 (Form. 63, 135 f.) — zu den Sammelakten 63, 121 — zur Dienst- und Hausordnung für die Gerichtsgefängnisse 83, 175 ff.
Inländische Gerichtsbarkeit, Zustellungen an Personen, die von derselben befreit sind 93, 75 f.
Inseratenquittungen, Portofreiheit 66, 266.
Insertionskosten, Versendung durch die Post 66, 161 f., 265 f. — Gebührenfreiheit der Quittungen hierüber 79, 1493.
Insinuationsbücher, Vernichtung 70, 65 — Fortführung 70, 408.
Instruktion zum Diätenregulativ 75, 58 ff. — zum Vollzuge des Reichs-Gerichtskostengesetzes und des Gesetzes über das Gebührenwesen 79, 1317 ff. — von Gesuchen um Stundung von Geldstrafen 80, 468 — für das Verfahren der Ärzte im Königreiche Bayern bei gerichtlichen Untersuchungen menschlicher Leichen 81, 6, 7 ff.; 92, 1 f. — über die Ausführung der Portofreiheitsgesetze 89, 92 ff. — s. a. Vollzugsinstruktion.
Intendanturen, Regulativ über die Annahme, Ausbildung und Prüfung von Sekretariats- und Registratur-Applikanten bei dens. 89, 223 ff; 91, 122; 96, 2.
Invaliditäts- u. Altersversicherung, Ausführung des Reichsgesetzes vom 22. Juni 1889: 90, 37 f.; Vollzug 368 ff. — Verfahren bei Ausstellung, Umtausch und Erneuerung der Quittungskarten für dieselben 90, 333 ff., 336 ff. — Auszug aus dem Verzeichnisse der im Dienstbereiche der K. Ministerien und der ihnen untergeordneten Stellen verwendeten Personen, welche gemäß § 4 Abs. 1 des Invaliditäts- und Altersversicherungsgesetzes von der Versicherungspflicht ausgenommen sind 90, 366 f.; 95, 75 — Erläuterungen, betr. den Kreis der nach dem Inval.- u. Altersvers.-Gesetze versicherten Personen 90, 357 ff.
Inventare der Notare, Gebührenbewertung durch Gerichtsschreiber 79, 1321 — s. a. Amtsinventare.
Inventarsbestände d. Gerichtsbehörden, Versicherung gegen Feuersgefahr 81, 301 f.
Inventarsgegenstände, Abschreibung in den Inventarien der Gerichte und Staatsanwaltschaften 69, 162 f.; 71, 66; 88, 133 — Revision, Abschreibung und Anschaffung in Gerichtsgefängnissen 83, 81, 191 f.
Inzipienten, Aufnahme von solchen in der Gerichtsschreiberei 92, 133 f.
Journalien, Bestreitung des Buchbinder-

lohnes hiefür **63**, E. H., 87 — s. a. Auslaufsjournale, Einlaufsjournale, Subjournal.
Irland, Zeugenvernehmungen und Eidesabnahmen dortselbst **82**, 213 ff.
Irrenanstalten, Verbringung von Sträflingen in solche **71**, 67 ff. — Erhebung der Dienstesunfähigkeit in Irrenanstalten befindlicher Beamten **73**, 117 — Unterbringung von Blödsinnigen oder Geisteskranken in dens. **94**, 63 f.; **95**, 72 ff.
Irrungen bei Ansatz von Auslagen im Gebührenwesen **79**, 1332; in gerichtlichen Strafsachen **79**, 1433.
Italien, Mitteilung über Verurteilungen von Italienern **72**, 61 ff.; **88**, 147 ff.; **89**, 201 f. — Vollzug des zwischen dem Deutschen Reich und Italien abgeschlossenen Auslieferungsvertrags vom 31. Oktober 1871: **75**, 89 f.; **76**, 148; **78**, 165; **93**, 299 ff. — Korrespondenz in Strafsachen mit Italienischen Behörden **75**, 89 f. — Requisitionsverkehr mit Italienischen Behörden **78**, 131; **82**, 169 — Anwendung des § 102 der R. Z. P. O. im Verkehre hiemit **82**, 232 — Ausführungsbestimmungen zur Literar-Konvention hiemit **85**, 6 ff., 51 ff. — Verehelichung von Italienern in Deutschland **85**, 88 f.; s. a. Ehehindernisse — Rechtshilfeverkehr hiemit **87**, 295 — Erhebung einer Gebühr für die Beglaubigung von Urkunden durch Italienische Konsulate **90**, 396 — s. a. Erwirkung von Auslieferungen, insbes. **90**, 236 f.; **92**, 54 f.; **93**, 300.
Jugendliche Personen, Unterbringung in Erziehungs- und Besserungsanstalten **72**, 16, 16 ff., 181; **93**, 52 f.; in Arbeitshäusern **91**, 65 ff. — gesonderte Verwahrung während der Untersuchungs- und Strafhaft **75**, 185 f.; **83**, 94, 95 — Mitteilung von Strafanzeigen 2c. gegen solche **92**, 115 f.
Jurisdiktions-Verhältnisse zwischen Bayern und Württemberg **73**, 61 ff.; mit Baden **74**, 65 f.; mit Schweden und Norwegen **78**, 106 ff.
Justizbeamte, Beförderungs- und Versetzungsgesuche **81**, 297 ff.; **83**, 306 f.; **87**, 138 — Vorschriften über die Personalakten, die Qualifikation und die sonstigen Berichterstattungen der Aufsichtsbehörden hinsichtlich ders. **83**, 293 ff., 295 ff. — s. a. Beurlaubungen, Zivilstaatsdiener.
Justizbehörden des Königreichs, Dienstsiegel **79**, 541 ff. — die im Auslande zu erledigenden Ersuchschreiben ders. **87**, 279 ff.; **90**, 291 f.; **93**, 227 f. — s. a. Auslieferung, diplomatischer Verkehr, Gerichtsbehörden, Pensions- und Unterstützungsverein.
Justizdienst, Pensionsregulierungen der im subalternen J. verwendeten Militärpensionäre der Unterklassen **81**, 71 f. — Vorbedingungen zur Anstellung im niederen J. **86**, 70 ff.; **87**, 152 f. — s. a. Justizstaatsdienst, Übersicht.
Justizministerialblatt, Programm **63**, 1 ff. — Herausgabe **63**, 4 f. — Behandlung der Dienstexemplare **68**, 20 f.; **70**, 429 f. — Benützung der amtsgerichtlichen Exemplare durch die Gerichtsvollzieher **79**, 724.
Justizministerium, Oberaufsicht über die Notare **69**, 51 ff. — Ausführungsbestimmungen zum Reichs-Gerichtsverfassungsgesetz **79**, 90, 94, 102, 103, 104, 105, 106, 107 — Oberaufsicht über die Gefängnisse der Landgerichte und Amtsgerichte in den Landesteilen rechts des Rheins **79**, 1271 — Dienstaufsicht über die Hypothekenämter in der Pfalz **80**, 191 — Bestimmung desselben als Zentralstelle für Bewerbungen um Stellen der Sekretariatsgehilfen und Bediensteten bei den Strafanstalten **86**, 12 ff.
Justizpersonal, niederes, Vorschriften über die Führung der Personalakten, die Qualifikation und die sonstigen Berichterstattungen der Aufsichtsbehörden hinsichtlich dess. **86**, 76 ff.; **91**, 137 ff. — Uniformierung **87**, 69 — Verbesserung der Lage dess. **91**, 133 ff. — Sustentationsgesuche von Hinterbliebenen **94**, 54 — s. a. Justizdienst, Kanzlisten.
Justizstaatsdienst, Praxis der Bewerber um Anstellung in dems. **80**, 121 ff., 237 ff. — Vorschriften über die Führung der Personalakten und die Qualifikation der Bewerber um Anstellung in dems. **83**, 293 ff., 317 ff. — Prüfungen und Vorbereitungsdienst für den höheren J. **93**, 137 ff., 150 ff. — s. a. Justizdienst, Übersicht.
Justizstellen des Königreichs, Dienstsiegel **79**, 541 ff.
Justizverhältnisse mit Rußland **85**, 95 ff.
Justizverwaltung **79**, 107 ff.
Juwelen, Hinausgabe und Aufbewahrung durch Gerichtsvollzieher **79**, 1196.

K.

K. Bezeichnung gewisser Zwangsvollstreckung betreffender Anträge mit diesem Buchstaben **80**, 422.
Kalender für die mündlichen Verhandlungen **80**, 425 ff.; **82**, 158 f.; **87**, 333; **93**, 167; näheres siehe unter Amtsgerichte, Handelskammern, Schwurgerichte, Strafkammern, Straffenat, Zivilkammern, Zivilsenate; Formularpapier hiefür **81**, 4 f. — für die Entlassungstermine **83**, 127, 128, 132 (Form. 151 f.) — s. a. Terminskalender, Wandkalender.
Kalenderjahr als Geschäftsjahr **79**, 630.
Kalkulverstoß s. Irrungen.
Kameralpraktikanten, Gerichtsschreibereipraxis **83**, 68, 68 ff.
Kaminkehrerlöhne, Bestreitung bei Gerichten **63**, E. H., 87.
Kammer der Abgeordneten, Geschäftsordnung des Finanzausschusses **90**, 170 — s. a. Anwaltskammern, Disziplinarkammern, Handelskammern, Notariatskammern, Strafkammern, Zivilkammern.
Kanzleiaushilfe bei Gerichten **63**, E. H., 16, 83 f., 101 f. — s. a. Geschäftsaushilfe.
Kanzleifunktionäre im Justizministerium, Besetzung deren Stellen mit Militäranwärtern **86**, 66 — allgemeine und besondere Vorbedingungen zur Anstellung **86**, 70, 71 — Aufrückungsstellen für dies. **86**, 74.
Kanzleigehilfen s. Staatsanwaltschaften.
Kanzleigeschäfte, Leitung **63**, 112 f. — Mithilfe der Gerichtsschreiber **63**, E. H., 16.
Kanzleipersonal, Aushilfe **63**, E. H., 16, 83 f., 101 f. — Bezüge **63**, E. H., 79, 85, 96 f., 101 f.; **77**, 249; **92**, 131, 134 f. — Remunerationen und Gratifikationen aus Regiefonds **63**, E. H., 80 ff.; **70**, 487 — s. a. Justizpersonal.
Kanzleisekretäre im Justizministerium, Besetzung deren Stellen mit Militär- und Zivilbewerbern **86**, 66 — als Aufrückungsstelle **86**, 74.
Kanzlisten, Geheime, im Justizministerium **86**, 66, 74 — bei den Justizbehörden Bayerns s. Pens.- u. Unterstützungsverein.
Kapitalrentensteuer, Zuwiderhandlungen gegen das Gesetz hierüber, Verfahren **81**, 419 ff.
Kapitalsausleihungen der Gemeinden und Stiftungen **85**, 83 f., 84 f., 85 ff.
Kassascheine s. Reichskassascheine.
Kassebuch der Gerichtsvollzieher **79**, 1198 f., 1205 ff., 1211 ff. (Form. 1223 ff.) — der Gerichtsgefängnisse mit Arbeitsbetrieb **83**, 134, 135 f. (Form. 167 ff.).
Kassen, Anschaffung aus Regiemitteln **63**, E. H., 86 — s. a. Staatskassen, Stiftungskassen.
Kassenordnung für die Truppen, Entwurf **94**, 98.
Kasseschlüssel der Rentämter, Verwahrung von Duplikaten hievon in den Depositenkassen der Amtsgerichte **80**, 251 f. — der Postanstalten, Verwahrung der Duplikate **86**, 252.
Kassesturz bei dem Gerichtsvollzieher durch den Amtsrichter **79**, 725.
Kassierung der Gebührenmarken **79**, 1488, 1490 f.
Kataster, Mitwirkung der Notare zur Evidenthaltung **63**, E. H., 36 ff. — s. a. Grundsteuerkataster, Umschreibkataster, Urkataster.
Katasterauszüge, Evidenthaltung **65**, 75.
Katasterumschreibung, Verfahren hiebei **63**, E. H., 36 ff.; **64**, 5 ff.; **65**, 49 ff. — Mitteilungen hierüber an die Hypothekenämter **68**, 243 f. — in der Pfalz **79**, 1312, 1590 ff., 1739 ff. — bei Zwangsversteigerungen **80**, 374.
Kauffahrteischiffe, Reichsgesetz **71**, 95.
Kaufschilling, hypothekarische Sicherstellung **63**, 202 ff.
Kautionen des Gerichtspersonals **63**, E. H., 100 f. — der Beamten, Behandlung in Versetzungsfällen **75**, 22 ff. — s. a. Amtsbürgschaften, Dienstekautionen.
Kautionspflicht der mit Einhebung und Verrechnung ärarialischer Gebühren und Strafen betrauten Beamten und Bediensteten **79**, 1314 — der vor französischen Gerichten in Handelssachen als Kläger auftretenden Ausländer **95**, 251.
Kellerfenster, Verstopfen ders. im Winter, Verrechnung der Kosten **64**, 26.
Kinder, Zwangsvollstreckung zur Herausgabe solcher **79**, 1548 f. — s. a. außereheliche Kinder.
Kirchenstiftungshypotheken, Abquittierung und Löschung **91**, 90 f.
Klageschriften, Abfassung solcher durch Gerichtsvollzieher **81**, 372; **84**, 25 f.
Klassifikationstabelle der geprüften Rechtspraktikanten **93**, 183.
Kleidungsstücke für Schüblinge **66**, 286; **69**, 86; **80**, 111 f.; **81**, 357 ff.; **86**, 217 f. — für Gefangene **67**, 164; **70**, 29 f.; **79**, 1431 f.; **83**, 105, 124, 189 f., 193 — Pfändung **79**, 1516.
Kloaken, Kosten der Reinigung **63**, E. H., 87.
Kochöfen, Pfändung **79**, 1516.

König, Ernennung der Richter, Oberstaatsanwälte, Staatsanwälte und Gerichtsschreiber **79**, 89, 103, 105 — Gerichtsbarkeit in Angelegenheiten der Königlichen Familie **79**, 111.
Körperschaft s. Korporation.
Kollegialgerichte, Verbot der Verwandtschaft oder Verschwägerung zwischen Richtern und Staatsanwälten bei demselben Kollegialgerichte **79**, 90 — Verwendung der geprüften Rechtspraktikanten bei dens. **80**, 181 ff.
Kolonien, Britische, s. Erwirkung von Auslieferungen, insbes. **90**, 235 f.
Kommandierung der im aktiven Militärdienste befindlichen Militäranwärter im Interesse ihrer Zivilversorgung **86**, 41 ff.
Kommanditgesellschaften auf Aktien, Reichsgesetz **71**, 97.
Kommissionsgüter, Versteigerung durch Gerichtsvollzieher **79**, 1563 f.
Kommissionskosten der Gerichtsbeamten, Liquidation **79**, 1331; **83**, 331 f.; **88**, 144 f. — Gebührenfreiheit der Quittungen hierüber **79**, 1493 f. — s. a. Tagegelder und Reisekosten.
Kompetenzkonflikte in nichtstreitigen Sachen **79**, 91 f. — zwischen Zivil- und Militärgerichten **79**, 92 f. — Zustellungen in dem Verfahren vor dem Gerichtshofe für solche **79**, 1256.
Kompositionen, musikalische, s. Urheberrecht.
Komptoir s. Geschäftslokal.
Konfessionen, Gleichberechtigung **71**, 95.
Konfiskationen, Adjudikation herrenloser oder konfiszierter Gegenstände an das K. Ärar **65**, 43 f. — Mitteilungen hierüber an Finanzbehörden **68**, 207 f. — in Strafsachen **79**, 1559 f. — Verteilung und Verrechnung der Konfiskaterlöse in Branntweinsteuer- ꝛc. Strafsachen **89**, 31 f.
Konkursakten der Amtsgerichte **79**, 823; **80**, 424.
Konkursordnung, finnische **85**, 95 ff. — s. a. Reichs-Konkursordnung.
Konkursregister der Amtsgerichte, Führung **79**, 823; **80**, 424 (Form. **79**, 907 f.).
Konkursstatistik, Herstellung **95**, 12 ff., 17 ff.
Konkursverfahren, Siegelungen, Entsiegelungen und Verrichtungen einer Urkundsperson durch Gerichtsschreiber **79**, 105 f., 812 ff.; durch Gerichtsvollzieher **79**, 106, 627, 1562 f. — Protokolle der Gerichtsschreiber über Gesuche und Erklärungen der Beteiligten, dann über gerichtliche Verhandlungen in dems. **79**, 749, 751 f., 753, 755 — öffentliche Bekanntmachungen, dann Mitteilung beglaubigter Abschriften durch die Gerichtsschreiber **79**, 797 f., 800 — Schließung der Geschäftsbücher des Gemeinschuldners, Vornahme von Siegelungen und Entsiegelungen, sowie Aufzeichnung der zur Konkursmasse gehörigen Gegenstände durch Gerichtsschreiber **79**, 812 ff. — Tabelle über die in demselben angemeldeten Forderungen **79**, 814 ff.; s. a. 774 f. (Form. 875 ff.) — Vormerkung der in demselben erfolgten Feststellung einer Forderung auf der Schuldurkunde **79**, 816 — Aktenanlage hiefür **79**, 823; **80**, 424 f. — Zustellungen in dems. durch Gerichtsvollzieher **79**, 1233 ff. — Schuldtitel zur Zwangsvollstreckung aus dems. **79**, 1498 — Zwangsvollstreckungen und Arreste während dess. **79**, 1504 f. — einstweilige Verfügungen vor Eröffnung desselben und Haft des Schuldners **79**, 1555 — Vertretung des Staatsärars in dems. **79**, 1605 ff. — Erhebung von Abschlagszahlungen auf die Gebühren in dems. **80**, 287.
Konservatorien in Strafsachen **79**, 701 ff.; **80**, 473 ff.
Konsularagenten, Befugnisse **71**, 174 f. — s. a. Verzeichnis.
Konsularbeamte, Verzeichnis der sämtlichen im Königreich Bayern funktionierenden auswärtigen K. nach dem Stande von Ende Dezember 1895: **96**, 21 ff.
Konsularbehörden, Verzeichnis der sämtlichen im Königreich Bayern funktionierenden auswärtigen K. nach dem Stande von Ende Dezember 1895: **96**, 21 ff.
Konsulargerichtsbarkeit, Erwirkung von Ablieferungen aus Ländern, in welchen eine solche ausgeübt wird **90**, 210 ff.
Konsularvertrag mit Brasilien **95**, 241.
Konsularwesen **72**, 67 ff., 208 f., 225 f., 227 ff.; **95**, 97 ff. — s. a. Verzeichnis.
Konsulate, Verkehr mit solchen **76**, 341 f.; **81**, 360 f., 361 — Erstattung der bei denselben durch Requisitionen von Justizbehörden erwachsenden Kosten **84**, 3 f. — Verzeichnis der Kaiserlich Deutschen K. **90**, 211 — Erhebung einer Gebühr für die Beglaubigung von Urkunden durch Italienische Konsulate **90**, 396.
Konsuln, Ersuchschreiben bei Zustellungen im Auslande an dies. **81**, 360 f.; **87**, 285 ff. — in Österreich-Ungarn residierende, Bewirkung von Zustellungen in gerichtlichen Angelegenheiten an Österreichische oder Ungarische Staatsangehörige durch dies. **81**, 362 — Gebühren und Auslagen **87**, 288 f. — mit Gerichtsbarkeit **90**, 210 f. — s. a. diplomatischer Verkehr, Reichskonsuln, Übersicht, Verzeichnis.

Kontradiktorische Verhandlungen **80**, 427; **82**, 158 f.
Kontumazierungskosten für beschlagnahmtes eingeschmuggeltes Vieh **81**, 299 ff.
Konzipienten der Advokaten, Akteneinsicht **63**, 57 f.
Korea s. Konsulargerichtsbarkeit.
Kornbodenzinse, Eintrag in das Hypothekenbuch **86**, 187 f., 188 f.
Korporation, Zustellung an solche **79**, 1235 f., 1237, 1239 f. (Form. 1266 f.) — Zwangsvollstreckung gegen solche **79**, 1496.
Korrektionelle Nachhaft, Bestimmungen über dies. **91**, 65 ff.
Korrespondenz der rechnungsführenden Gerichtsschreiber **63**, E. H., 112 ff. — Form zwischen Gerichten, Magistraten und Gemeindeverwaltungen **65**, 27 — mit auswärtigen Behörden **70**, 58 — unmittelbare K. der Bayerischen und Österreichischen Behörden **70**, 184 f. — portofreie, Gebrauch von Siegelwappen hiebei **72**, 118 — Behandlung der portopflichtigen Korrespondenz Bayerischer Behörden mit Behörden anderer Deutscher Bundesstaaten **73**, 178 ff.; zwischen Bayerischen und Österreich.-Ungarischen Behörden **73**, 205 f.; zwischen Bayerischen und Schweizerischen Behörden **78**, 29 f.; **83**, 269 f. — mit Französischen Polizeibehörden **75**, 71 f. — in Strafsachen mit Italienischen Behörden **75**, 89 f. — mit den Gesandtschaften und Konsulaten des Deutschen Reiches **76**, 341 f. — Papierformat **77**, 65 ff.; **79**, 562 — Übereinkommen zwischen dem Deutschen Reich und der Schweiz wegen unmittelbarer Korrespondenz der beiderseitigen Gerichtsbehörden **79**, 1, 2 f.; **88**, 95 ff.; **90**, 36 f. — der Gerichtsschreiber **79**, 745 f. — Form derselben zwischen Amtsgerichten und mittelbaren Gemeindebehörden **85**, 75 f. — Form der für Frankreich bestimmten gerichtlichen Requisitionen **85**, 110 f. — Benützung der Staatstelegraphen zu amtlichen K. **86**, 91 ff. — s. a. Dienstverkehr, diplomatischer Verkehr, Verkehr.
Kost s. Beköstigung.
Kostbarkeiten, Aufbewahrung 2c. durch Gerichtsvollzieher **79**, 723, 1196, 1519, 1524.
Kosten für ständige Bauausgaben 2c. bei Gerichten **63**, E. H., 87; **64**, 25 ff. — der Visitationen der Gerichte und Notare **63**, E. H., 110 ff. — für Tapetenreinigung in Amtsräumlichkeiten **67**, 98 f. — für Hypothekenbücher **68**, 150 f. — des Einölens und der Reparatur von Schlössern in Gefängnisgebäuden **70**, 193 — bei den Konsulaten des Deutschen Reichs **72**, 225 f., 227 ff.; **84**, 3 f. — Behandlung der beim Transport von Militär-Arrestanten sich ergebenden K. **75**, 132 ff. — für Reinigung der Rauchrohre in den Dienstwohnungen der Gefängniswärter **75**, 204 — der Auslieferung von Deserteuren anderer Bundesstaaten **77**, 110 f. — der Aktenumschläge und Formularien zum Nachtrag zur Geschäfts- und Registraturordnung **77**, 250 f. — Bestreitung ders. für die Formulare für das Strafverfahren bei den Schwurgerichten und Landgerichten **79**, 933 — der Zwangsvollstreckung, Beitreibung **79**, 1508 — Einziehung und Verrechnung der für die Geschäfte des Reichsgerichts in Ansatz kommenden K. **79**, 1580 f., 1581 ff.; **86**, 126; **87**, 239 ff. — in Ehe- und Entmündigungssachen **81**, 61 f.; **82**, 289 f. — des Disziplinarverfahrens gegen richterliche Beamte **81**, 274 — der Reparaturen von Wasserleitungen 2c. in Staatsgebäuden **81**, 413 ff. — der Haft und der Vollziehung von Gefängnisstrafen in den Gerichtsgefängnissen **81**, **454** ff.; **83**, 179 ff., 193 ff. — der Haft bei Disziplinarstrafen gegen Personen des Beurlaubtenstandes **82**, 134 f.; **83**, 195 — für Verpackung und Transport des an die Archive abzugebenden Registratur-Materials **82**, 136 — der Anschaffung und Reparatur der Schlüssel und Läutapparate in den Amtsräumlichkeiten **82**, 301 f. — für den polizeilichen Gewahrsam und die Unterbringung von Schubgefangenen in den Gerichtsgefängnissen **83**, 195 — Erstattung der bei den Konsulaten durch Requisitionen von Justizbehörden erwachsenden K. **84**, 3 f. — Übereinkunft mit Österreich über die Aufhebung der gegenseitigen Kostenvergütung **84**, 19 f. — für die zur Erforschung der Todesart einer Person veranlaßte Bewachung und sicheren Unterbringung der Leiche, Behandlung **85**, 10 f. — der Beitreibung von Geldstrafen in anderen Bundesstaaten **86**, 113 — für das Aufmachen und die Wegnahme von Marquisen **92**, 117 — für Anschaffung der Postaufgabebücher **92**, 208 — der Bereitstellung der Prüfungslokale 2c. anläßlich der Prüfungen für den höheren Justiz- und Verwaltungsdienst **93**, 184 — der Durchtransporte in Ausweisungsfällen **95**, 87 — s. a. Anschaffungskosten, Auslieferung, Beerdigungskosten, Gerichtskosten, Insertionskosten, Kommissionskosten, Kontumazierungskosten, Prozeßkosten, Rechtshilfe, Regiekosten, Reisekosten, Strafkosten, Strafvollzugskosten, Untersuchungskosten, Verpflegungskosten, Verteidigungskosten.

Kostenberechnung, Beisetzung am Schlusse der Urteile in schöffengerichtlichen Strafsachen **79**, Beil., 24.
Kostenbeträge, Erhebung durch Gerichtsvollzieher in Militärstrafsachen **79**, 612, 616, 626, 629, 1194, 1569; in den zur Zuständigkeit der bürgerlichen Strafgerichte gehörenden Strafsachen **79**, 612, 622 — Ablieferung an die Gerichtsschreiber durch Gerichtsvollzieher **79**, 1195, 1196.
Kosteneinhebungsgebühren der Boten und Amtsgerichtsdiener, Anrechnung bei Regulierung der Militärpension **95**, 316 ff.
Kostenfestsetzungsbeschlüsse, vollstreckbare Ausfertigung **79**, 771 ff.
Kostenfestsetzungsgesuche, Protokoll der Gerichtsschreiber **79**, 748.
Kostenrechnungen der gebührenverrechnenden Beamten **79**, 1322 f. (Form. 1401 f., 1403 f.) — bei dem Ersuchen eines anderen Bundesstaates um Einziehung von Gerichtskosten **80**, 269 ff.
Kostensachen, Zustellungen in solchen **79**, 1256.
Kostenverzeichnisse der Gerichtsvollzieher **79**, 1197 — im Gebührenwesen **79**, 1321, 1331, 1334, 1383; **80**, 269 f. (Form **79**, 1383 ff., 1399 f.); Exemplifikationen hiezu 1387 ff. — in gerichtlichen Strafsachen **79**, 1433 ff., 1441; **80**, 269 f., 288 f.; **81**, 322 (Form. **79**, 1454).
Kostenvoranschläge, technische Revision **65**, 68 f.
Kostenvormerkung in Akten **79**, 1331, 1434.
Kostenvorschüsse, Portopflicht bei Vermittelung der Rückerstattung von solchen durch die Gemeindebehörden **84**, 5 f. — s. a. Gebührenvorschüsse.
Kostenwesen in gerichtlichen Strafsachen **79**, 1314 ff., 1425 ff., 1894 f.; **80**, 51 f., 288 f.; **81**, 95, 108 ff.; 85, 10 f. — in Forstrügesachen **79**, 1654 ff. — in dem Disziplinarverfahren gegen richterliche Beamte **85**, 147 — der streitigen Gerichtsbarkeit, Behandlung dess. beim Amtsgericht München I, Abt. A f. Zivilsachen **90**, 169 – beim Amtsgericht Würzburg **93**, 67 f.
Kostschmälerung als Disziplinarstrafe der Gefangenen in den Gerichtsgefängnissen **83**, 102 f., 186.
Krankenkost der Gefangenen **77**, 52 f.; in den Gerichtsgefängnissen **83**, 106, 121, 186.
Krankenkostbuch für die Gerichtsgefängnisse **83**, 106, 121.
Krankenunterstützung der Mitglieder des Pensions- und Unterstützungsvereins der Kanzlisten bei den Justizbehörden Bayerns **91**, 152; s. a. 134, 135.
Krankenwärter in den Gerichtsgefängnissen **83**, 122, 187 — in den Strafanstalten **86**, 12 f., 68, 70, 72, 75, 76 ff.
Kreditserweiterungen für die Regieetats **63**, E. H., 83, 88.
Kreditsübertragungen für Aufwand auf Hypothekenbücher **67**, 41 f.
Kreisamtsblatt, Bestreitung des Buchbinderlohns hiefür **63**, E. H., 87 — Bekanntmachung der Stellvertretung des Amtsrichters **79**, 94 — unentgeltliche Abgabe der Beilagen desselben an die K. Gendarmerie **81**, 376 ff.
Kreiskassadiener und **Kreiskassafunktionäre,** Militärpensionen ders. **95**, 129.
Kreismedizinalräte, Visitation der Gefängnisse **64**, 245 f.; **83**, 357 f. — Visitation der Strafanstalten **76**, 110.
Kriegsministerium, Formation **78**, 105 f.
Kriegsnachrichten, Preßsache, Zuständigkeit **79**, 99.
Kriminalstatistik 81, 496 ff.; **82**, 288 f.; 84, 169 f.; 88, 1 f.
Küchengehilfen, Küchenaufseher und Küchenmeister bei den Strafanstalten, Besetzung deren Stellen mit Militäranwärtern **86**, 12 ff., 68 — allgemeine Vorbedingungen zur Anstellung **86**, 70 — Aufrückungsstellen **86**, 75 — Personalakten und Qualifikation **86**, 76 ff.
Kündigungen, Zustellung durch Gerichtsvollzieher **79**, 1258 f.
Künstler, Pfändung **79**, 1516.
Kürzung der Pension eines Mitgliedes des Pens.- und Unterstütz.-Vereins der Kanzlisten bei den Justizbehörden Bayerns **91**, 150.
Kulturrenten, Eintrag in das Hypothekenbuch **86**, 187 f., 188 f.
Kuratelbehörden s. Obervormundschaftsbehörden.
Kuratelbestellungen, Verzeichnisse der Notare hierüber **71**, 307.
Kuratelwesen, Zuständigkeit der Amtsgerichte **79**, 93.
Kuratoren für Minderjährige bei Notariatsakten **67**, 225.
Kurrentverzeichnis für Pflegschaften **64**, 186, 190, 260; **67**, 146; **70**, 531; **80**, 4 f. (Form. **64**, 190).
Kuxen, Versteigerung durch Gerichtsvollzieher **79**, 1564, 1565.

L.

Lackſiegel ſ. Dienſtſiegel.

Ladung von Strafgefangenen in Übertretungsſachen **64**, 45 f. — im Auslande wohnender Perſonen **64**, 63 f. — von Beteiligten in Hypothekenſachen, Vormerkung im Hypothekentagebuche **72**, 128 — deren Zuſtellung im Verkehre mit K. K. Öſterreichiſchen Behörden **78**, 193 f. — des Angeſchuldigten in der Vorunterſuchung und in dem die öffentliche Klage vorbereitenden Verfahren durch einfache Mitteilung **79**, 556 f. — im Gerichtsſchreiberdienſte **79**, 778 ff., 786 ff., 794 ff. (Form. 855 f.) — von Militärperſonen **79**, 780, Beil. 18; **80**, 197; (Form. **79**, 994, Beil. 81) — des Verteidigers, Formular **79**, 995 ff. — der Geſchworenen und Hilfsgeſchworenen, Formulare **79**, 1011 ff. — in Forſtrügeſachen **79**, 1254 f.; **81**, 2 f.; **85**, 131 f. (Form. **79**, 1684 f.) — öffentlicher Beamten und Bedienſteten in Zivil-, Straf-, Verwaltungs- und Verwaltungsrechtsſachen **79**, 1291 ff.; ſ. a. **79**, 787 f., 1254, Beil. 18 (Form. **79**, 1003, Beil. 82) — Form. **80**, 461 f. — ſchriftliche, Herſtellung derſelben in der nichtſtreitigen Gerichtsbarkeit **86**, 103 f. — Hinterlegung der Reiſekoſten und Verſäumnis-Entſchädigung für in Strafſachen unmittelbar zu ladende Zeugen und Sachverſtändige auf der Gerichtsſchreiberei **90**, 75 f. — von Beamten der Unterſuchungsanſtalten für Nahrungs- und Genußmittel **92**, 189 — ſ. a. Angeklagter, Privatkläger, Sachverſtändigenladung, Vorladungsverzeichnis, Zeugenladung.

Ladungsgebühren, Verteilung zwiſchen dem Dienerperſonal **63**, E. H., 32 ff.; **68**, 218 — Anrechnung bei Regulierung der Militärpenſion der Boten und Amtsgerichtsdiener **95**, 316 ff.

Läutapparate in den Amtsräumlichkeiten, Koſten für Anſchaffung und Reparatur **82**, 301 f.

Lagerkeller ſ. Malzaufſchlag.

Landbauunterhaltungsetat, Laſten **63**, E. H., 85 f., 87.

Landbauunterhaltungsfond, Koſten für Tapetenreinigung **67**, 98 f.

Landbauweſen des Staates, Aufwand **64**, 33 ff.

Landesbehörden, fremde, Erſuchſchreiben bei Zuſtellungen im Auslande an dieſ. **81**, 360 f.

Landespolizeibehörden, Überweiſung Verurteilter an dieſe **90**, 257; **91**, 65 ff.

Landgerichte, Zuſtändigkeit ꝛc. **79**, 91, 96 ff., 103, 105 — Formation **79**, 112 ff., 115 ff. — Dienerperſonal **79**, 389 ff. — Dienſtſiegel **79**, 542 f. — Beſtimmungen bezüglich der Geſchäfts- und Regiſtraturordnung bei den Staatsanwaltſchaften derſ. **79**, 565 ff. — Geſchäftsverteilung **79**, 630 ff., 1879 f.; **81**, 415 f. — Behandlung deren Akten **79**, 818 ff.; **81**, 303 f. — Beſtimmung der Termine in Zivil- und Strafſachen bei denſ. **79**, 929 — Formulare für das Strafverfahren bei denſ. **79**, 933, 934 ff.; **84**, 49 f., 201 f. — Geſchäftsüberſichten **80**, 376 ff.; **81**, 498; **84**, 51 ff. (Form. **79**, 1791 ff., 1799, 1848; **80**, 397 ff., 411 ff.; **87**, 327 ff.; **88**, 1 f. — Viſitation **81**, 183 f. — Vorbereitungsdienſt der Rechtspraktikanten bei denſ. **93**, 141 ff., 163 ff.; insbeſ. 168 ff. — ſ. a. Handelskammern; München, Landgericht I; Regieweſen, Strafkammern, Zivilkammern.

Landgerichtsärzte, Tagegebühren **80**, 250 f.

Landgerichtsdirektoren, Rechte, Gehalt, Rang und Amtskleidung **79**, 381, 382 f. — Sitzungskleidung **79**, 392, 1909 ff. — Beförderungs- und Verſetzungsgeſuche **81**, 297 ff.; **83**, 306 — Perſonalakten und Qualifikation **83**, 294, 295 ff.

Landgerichtsgefängniſſe, Aufſtellung von Gefängniswärtern und Hilfsbedienſteten bei denſ. **79**, 390; **83**, 81 f. — Verwaltung und Aufſicht in denſ. **79**, 1271 f., 1719 f. — Beſtimmung **83**, 78 f. — Regiebetrieb in den L. der Pfalz **83**, 192 — ſ. a. Aushilfsgefängniſſe, Gefängniſſe, Gerichtsgefängniſſe.

Landgerichtspräſidenten, Unterzeichnung von Ausfertigungen der Landgerichte **79**, 98 — Beglaubigung amtlicher Unterſchriften **79**, 98 — Stellvertretung **79**, 98 — Organe der Juſtizverwaltung und Aufſichtsrecht **79**, 107 — Verzögerungsbeſchwerden gegen dieſ. **79**, 108 — Rechte, Gehalt, Rang und Amtskleidung **79**, 381, 382, 383 f. — Sitzungskleidung **79**, 392, 1909 ff. — Beſtimmung des Vorſitzenden der Handelskammern und deſſen Stellvertreters **79**, 535 — Beſtimmungen bezüglich des Gerichtsvollzieherdienſtes **79**, 613, 618, 619, 620 f., 713, 718, 719 f., 723, 726 f., 728, 729, 1186, 1217; **80**, 472 f.; **86**, 104 f. — Führung des Vorſitzes in der erſten Zivilkammer **79**, 630 — Beſorgung der Zuſtellung von Entſcheidungen **79**, 779 — Beaufſichtigung

der Amtsgerichte **81**, 165 ff. — Visitation der Amtsgerichte **81**, 178 ff. — Beförderungs- und Versetzungsgesuche **81**, 297 ff.; **83**, 306 — Personalakten **83**, 294, 295 ff.
Landgerichtsräte, Stellung, Gehalt, Rang, Amtskleidung und Dienstzeichen **79**, 381, 382 ff. — Sitzungskleidung **79**, 392, 1909 ff. — Beförderungs- und Versetzungsgesuche **81**, 297 ff.; **83**, 306 — Personalakten und Qualifikation **83**, 294, 295 ff. — Verleihung des Titels, Rangs und Gehalts, sowie der Rechte von Oberlandesgerichtsräten an solche **90**, 161.
Landpostboten, Verwendung durch die Gerichte in nichtstreitigen Sachen **79**, 722.
Landstreicher, Handhabung der Sicherheitspolizei in bezug auf dies. **82**, 66 ff. — s. a. Ausweisung, Nachhaft.
Landtag s. Wahlen.
Landtagsabschied vom 29. April 1869: **69**, 123 — vom 19. Mai 1881; § 41: **81**, 217 f.
Landtagsverhandlungen, Bestreitung des Buchbinderlohns hiefür **63**, E. H., 87.
Landwehrbezirkskommandanten, Rang **69**, 135.
Landwehroffiziere, Mitteilungen über gerichtliche Bestrafungen rc. solcher **91**, 35 f.
Landwirtschaftlicher Betrieb, Pfändung der hiezu gehörenden Gegenstände **79**, 1516 f.
Legalisation s. Beglaubigung.
Legitimationsgesuche, Verfahren bei den mit ihnen verbundenen Namensänderungsgesuchen **65**, 2 f.; **92**, 2 f. — Vernichtung **70**, 62.
Legitimationspapiere, Vorlage an Gerichtsschreiber **79**, 745; an Gerichtsvollzieher **79**, 1187.
Lehenakten, Vernichtung **70**, 63.
Lehensbodenzinse, Eintrag in das Hypothekenbuch **86**, 187 f., 188 f.
Lehranstalten, öffentliche, gerichtliche Bestrafungen von Schülern ders. **91**, 74 f.
Lehrer, dienstliche Stellung von solchen an Strafanstalten, Arbeitshäusern und Staatserziehungsanstalten **77**, 130 f. — Pfändung und Vollzug der Haft als Zwangsvollstreckungsmittel gegen solche an öffentlichen Unterrichtsanstalten **79**, 1517, 1550 — s. a. Schullehrer.
Leichen, Verfahren und Zuständigkeit bei Auffindung von solchen **79**, 1573 ff. — Instruktion für das Verfahren der Ärzte im Königreich Bayern bei gerichtlichen Untersuchungen menschlicher Leichen **81**, 6, 7 ff.; **92**, 1 f. — Behandlung der Kosten für die zur Erforschung der Todesart einer Person veranlaßte Bewachung und sichere Unterbringung von Leichen **85**, 10 f.
Leistende Mitglieder des Pensions- und Unterstützungsvereins der Kanzlisten bei den Justizbehörden Bayerns **91**, 148.
Leistung des Schuldners während des Zwangsvollstreckungsverfahrens **79**, 1505, 1508.
Lektüre in den Gerichtsgefängnissen **83**, 117 f.
Letztwillige Verfügungen, Vernichtung **70**, 63 — bei den Notaren verschlossen hinterlegte, Übermittelung an das Verlassenschaftsgericht **86**, 2 f.
Leuchter, Anschaffung aus Regiemitteln **63**, E. H., 86.
Leumunds- u. **Vermögenszeugnisse**, Erholung von solchen in Strafsachen **81**, 108 ff. (Form. 111 ff.) — für Italienische Staatsangehörige, Erholung **82**, 169.
Lichtenau, Umwandlung des Zuchthauses dort in eine Gefangenanstalt **93**, 255 f.
Liegenschaften, katastermäßige Bezeichnung in Notariatsurkunden **64**, 5 ff. — Besitzveränderung an dens. **65**, 50 f. — unrichtige oder unvollständige Bezeichnung in den Notariatsverzeichnissen **65**, 74 — richtige Preisangabe in Notariatsurkunden bei Veräußerungen **68**, 4 — Vereinigung der Hypothekenbuchfolien nach erfolgtem Zwangsverkaufe von solchen **69**, 177 f. — Gebühren für Notariatsurkunden über Versteigerungen von solchen **83**, 216 — s. a. Immobilien.
Lineale, Kosten der Anschaffung **63**, E. H., 86.
Liquidation der Tagegelder und Reisekosten bei auswärtigen Dienstreisen der Beamten und Bediensteten **75**, 61 ff. (Form. 66) — der Kommissionskosten der Gerichtsbeamten **79**, 1331; **83**, 331 f. — der Tagegelder und Reisekosten des Gerichtspersonals in gerichtlichen Strafsachen **79**, 1427; **81**, 95 (Form. **79**, 1449 ff.) — der Tagegelder und Reisekosten der amtlichen Ärzte und deren Stellvertreter in gerichtlichen Strafsachen **79**, 1428 — von Gebühren und Kosten in gerichtlichen Strafsachen **79**, 1431 f. — der Gebühren der nichtamtlichen Ärzte **80**, 221 f. — der Gerichtsvollzieher **81**, 335 ff.; **83**, 16 f. (Form. **81**, 345 ff.) — der Tagegelder und Reisekosten der mit Stellvertretung betrauten Richter **82**, 257 — über die durch Ankauf oder Ausbesserung der Kleidungsstücke von Gefangenen, durch Verpflegung von gerichtlichen Gefangenen in einer Krankenanstalt und durch Beerdigung eines im Gerichtsgefängnisse verstorbenen Gefangenen entstandenen Kosten **83**, 190 f. — der Umzugsgebühren **84**, 93 ff.

Liquidationsprozesse, erbschaftliche **80**, 421.
Listen für den Schöffen- und Geschworenen-dienst, Herstellung **80**, 290 ff.; **81**, 374 f. — der Militäranwärter für die Anstellung im Reichs- oder Staatsdienst **86**, 30 ff. (Form. 59 ff.) — der zur ersten Prüfung für den höheren Justiz- und Verwaltungs-dienst zugelassenen Rechtskandidaten **93**, 156, 157 f. — s. a. Jahresliste, Personal-listen, Urlisten, Vakanzenliste, Vormerk-ungsliste, Vorschlagsliste.
Literalien, Anschaffung bei den Gerichten **63**, E. H., 78, 84, 85, 86 f.
Literarischer Sachverständigenverein s. Sachverständigenvereine.
Literar-Konvention mit Belgien, Aus-führungsbestimmungen **85**, 1ff.; mit Italien Ausführungsbestimmungen **85**, 6 ff., 51 ff.
Literatur s. dieses Schlagwort in den Sachregistern der einzelnen Jahrgänge des Justizministerialblattes.
Löschung von adeligen, zum Verluste des Adels verurteilten Personen in der Adels-matrikel **66**, 362 f. — Gebühr für Ein-schreibung solcher in das Hypothekenbuch **81**, 217 ff.; **83**, 35 f. — bezahlter Hypothekforderungen von Gemeinden und Stiftungen **85**, 83 f., 84 f., 85 ff.; **86**, 252 f.; **91**, 90 f. — in den Standes-registereinträgen **92**, 117, 118.
Lokalmalzaufschlag s. Malzaufschlag.
Lokalverkehr, amtlicher, Postportofreiheit **84**, 149 f.
Ludwigshafen, Errichtung eines Bezirks-amtes dortselbst **86**, 183 — Behandlung des Schubwesens dortselbst **86**, 185 f.
Luxemburg, Mitteilung über Verurteil-ungen Luxemburgischer Staatsangehöriger **77**, 117 f.; **88**, 147 ff.; **89**, 201 f. — Kosten des Rechtshilfeverkehrs mit Luxem-burgischen Gerichtsbehörden in Zivilprozeß-sachen **84**, 150 f. — Übereinkunft zwischen Deutschland und Luxemburg wegen gegen-seitiger Zulassung der beiderseitigen Staats-angehörigen zum Armenrechte **85**, 207 f. — Rechtshilfeverkehr hiemit **87**, 295 f. — Portofreiheit im Verkehr hiemit **89**, 104 — s. a. Auslieferungsverträge, Erwirkung von Auslieferungen, insbes. **90**, 237 f.

M.

Mängel in der Geschäftsführung der Ge-richtsvollzieher, Abstellung **79**, 726 — bei Aufträgen zu Zustellungen an den Gerichts-vollzieher **79**, 791, 1235.
Magistrate, Korrespondenzform zwischen solchen und Gerichten **65**, 27; **85**, 75 f. — Besorgung der Amtsanwaltschaft **79**, 103 — Vorbereitungsdienst der Rechtsprakti-kanten bei dem Magistrate einer der Kreis-regierung unmittelbar untergeordneten Stadt **93**, 141, 164 ff.
Mahnbriefe, Abfassung durch Gerichts-vollzieher **81**, 372 f.
Mahnregister, Führung **79**, 314 ff., 1321 (Form. 317 ff.); **80**, 424; **81**, 371 — Formularpapier hiefür **81**, 4 f. — Schreibgebühren für Einträge in dass. **81**, 331 — s. a. Beilagen.
Mahnung der säumigen Schuldner von Gebühren durch die Rentämter **79**, 1323.
Mahnverfahren, Vorschriften hierüber **79**, 314 ff.; **81**, 370 (Form. **79**, 317 ff.).
Majorate, Vernichtung von Akten hierüber **70**, 63.
Malzaufschlag, Untersuchungen wegen Zuwiderhandlungen gegen das Malzauf-schlagsgesetz **68**, 225 f.; **74**, 251 — Vorzug des Ärarial- und Lokalmalzaufschlages bei der Zwangsvollstreckung in die dem Betriebe der Bierbrauerei dienenden Brauhäuser, Malzhäuser, Gähr- u. Lagerkeller **88**, 199 f.
Mandate (Verfügungen) der Gerichte an die Depositenkommissionen **79**, 667 ff. (Form. 687).
Manualien s. Registraturmanualien.
Manuskripte, Erhaltung wertvoller M. **70**, 452.
Marine s. Heer, Militärpersonen, Witwen.
Markenschutz, Gesetz hierüber vom 30. November 1874: **75**, 78 ff. — Ausführ-ungsbestimmungen hiezu **75**, 72 ff., 83 ff., 93 f.; **87**, 39 f. — Urteile **94**, 210 f.
Marktsvorsteher in Nürnberg **92**, 188 f.
Markzeichen, einheitliches **74**, 275.
Marquisen, Kosten für deren Aufmachen und Wegnahme **92**, 117.
Marschall-Brown- und Providence-Inseln s. Rechtsverhältnisse.

Maximalgrenze, regelmäßige, für Unterhaltsbeiträge an Sekretariats- und Gerichtsschreibergehilfen und deren Witwen **91**, 134, 135.
Medizinal-Komites, gerichtlich-mikroskopische Untersuchungen durch dies. **80**, 149 ff.
Mehrungen an Gebühren und sonstigen Geldern **79**, 1345 f. — s. a. Besoldungsmehrungen.
Meierschaftsfristen, Eintrag in das Hypothekenbuch **86**, 186.
Meldeverfahren 81, 297 ff.; **83**, 306 f.
Merkantil-, Friedens- und Schiedsgericht der Stadt Nürnberg **79**, 91; **92**, 188 f.
Messung der Grundstücke, Änderungen hieran **68**, 243 f.
Messungsergebnisse s. Neumessungsergebnisse.
Messungsoperate, Mitteilung an die Hypothekenämter **63**, 199 f.; **68**, 243 f.
Meterflächenmaß, Einführung in Bayern **77**, 257 f., 258 ff. — Richtigstellung der Hypothekenbücher und Sachregister nach dems. **78**, 15 — Bezeichnung **84**, 35 f.
Mieter, Ersatzzustellung an solche **79**, 1241 — Ermittelung ders. durch Gerichtsvollzieher bei Subhastationen **79**, 1545.
Mietzinse für Gerichtslokalitäten **63**, E. H., 78, 84, 85, 97.
Milchkuh, Pfändung **79**, 1516.
Militäradministrationspersonal, Ernennung, Beförderung, Heranbildung **69**, 171 ff.
Militärärzte, Pfändung **79**, 1517 — s. a. Militärfiskus.
Militäranwärter, Bewerbung von solchen um das Gerichtsvollzieheramt **81**, 393 f.; **86**, 19 — Vakanzenliste **85**, 229 f. — Grundsätze für die Besetzung der Subaltern- und Unterbeamtenstellen im Reichs- und Staatsdienste mit solchen **86**, 20 ff. — Erläuterungen hiezu **86**, 64 f. — Ausführungsbestimmungen hiezu **86**, 20 ff. — Kommandierung bezw. Beurlaubung ders. im Interesse ihrer Zivilversorgung **86**, **41** ff. — Auszug aus dem Bayerischen Stellenverzeichnisse **86**, 66 ff.; **92**, 75 f.; **94**, 237 f. — Vollzugsvorschriften für das Ressort des Justizministeriums **86**, 11 ff. — die Erneuerung der Bewerbungen seitens der Militäranwärter älterer Ordnung **86**, 69 f.; die Erneuerung der Bewerbungen überhaupt **88**, 235 ff. — Vorbedingungen zur Anstellung im niederen Justizdienste **86**, 70 ff. — Personalakten, Qualifikation **86**, 76 ff. — Bezug der Formulare **86**, 102 — Pension **95**, 125, 126 ff., 316 ff.
Militärarrestanten, Transport und Behandlung der hiebei sich ergebenden Kosten **75**, 132 ff.
Militärbeamte, Pfändung **79**, 1517 — s. a. Militärfiskus.
Militärbehörde, Feststellung des Begriffs derselben im Sinne einzelner Bestimmungen der Reichs-Zivilprozeßordnung und Strafprozeßordnung **80**, 197 ff. — Mitteilung über strafgerichtliche Untersuchungen und Aburteilungen an dies. **82**, 41 ff.; **91**, 31 ff. — Ersuchen ders. um Vollstreckung von Strafurteilen bürgerlicher Gerichte **91**, 34 — s. a. Nachweisung.
Militärbewerber s. Militäranwärter.
Militärdienst, Verhältnisse der zu demselben einberufenen Zivilbeamten und Bediensteten **75**, 305 ff. — Verhältnisse der im Kriegsfalle freiwillig in denselben eintretenden Zivilbeamten **79**, 178 f.
Militärfiskus, Vertretung desf. als Drittschuldners bei Pfändung von Diensteinkommen und Pensionen der Offiziere, Militärärzte und Beamten **82**, 13, 13—16; **95**, 1 f.; Nachweisung für Bayern **95**, 3 ff.; für Preußen 8 ff.; für Sachsen 59 ff; für Württemberg 62 ff.
Militärgerichte, Kompetenzkonflikte mit Zivilgerichten **79**, 92 f. — Verpflichtung zur Rechtshilfe gegenüber den Zivilgerichten **79**, 110.
Militärgerichtsbarkeit erstreckt sich nicht auf verabschiedete Offiziere **91**, 40.
Militärhinterbliebenengesetz, Nachtragsbestimmungen zur Ausführung des Reichsgesetzes vom 17. Juni 1887, die Fürsorge für die Witwen und Waisen von Angehörigen des Reichsheeres und der Kaiserlichen Marine **88**, 177 ff. — s. a. Fürsorge, Militärpensionsgesetze.
Militärische Hilfe bei Widerstand gegen die Zwangsvollstreckung **79**, 1506.
Militärkassenwesen 94, 98.
Militärpensionäre der Unterklassen, Quittungsbücher **77**, 138 ff., 181 f.; **79**, 68 — Pensionsregulierungen für dies. **81**, 71 f.; **95**, 125, 126 ff.
Militärpensionen, Einziehung **70**, 110; **95**, 125, 126 ff. — Vormerkung über deren Bezug **91**, 48 — Regulierung **95**, 316 ff.
Militärpensionisten, Anzeige über deren Verwendung im Zivildienste **75**, 21 f.
Militärpensionsgesetze, Abänderungen und Ergänzungen **93**, 121 ff.; **94**, 139 f.
Militärpersonen, Strafvollzug gegen solche **72**, 241 ff., 265 ff.; **77**, 132 f.; **79**, 1701 f.; **80**, 463; **81**, 94 — Gebührenbefreiung **79**, 1319 — Ladung **79**, 780, Beil., 18; **80**, 197 (Form. **79**, 994, Beil., 81) — Zustellung an solche **79**,

1236, 1242, 1246 (Form. 1268) — Zwangsvollstreckung gegen dies. **79**, 1504, 1507, 1535 f., 1550; **80**, 199 f. — Vorführung **80**, 198 f. — Begriff **91**, 32 — des aktiven Dienststandes **91**, 33 f. — des Beurlaubtenstandes **91**, 34 ff. — Mitteilungen über strafgerichtliche Untersuchungen und Aburteilungen derselben an die Ersatz- und Militärbehörden, dann Vollzug von Freiheitsstrafen gegen M. **91**, 31 ff.; s. a. 40 f. — s. a. Militärfiskus, Witwen.

Militärpflicht 91, 39.

Militärpflichtige, in Untersuchungs- oder Strafhaft befindliche, Heranziehung ders. zur Musterung oder Aushebung **88**, 164 f.

Militärsachen, Ausstellung von ärztlichen Attesten in solchen **80**, 139 f.

Militärstrafgerichtsbarkeit, Fälle, in welchen Militärpersonen des aktiven Dienststandes derselben nicht unterliegen **91**, 33 f.

Militärstrafsachen, Zustellungen in solchen **79**, 559, 612, 616, 626, 629, 1194, 1255 — Erhebung von Kostenbeträgen und Strafgeldern in solchen durch Gerichtsvollzieher **71**, 612, 616, 626, 629, 1194, 1569.

Militärverwaltung, Stellen in ders. **71**, 106 — Bedingungen des Übertritts von Rechtspraktikanten in den Militär-Verwaltungsdienst **89**, 223 ff.; **91**, 121; **96**, 1 f.

Militär-Witwen- und **Waisenfond,** bayerischer **91**, 113 ff.; **95**, 206.

Minderjährige, Beteiligung bei Notariatsakten **67**, 225 ff., 289 f.; **69**, 109 ff., 141 ff.

Minderungen an Gebühren und sonstigen Geldern **79**, 1345 ff.; **80**, 286 f.

Mindestbetrag einer Gebühr **79**, 1320 — in Forstrügesachen **80**, 285 — der Depositalgebühr **82**, 310.

Ministerium s. Staatsministerium.

Mitglieder der Landgerichte, Titel **79**, 381 — richterliche, des Verwaltungsgerichtshofes, Disziplinarverfahren gegen dies. **81**, 275 f., 285.

Mitgliedschaft beim Pensions- und Unterstützungsverein der Kanzlisten bei den Justizbehörden Bayerns **91**, 134, 136, 145, 146.

Mitteilung der Rentämter über Immobiliarummessungen an die Hypothekenämter **63**, 198 ff.; **68**, 243 f. — der Strafurteile wegen Holzdiebstahls und Jagdfrevels an die Forstämter **63**, **E. H.**, 59 f. — der Notare an die Rentämter bezüglich der Besitzveränderungen **64**, 5 ff. — über das Ergebnis strafrechtlicher Untersuchungen **64**, 21 f.; **65**, 97 f.; **79**, Beil. 37 f.; **80**, 279 f.; **91**, 33 ff., 40 f., 74 f.; **92**, 115 f. — über Urlaub und Geschäftsreisen der Notare an die Regierungsfinanzkammer **65**, 1 f. — über Verurteilungen von Ausländern **67**, 169 ff., 210; **78**, 145 f.; **88**, 147 ff.; **89**, 201 f.; **95**, 23 f.; (Italienern) **72**, 61 ff.; (Schweizern) **75**, 7 f.; (Belgiern) **75**, 183 f.; (Luxemburgischen Staatsangehörigen) **77**, 117 f.; (Spanischen oder Brasilianischen Staatsangehörigen) **79**, 65 ff.; (Portugiesischen Staatsangehörigen) **95**, 23 f. — über Verurteilung von Schreibern und Amtsgehilfen an deren Vorgesetzte **68**, 140 — in Konfiskationsfällen an die Finanzbehörden **68**, 207 f. — über Untersuchungen gegen Schullehrer und Gemeindebedienstete an die Verwaltungsbehörde **68**, 208 — über Untersuchungen in Malzaufschlagssachen **68**, 225 f.; **74**, 251 — an die Notariatskammern über Disziplinarstrafen gegen Notare **69**, 15 f. — in bezug auf vorläufig entlassene Gefangene **72**, 7, 44 f. — in bezug auf Polizeiaufsicht **72**, 94, 97 — der ehegerichtlichen Urteile an die Polizeibehörden **74**, 131 f. — über Einleitung und Ergebnis des Strafverfahrens wegen Brandstiftung an die K. Brandversicherungskammer **75**, 202 — in schöffengerichtlichen Strafsachen **79**, Beil. 34, 35 ff., 44 f. — einfache, im Strafverfahren **79**, 555 ff. — im Gerichtsschreiberdienste **79**, 745, 799 ff. — im Zwangsvollstreckungsverfahren **79**, 1510 — im Disziplinarverfahren gegen richterliche Beamte **81**, 250, 257, 258, 279 ff. — von Entmündigungsbeschlüssen an die Notariatskammern der Pfalz **81**, 431 f. — über strafgerichtliche Untersuchungen und Aburteilungen an die Ersatz- und Militärbehörden **82**, 41 ff.; **91**, 31 ff. — wechselseitige, von Strafurteilen **82**, 177 ff., 182 ff., 221 ff., 242 f., 250 ff., 252 f., 287 f.; **83**, 33 ff., 62 f.; **84**, 117 ff.; **85**, 178; **93**, 104 f. — an die Finanzbehörden über strafgerichtliche Untersuchungen gegen Beamte und öffentliche Diener **84**, 209 ff. — der Anerkennung unehelicher Kinder an die Standesbeamten **86**, 208 — über strafgerichtliche Untersuchungen 2c. gegen Militärpersonen **91**, 31 ff.; gegen verabschiedete Offiziere 40 f. — in bezug auf Personen, welche der Landespolizei überwiesen sind **91**, 65 ff. — über gerichtliche Bestrafungen von Studierenden der Hochschulen und Schülern anderer öffentlicher Lehranstalten **91**, 74 f. — von Strafanzeigen gegen jugendliche Personen **92**, 115 f. — der Ergebnisse der auf Verfehlungen gegen das Nahrungsmittelgesetz 2c. bezüglichen Anzeigen

92, 189 f. — der Amtsgerichte bezüglich gestellter Entmündigungsanträge an die landgerichtlichen Staatsanwälte **95**, 72 — s. a. Aktenmitteilung, Strafnachrichten, Untersuchungsanstalten.
Mittelstellen im Sinne des Art. 164 des Gesetzes über das Gebührenwesen **79**, 1310 f.
Mobiliarexekutionen 79, 1513 ff. — s. a. Zwangsvollstreckung.
Mobiliarversteigerungen durch Gerichtsvollzieher **79**, 612, 1205, 1563 ff. — Staatsgebühr für öffentliche M. **79**, 1565 f.; **86**, 181 — s. a. Zwangsversteigerungen.
Mobilien, Anschaffung und Reparatur bei Gerichten **63**, E. H., 78, 84, 85 f.
Modelle s. Urheberrecht.
Monatsquittungen über empfangene Witwen- und Waisengelder **87**, 219 (Form. 226, 227).
Monatstabelle der Staatsanwälte bei den Landgerichten **79**, 568 (Form. 585 ff.)
München, Oberstes Landesgericht **79**, 112.
Oberlandesgericht, Zuständigkeit zur Entscheidung von Kompetenzkonflikten zwischen Zivil- und Militärgerichten, dann für Revisionen und Beschwerden in Strafsachen **79**, 92 f., 100; Kalender des Strafsenats für Hauptverhandlungen in der Revisionsinstanz mit Einschluß der Revision in Forstrügesachen **80**, 431 f. (Form. 455 ff.).
Landgericht I, Besorgung des Gebühren- und Rechnungswesens bei dems. **84**, 119 — Errichtung einer weiteren Handelskammer bei dems. **90**, 255 f.
Landgericht II, Besorgung des Depositenwesens bei dems. **89**, 3.
Amtsgericht I, Bestellung von Amtsgerichtsdienern und Gehilfen zu Gerichtsvollziehern für Zustellungen und Zwangsvollstreckungen in Strafsachen **79**, 622, 1217 f.; **86**, 75; Geschäftsverteilung bei dems. **79**, 1165 f.; **90**, 394 f.; Errichtung eines II. Standesamts in dessen Bezirk **90**, 395. — Abteilung A für Zivilsachen, Uebertragung des Depositenwesens bei demselben an die K. Bank **82**, 311 ff., 321 f.; **83**, 63 f.; s. a. Abrechnung, Kostenwesen.
Amtsgericht II, Amtsanwaltschaft bei dems. **85**, 73 f. —
Kompetenzverhältnisse der Rentämter im Stadtbezirke dortselbst **80**, 183 f. — Vermehrung der Zahl der Notare in München **89**, 113 — Strafvollstreckungsgefängnis dortselbst **94**, 189 — s. a. Neuhausen, Polizeidirektion.
Mündelgelder, Anlage **92**, 93 f.
Mündelhypothek in der Pfalz **88**, 261 ff.
Mündliche Verhandlungen, Protokolle der Gerichtsschreiber über solche **79**, 755 ff. — vor dem erkennenden Gerichte in Sachen der ordentlichen streitigen Gerichtsbarkeit, Verzeichnung **80**, 425 ff.; **87**, 327 ff.; **94**, 137 ff. — s. a. Kalender, kontradiktorische Verhandlung.
Münzarbeiter, Militärpensionen **95**, 128.
Münzen, Behandlung nachgemachter, verfälschter oder nicht mehr umlauffähiger **76**, 232, 233, 234 f. — s. a. Reichsmünzen.
Münzgesetz s. Reichsmünzgesetz.
Musikalische Kompositionen s. Urheberrecht.
Muster zu Zahlungs- und Vollstreckungsbefehlen **79**, 315, 320 ff. — eines bei Erwirkung von Auslieferungen zu erlassenden Haftbefehls **90**, 219 f. — der Konten des Reichsschuldbuchs **92**, 95 (Form. 101 ff.) — zu einem Antrag auf erste Eintragung in das Reichsschuldbuch **92**, 96 f. (Form. 104) — s. a. Urheberrecht.
Musterregister, Führung **76**, 153 ff., 156 ff., 162 ff., 168; **79**, 97, 285 ff.; **84**, 41 f.; **87**, 53 f.
Musterschutz s. Urheberrecht.
Musterung s. Militärpflichtige.

N.

Nachbildung, Schutz der Photographien gegen unbefugte N. **76**, 170 ff. — s. a. Sachverständigenvereine.
Nachdruck, Reichsgesetz 71, 97 — Vollzug 71, 345 — s. a. Sachverständigenvereine.
Nachfolger eines Gerichtsvollziehers **79**, 617, 618.
Nachforderung von Gerichtskosten **79**, 1351 — s. a. Nachholung.
Nachhaft, korrektionelle, Bestimmungen über dieselbe **91**, 65 ff.
Nachholung von Gebühren und Auslagen im Gebührenwesen **79**, 1345; in gerichtlichen Strafsachen **79**, 1443 — s. a. Nachforderung.

Nachlaß von Reichsangehörigen im Auslande, Behandlung durch Konsuln **71**, 138 ff. — s. a. Verlassenschaften.
Nachpfändung 95, 85.
Nachprüfung von Rechtskandidaten **93**, 141, 161.
Nachrichten aus Deutschland, Zeitungsblatt in New-York **91**, 172.
Nachschlagregister, alphabetisches, zum Prozeßregister der Landgerichte **79**, 819 (Form. 887 f.) — zum Prozeßregister, Vollstreckungsregister und Konkursregister der Amtsgerichte **79**, 821, 823 — zum Berufungsregister der Landgerichte in bürgerlichen Rechtsstreitigkeiten **79**, 822 — zum Strafprozeßregister der Strafkammern und Schwurgerichte **79**, 824 — zum Vormundschaftsregister **88**, 269 — zu den generellen Weisungen der Notare in der Pfalz **92**, 37 f.
Nachsendung von Briefen mit Postzustellungsurkunde **89**, 249 ff.
Nachträgliche Errichtung der Zustellungsurkunden **91**, 203 f.
Nachtrag zur Geschäfts- und Registratur-Ordnung **64**, 185 ff.; **67**, 194; **77**, 250 f. — erläuternde Nachträge zu Notariatsurkunden **67**, 181 ff. — s. a. die bezügl. Schlagworte.
Nachtzeit, Vornahme von Geschäften zur Nachtzeit durch Gerichtsvollzieher **79**, 1194 f., 1507 f.; **80**, 424.
Nachverhaftung im Zwangsvollstreckungsverfahren **79**, 1551 f.
Nachweisung derjenigen Militärbehörden und -Personen, welche bei Pfändung von Diensteinkommen und Pensionen den Militärfiskus vertreten in Bayern **95**, 3 ff.; in Preußen 8 ff.; in Sachsen 59 ff.; in Württemberg 62 ff. — der zur Führung der Strafregister bestimmten Behörden **82**, 323 ff.; **83**, 332 — tabellarische, bei Anzeigen über Erledigung der Stellen des niederen Justizpersonals **86**, 14 — der Anstellungsbehörden bezüglich der Vakanzen in den für Militäranwärter vorbehaltenen Stellen **86**, 32 f. (Form. 62) — der Anstellungsbehörden über Besetzung der den Militäranwärtern vorbehaltenen Stellen **86**, 36 f. (Form. 63) — über Bewegung im Hypothekenverkehr **94**, 190 ff., 223 — besondere, der aus Anlaß der Vereinigung der Hypothekenbücher gelöschten Hypotheken **94**, 239 f.
Nahrungsmittel, Pfändung **79**, 1516 — Fälschung **95**, 100.
Nahrungs- und Genußmittel, Untersuchungsanstalten für solche, rechnerische Behandlung der auf grund des Reichsgesetzes vom 14. Mai 1879 auferlegten Geldstrafen **84**, 33 f.; **85**, 147 f.; **86**, 165 ff.; **90**, 53 f. — Vollzug des Reichsgesetzes vom 14. Mai 1879 über den Verkehr mit solchen und Gebrauchsgegenständen **84**, 199 f.; **86**, 111 f., 165 ff.; **87**, 55; **90**, 53 f.; **92**, 189 f.
Namen, Gesuche um Änderung oder Bestimmung neuer N. **63**, E. H., 33 f. — unehelicher Kinder **64**, 113 ff. — Schreibweise in Schriftstücken der Gerichtsschreiber **79**, 744; der Gerichtsvollzieher **79**, 1192 — der Prozeßbevollmächtigten, Eintrag in die Kalender für mündliche Verhandlungen **80**, 427 — s. a. Familiennamen, Vornamensänderung.
Namenregister, alphabetisches, zum Verlassenschaftsverzeichnis **63**, 118 (Form. 140) — zum Registraturverzeichnis für Pflegschaften **64**, 186, 188 — s. a. Namensverzeichnis.
Namensänderungsgesuche, Verfahren bei den mit Adoptions- oder Legitimationsgesuchen verbundenen N. **65**, 2 f.; **92**, 2 f.
Namensunterschrift der Beamten auf Berichten und Ausfertigungen **66**, 27 f.
Namensverzeichnis, alphabetisches, zum Beeidigungsregister **70**, 285 — zum Register über die zur Erhaltung des Vorzugsrechtes angemeldeten Forderungen von Ehefrauen **79**, 223 (Form. 230) — der Schuldner zum Mahnregister **79**, 315 — — s. a. Namenregister.
Nebenbeamte bei den Verwaltungen der Strafanstalten und Arbeitshäuser, deren Titel **92**, 89.
Nebenbezug der Obersekretäre und geschäftsleitenden Sekretäre **92**, 136 f.
Nebenerwerb seitens eines im Pensionsgenusse stehenden Mitgliedes des Pensions- und Unterstütz.-Vereins der Kanzlisten bei den Justizbehörden Bayerns **91**, 150.
Nebengeschäfte, Übernahme durch Beamte und öffentliche Diener **68**, 245 f.; durch Gerichtsvollzieher **79**, 615; **81**, 372 f.
Nebenregister, standesamtliche, Aufbewahrung und Binden **77**, 4 f.; **83**, 322; **88**, 57 f. — zu den Prozeß- und Berufungsregistern **87**, 332 f. (Form. 335 ff.); **88**, 3.
Neu-Guinea-Kompagnie s. Rechtsverhältnisse.
Neuhausen, Gemeinde, Vereinigung ders. mit der K. Haupt- und Residenzstadt München **89**, 247 f.
Neumessungsergebnisse, hypothekenamtliche Behandlung **89**, 43 ff.
Nichtpragmatische Beamte und Bedienstete, Aufbesserung der Gehaltsbezüge **88**, 70 ff. — Pensions- und Sustentations-Verhältnisse **92**, 199 ff.; **95**, 126 ff.

Nichtstreitige Rechtspflege, Funktionen der Reichskonsuln **71**, 176 ff. — Kompetenzstreit **79**, 91 f. — bei Amtsgerichten **79**, 93, 95 — bei Landgerichten **79**, 93, 97 f. — bei Oberlandesgerichten **79**, 99 — bei dem Obersten Landesgerichte **79**, 100 f. — weitere Beschwerde **79**, 101 — Depositenwesen **79**, 109 — Rechtshilfe **79**, 109 f. — Öffentlichkeit und Sitzungspolizei **79**, 110 — Vorschriften bezüglich der Thätigkeit der Gerichtsvollzieher in ders. **79**, 612, 616, 626, 721 f., 1194, 1201, 1256, 1486, 1490 f., 1561 f., 1568 f. — Protokolle der Gerichtsschreiber über Gesuche und Erklärungen der Beteiligten, dann über gerichtliche Verhandlungen in ders. **79**, 750, 751 f., 753, 755 — Beaufsichtigung der Amtsgerichte in Gegenständen ders. **80**, 4 f., **81**, 165 ff., 170 ff.; **88**, 271 f. — Herstellung der Ladungen **86**, 103 f. — die im Auslande zu bewirkenden Zustellungen in Sachen der nichtstreitigen Gerichtsbarkeit **87**, 57 f.

Nickelmünzen, neue, Verpackung **87**, 117.

Niederlande, Zustellungsverkehr hiemit **81**, 518 — Erbansprüche deutscher Reichsangehöriger dortselbst **85**, 161 ff. — Rechtshilfeverkehr **87**, 296 f. — s. a. Erwirkung von Auslieferungen, insbes. **90**, 238 f.

Niederlegung, Zustellung durch solche **79**, 557 ff., 1238 f., 1240, 1254 f.; **89**, 248 f., 249 ff. (Form. **79**, 1268 f.) — von Schriftstücken auf der Gerichtsschreiberei **79**, 805 ff.

Niederschlagung von Gerichtskosten **79**, 1346 f.

Niederschönenfeld, Umbildung der dortigen Staatserziehungsanstalt in eine Gefangenanstalt **79**, 1892, 1893 f.

Nordamerika s. Amerika, Vereinigte Staaten.

Nordhalben, Aufhebung des Notariats **87**, 259.

Norwegen, Jurisdiktionsverhältnisse mit dems. **78**, 106 f. — diplomatischer Verkehr hiemit **87**, 300 — s. a. Erwirkung von Auslieferungen, insbes. **90**, 242.

Notare, Verehelichung **63**, 34 f.; E. H., 35 f. — Aktenaushändigung an dies. **63**, 69 ff. — Einsicht von strafrechtlichen Akten durch dies. **63**, 70 f. — Führung von Wappenschilden **63**, 102 f. — Mitwirkung zum Vollzug des § 99 Nr. 2 des Hyp.-Ges. **63**, 202 ff. — Mitwirkung zur Evidenthaltung der Kataster **63**, E. H., 36 ff. — Vornahme von Hypothekenschätzungen **63**, E. H., 40 — Anlegung von Depositen bei der K. Bank **63**, E. H., 42 f. — Wirkungen der Suspension **63**, E. H., 43 — Postportofreiheit **63**, E. H., 43 ff.; **65**, 10 ff.; **78**, 14 f.; **79**, 1313, 1523; **80**, 73 f. — Verpflichtung zur katastermäßigen Bezeichnung von Immobilien, dann Besitzveränderungsanzeigen ders. an die Rentämter, sowie Erholung von Besitz- und Belastungszertifikaten von den Rentämtern **64**, 5 ff.; **65**, 74 — Zuständigkeit zur Beurkundung von Verträgen über Alimentation außerehelicher Kinder **64**, 20 f. — Geschäftsregister **64**, 137 f.; **73**, 27 f. — Verkehr mit den Hypothekenämtern **64**, 210 ff.; **66**, 78 ff., 253 f.; **69**, 163 ff.; **77**, 257 — Befugnis zur Beurkundung selbständiger Anträge auf Vormerkung oder Eintragung einer Hypothek **64**, 257 f. — Form des schriftlichen Verkehrs der Gerichte mit dens. **64**, 266 f. — Mitteilungen über Urlaub und Geschäftsreisen an die Regierungsfinanzkammer **65**, 1 f. — Postaufgabebücher **65**, 10 ff. — Akten bei Verlassenschaftsverhandlungen ders. **65**, 12 ff. — Besitzveränderungsanzeigen ders. **65**, 49 ff.; **71**, 308 f. — Verpflichtung derselben, den Untersuchungsrichtern die nötige Einsicht von Urkunden zu gewähren **65**, 77 f. — Entbindung von der Amtsverschwiegenheit **65**, 77 f., 202 ff. — Bekanntmachung der Verpflichtung ders. und ihrer Amtsverweser **65**, 99; **82**, 254 — das amtliche Verhältnis ders. bei ihren Dienstverrichtungen **65**, 138 — Vernehmung ders. als Zeugen **65**, 202 ff. — Urlaubsgesuche **66**, 9 f. — Diensteskautionen der auf eine andere Stelle versetzten N. **66**, 10 ff., **26** ff. — Verpflichtung zur Einsicht der Hypothekenbücher **66**, 78 ff., 83 f.; **69**, 163 ff. — Geschäftsführung und Disziplinareinschreitungen **66**, 78 ff., 126 ff., 137 ff., 144 ff., 150 ff., 181 ff., 199 ff., 286 ff., 337 ff.; **67**, 171 ff., 225 ff., 230 ff., 241 ff., 259 ff. — Empfangnahme von Geldern **66**, 137 ff. — Vermittelung von Anlehen **66**, 181 ff. — Amtsübergabe **66**, 221 f. — Unterschrift der Urkunden **66**, 295 ff.; **68**, 85 ff.; **70**, 45 — Verfahren bei Beteiligung von Pfleglingen **67**, 225 ff., 289 f.; **69**, 109 ff., 141 ff.; **71**, 306 f. — Überlassung der Geldstrafen gegen N. an den Pensionsverein und Mitteilung über die gegen N. ausgesprochenen Geldstrafen **68**, 14 f.; **75**, 340 f. — Thätigkeit in Administrativsachen **68**, 89 ff. — Urlaub in der Pfalz **68**, 174 f. — Verteilung der Offizialgeschäfte **68**, 232 f. — Nebengeschäfte **68**, 245 — Mitteilung der Disziplinarstrafen gegen Notare an die Notariatskammern **69**, 15 f. — Oberaufsicht über dies. **69**, 51 ff. — Berücksichtigung der Amortisationsgesetze **69**,

118 f. — Benützung der Güterzüge **70**, 10 — Führung von Verzeichnissen über Kuratelbestellungen **71**, 307 f. — Zustellungen an Notare im Disziplinarverfahren **71**, 320; **79**, 1257 — Gebrauch von Siegelwappen bei portofreien Dienstkorrespondenzen **72**, 118 — garantiertes Einkommen solcher **72**, 145 — Verfehlungen ders. gegen § 21 des Wechselstempelsteuergesetzes disziplinär strafbar **72**, 274 f. — Gebühren **75**, 281 ff.; **79**, 925 ff.; **86**, 183 f.; in der Pfalz 75, 318 ff.; **77**, 253 ff.; **80**, 189 f.; **87**, 250 — Verkehr mit den Umschreibbehörden **77**, 262 ff. — Zahl und Sitze **79**, 353 f., 927 f.; 87, 153, 259; **89**, 113, 133 — Führung des Buchs zum Eintrage der behufs Feststellung ihres Datums vorgelegten Privaturkunden **79**, 633 ff. — Protokoll der Gerichtsschreiber über Beeidigung ders. **79**, 754, 757 — Ausführung von durch N. veranlaßten Zustellungen seitens der Gerichtsvollzieher **79**, 1257 — Anheftung von notariellen Bekanntmachungen durch Gerichtsvollzieher **79**, 1260 f. — Gebührenbewertung **79**, 1314, 1315 f., 1320 ff., 1325 f., 1354 ff. — Pfändung **79**, 1517 — zwangsweise Beitreibung der gegen dies. ausgesprochenen Disziplinargeldstrafen **79**, 1558 — Amtsbürgschaften der Notare in der Pfalz **80**, 5 f. — Überwachung und Visitation der Amtsführung **81**, 233 ff. — Personalakten und Qualifikation **83**, 294, 295 ff. — Versetzungsgesuche **83**, 306 f.; **84**, 3 — die bei dens. verschlossen hinterlegten letztwilligen Verfügungen **86**, 2 f. — Verzeichnis der im Deutschen Reiche befindlichen **86**, 148 — die im Auftrage derselben durch die Post zu bewirkenden Zustellungen **86**, 277 ff.; **87**, 102 f., 163 f.; **89**, 249 ff. — Amtsverwesungen **87**, 307 f. — Abrechnung über die anfallenden Staatsgebühren **91**, 122; **92**, 269; **94**, 15 — s. a. Amtsverweser, Pensionsverein, Pfalz, Übersicht.

Notariatsbefugnisse der Reichskonsuln **71**, 176 ff.

Notariatsgebührenordnung 75, 281 ff.; **87**, 250.

Notariatsgehilfen, Verehelichung **63**, 41 — Einsicht von Gerichtsakten und Hypothekenbüchern durch dies. **63**, 55 ff.

Notariatsgeschäfte, Zeit und Ort zur Vornahme und Aufrechthaltung der Ordnung **65**, 53 ff.

Notariatsgesetz vom 10. November 1861, Vollzug des Art. 10: **66**, 188 ff., 190 f., 337 ff. — des Art. 11: **64**, 257 f.; **66**, 184 ff.; **67**, 259 ff.; **68**, 89 ff., 234 ff. — des Art. 12: **64**, 212 ff.; **69**, 77 ff. — des Art. 13: **67**, 259 ff.; **69**, 141 ff. — des Art. 14: **68**, 4; **69**, 123 — des Art. 15: **64**, 210 ff., 212 ff.; **69**, 77 ff.; **72**, 139; **84**, 189 — des Art. 19: **68**, 232 ff. — der Art. 23, 24: **86**, 184 — der Art. 28—30: **66**, 133 ff. — der Art. 29, 35: **65**, 12 ff. — des Art 36: **66**, 137 ff. — des Art. 39: **66**, 297 f. — des Art. 43: **68**, 234 ff. — des Art. 45: **67**, 225 ff., 259 ff.; **68**, 4; **69**, 111 ff., 118 f., 163 ff., 240 ff.; **76**, 94 — des Art. 47: **66**, 337 ff.; **67**, 241 ff. — des Art. 48: **71**, 307 f.; **84**, 190 — der Art. 51, 52: **68**, 232 ff. — des Art. 53: **65**, 161 ff.; **66**, 294 f. — des Art. 60: **66**, 294 f. — des Art. 62: **65**, 121 ff., 161 ff.; **66**, 126 ff., **146** ff., 154 f., 186 ff., 289 ff., 291 ff.; **67**, 230 ff.; **68**, 37 f., 182 ff.; **69**, 135 ff. — des Art. 63: **64**, 5 ff.; **65**, 49 ff.; 68, 37 — des Art. 65: **69**, 181 — des Art. 67: **66**, 295 ff.; **68**, 85 ff.; **69**, 135 ff.; **70**, 45; **72**, 310 f. — des Art. 68: **72**, 310 f. — des Art 69: **66**, 294 f. — des Art. 70: **66**, 151 ff.; **69**, 113 — der Art. 70—72: **69**, 181; **72**, 288 f. — des Art. 71: **66**, 199 ff.; **67**, 181 ff.; **68**, 85 ff.; **69**, 25 ff., 135 ff. — des Art. 72: **66**, 145 f. — des Art. 77: **64**, 137 f. — des Art. 79: **67**, 174 ff. — des Art. 87: **66**, 295 ff. — des Art. 92: **73**, 77 f. — des Art. 93: **65**, 77 f. — des Art. 100: **66**, 221 f. — des Art. 105: **73**, 223 — des Art. 113: **66**, 298 ff.; **68**, 111 ff.; **69**, 51 ff. — des Art. 114: **72**, 274 f. — des Art. 116: **66**, 188 ff., 190 f. — der Art. 124, 125: **81**, 233 ff. — des Art. 136: **68**, 94 ff. — des Art. 137: **66**, 300 f. — des Art. 138: **66**, 300 f.; **68**, 94 ff. — des Art. 145: **68**, 113 f.; **69**, 51 ff.; **81**, 233 ff. — des Art. 153: 69, 51 ff. — s. a. Vollzugsinstruktion.

Notariatskammern, Postportofreiheit **63**, E. H., 43 f. — Mitteilung an dies. über Disziplinarstrafen gegen Notare **69**, 15 f. — Bestand ders. in den Landesteilen rechts des Rheins **73**, 177 f.; **79**, 1877 f. — in der Pfalz, Mitteilung von Entmündigungsbeschlüssen an dies. **81**, 431 f.

Notariatssitze mit garantiertem Einkommen **72**, 145; **79**, 353 f., 927 f.

Notariatsstellen, Bewerbungen der Rechtsanwälte um solche **86**, 267.

Notariatsurkunden, Beglaubigung **63**, 95 ff.; **66**, 13 f.; **68**, 65 f.; **79**, 21 f. — katastermäßige Bezeichnung der Liegenschaften in solchen **64**, 5 ff.; **65**, 74 f. — Behandlung beim Hypothekenamt **64**,

212 ff.; **66**, 78 ff., 253 f.; **69**, 77 ff., 123, 163 ff., 170; **72**, 127 ff., 139; **91**, 89 f.; **94**, 229 — äußere Reinhaltung **64**, 253 f. — Verwendung von Formularen **64**, 273; **69**, 181 — in Verlassenschaften, Aufbewahrung **65**, 12 ff. — Einsichtnahme von solchen durch Untersuchungsrichter **65**, 77 f. — Identitätszeugen und Auskunftspersonen in dens. **66**, 126 ff., 146 ff., 154 ff., 186 ff., 291 ff.; **67**, 230 ff.; **68**, 182 ff.; **69**, 138 — Unterschrift durch die Notare **66**, 295 ff.; **68**, 85 ff.; **70**, 45 — Ausfertigung vollziehbarer **67**, 176 ff. — erläuternde Nachträge **67**, 181 ff. — Aufnahme bei Beteiligung Pflegbefohlener **67**, 225 ff., 289 f.; **69**, 111 ff., 141 ff.; **71**, 306 f. — richtige Angabe des Preises bei Veräußerung von Liegenschaften **68**, 4 — Änderungen **69**, 25 ff., 113 f. — Berücksichtigung der Amortisationsgesetze **69**, 118 f. — als Schuldtitel zur Zwangsvollstreckung **79**, 1498, 1500 — Form der vollstreckbaren Ausfertigungen von solchen **80**, 110 f. — Gebühren von solchen **83**, 19 f., 216, 377; **84**, 163 — Gebühr für Übersendung einer solchen **87**, 250 — unvollziehbare **91**, 89 f.

Notariatsverweser s. Amtsverweser.

Notariatswesen, Gebührenrückstände in dems. **80**, 315 — in den Landesteilen rechts d. Rheins, Beaufsichtigung **81**, 233 ff.

Notariatszeugen in der Pfalz, Gebühren **75**, 319 f.

Noten bei der Qualifikation der Gerichtsvollzieher **79**, 729 f. — der Justizbeamten **83**, 301 f. — des niederen Justizpersonals **86**, 78 — bei der Zensur der anläßlich der II. Prüfung für den höheren Justiz- und Verwaltungsdienst gelieferten Arbeiten **93**, 147 f., 181 ff. — s. a. Gesamtnebennote, Gesamtnote, Hauptnote.

Notenwechsel der Gerichte **66**, 240 f.

Notizen s. dieses Schlagwort in den Sachregistern der einzelnen Jahrgänge des Justizministerialblattes.

Nürnberg, Bestimmung der Geldsätze in der Hausordnung für das Zellengefängnis dortselbst **75**, 317 f. — Anlage von Depositen und Privatgeldern bei der K. Bank dortselbst und deren Filialen **75**, 347 — Merkantil-, Friedens- und Schiedsgericht daselbst **79**, 91 — Erhebung und zwangsweise Beitreibung der Gebühren in gerichtlichen Strafsachen durch Gerichtsschreiber beim K. Amtsgerichte dortselbst **79**, 1444 — Kompetenzverhältnisse der Rentämter dortselbst **80**, 183 f. — Errichtung einer weiteren Handelskammer beim k. Landgericht dortselbst **90**, 255 f. — Behandlung des Rechnungs- und Gebührenwesens beim dortigen Amtsgerichte **93**, 253 f.; beim dortigen Landgerichte 13 f. — s. a. Wechselnovellen.

Numerierung der Gebäude **79**, 231 f.

Nummern amtlicher Blätter, Reklamationen abgängiger Nummern **73**, 87 ff. — fortlaufende des Mahnregisters, Vermerk auf dem Zahlungsbefehle **79**, 315 — des Prozeßregisters bei den Landgerichten, Angabe auf dem Aktenumschlage **79**, 819 — der Belege zu den Gebührenregistern der Gerichtsschreiber **79**, 1331 — Zusammenstellung der durch Einhebung der Geldstrafen erledigten Nummern des Anzeigeverzeichnisses **80**, 314 — laufende, der Kalender für die mündlichen Verhandlungen in bürgerlichen Rechtsstreitigkeiten **80**, 427 — Bezeichnung der kontradiktorischen Verhandlungen durch N. in dem Kalender der Amtsgerichte für die mündlichen Verhandlungen in bürgerlichen Rechtsstreitigkeiten **80**, 427 — laufende, des Registers über Ersuchen an die Post um Bewirkung von amtswegen angeordneter Zustellungen **81**, 325 — fortlaufende, der Zählkarten in der Kriminalstatistik **81**, 496, 499; in der Konkursstatistik **95**, 12 f. — s. a. Dienstregisternummern, Gebührenregisternummern, Geschäftsnummern.

Nutzungen, Zwangsvollstreckung in solche **79**, 1544.

Nutzungsanschlag der Gärten bei den Dienstwohnungen der Beamten **65**, 39 f.

O.

Obduktion, Instruktion für das Verfahren der Ärzte bei solcher **81**, 6, 11 ff.; **92**, 1 f.
Obduktionsprotokoll, Aufnahme, Einrichtung und Fassung **81**, 46 f.
Oberamtsrichter, Stellung, Gehalt, Rang, Amtskleidung, Dienstzeichen und Vorrang **79**, 382 ff., 392 — allgemeine Dienstaufsicht **79**, 382, 540 f. — Sitzungskleidung **79**, 392, 1909 ff. — Verleihung des Titels eines Oberlandesgerichtsrates an solche **79**, 383 — Geschäftsverteilung **79**, 928 f. — Besorgung der Aufsicht, Handhabung der Disziplin, sowie der Geschäfte der Verwaltung in den Amtsgerichts- und landgerichtlichen Aushilfsgefängnissen **79**, 1271 — Dienstalter **80**, 249 — Erteilung der dienstlichen Verehelichungsbewilligung für Gerichtsvollzieher durch den geschäftsleitenden O. **80**, 335 f. — Beförderungs- und Versetzungsgesuche **81**, 297 ff.; **83**, 306 — Personalakten und Qualifikation **83**, 295 ff. — schriftlicher Verkehr ders. als Gefängnisvorstände mit den Oberstaatsanwälten **85**, 97 f. — s. a. Amtsrichter, dienstaufsichtführender.
Oberaufseher in den Strafanstalten, Besetzung deren Stellen mit Militäranwärtern **86**, 12 ff., 68 — Aufrückungsstellen für dies. **86**, 74 — als Aufrückungsstelle **86**, 75 — Personalakten und Qualifikation **86**, 76 ff.
Oberaufsicht des Justizministeriums in Notariatssachen **69**, 51 ff. — über die Gefängnisse der Landgerichte und Amtsgerichte in den Landesteilen rechts des Rheins **79**, 1271.
Oberbahnämter, Mitteilung der Ergebnisse der wegen Übertretungen in bezug auf Staatseisenbahnen eingekommenen Anzeigen an dies. **79**, Beil., 40.
Oberfranken, Zunahme der Forstfrevel durch Entwendung von Christbäumen **87**, 247 ff.; **92**, 233.
Obergerichtsschreiber, Anstellung bei dem Obersten Landesgerichte, den Oberlandesgerichten und Landgerichten **79**, 105 — Gehalt, Rang, Amtskleidung und Dienstzeichen **79**, 388 f. — Verteilung und Überwachung der Geschäfte durch dies., Stellvertretung ders., Aufnahme und Verwendung von Gehilfen durch dies. **79**, 606 ff.; **86**, 12; **92**, 131, 132 ff. — Besorgung des Einlaufs und Führung des Bestellbuches durch dies. **79**, 747, 748 — rechnerische Behandlung der bei den Gerichten und Staatsanwaltschaften anfallenden Gebühren 2c. durch dies. **79**, 1314 ff., 1321 — Titulatur **81**, 453 f. — Personalakten und Qualifikation **83**, 295 ff.
Oberhaus, Einschaffung der von bürgerlichen Strafgerichten zu Festungshaft verurteilten Personen in die Festung dortselbst **79**, 362.
Oberkrankenwärter in den Strafanstalten, Besetzung deren Stellen mit Militäranwärtern **86**, 12 ff., 68 — als Aufrückungsstelle **86**, 75 — Personalakten und Qualifikation **86**, 76 ff.
Oberlandesgerichte, Ausführungsbestimmungen zum Reichs-Gerichtsverfassungsgesetze **79**, 99 f., 103, 105 — Sitze und Formation **79**, 112 f. — Dienerpersonal **79**, 389, 391 f. — Dienstsiegel **79**, 542 — Geschäftsverteilung **79**, 630 ff., 1879 f.; **81**, 415 — Geschäftsübersichten **80**, 376 ff.; **87**, 327 ff. (Form. **79**, 1803; **80**, 407 ff.) — Errichtung von Disziplinarkammern bei dens. **81**, 254 — s. a. München, Oberlandesgericht; Regiewesen; Zivilsenat.
Oberlandesgerichts-Präsidenten, Senatsergänzung durch dies. **79**, 100 — Aufsichtsrecht **79**, 107 — Verzögerungsbeschwerden gegen dies. **79**, 109 — Gehalt, Rang und Amtskleidung **79**, 382, 383 — Sitzungskleidung **79**, 392, 1909 ff. — Visitation der Landgerichte durch dies. **81**, 183 f. — Beförderungs- und Versetzungsgesuche **81**, 297 ff.; **83**, 306 - Personalakten **83**, 295 ff.
Oberlandesgerichtsräte, Gehalt, Rang und Amtskleidung **79**, 382, 383 — Verleihung des Titels, Ranges und Gehalts, sowie der Rechte eines solchen an Oberamtsrichter **79**, 383 — Sitzungskleidung **79**, 392, 1909 ff. — Beförderungs- und Versetzungsgesuche **81**, 297 ff.; **83**, 306 — Personalakten und Qualifikation **83**, 295 ff. — Verleihung des Titels, Ranges und Gehalts, sowie der Rechte eines solchen an Landgerichtsräthe **90**, 161 — s. a. Staatsanwälte.
Obersekretäre, Titulatur der Obergerichtsschreiber **81**, 453 f. — s. a. Obergerichtsschreiber.
Oberstaatsanwälte, Mitbenützung der Gerichtsbibliothek **67**, 107 ff. — Aufstellung, Ernennung, Befugnis zur Regelung der Stellvertretung der Amtsanwälte und Aufsichtsrecht **79**, 103, 104, 107 — Staatsanwälte ders. **79**, 384 — Gehalt, Rang und Amtskleidung **79**, 385 f. — Sitzungskleidung **79**, 392, 1909 ff. —

Dienstsiegel **79**, 542 — Ausübung der Oberaufsicht des Justizministeriums über die rechtsrheinischen Landgerichts- und Amtsgerichtsgefängnisse durch dies. **79**, 1271 — Visitationsreisen **81**, 242 ff. — Personalakten **83**, 295 ff. — schriftlicher Verkehr mit dens. **85**, 97 f. — Zentralstelle für die Bewerbungen um die Stellen der Amtsgerichtsdieners- und Gefängniswärtergehilfen **86**, 12 ff. — Sekretariatsgehilfen bei dens. **87**, 151 f., 152 f.

Oberstes Landesgericht, Ausführungsbestimmungen zum Reichs-Gerichtsverfassungsgesetz **79**, 100 ff., 103, 105, 110 — Sitz **79**, 112 — Dienerpersonal **79**, 389 — Dienstsiegel **79**, 541 f.

Obervormundschaftsbehörden, Unzuständigkeit zur Beurkundung von Verträgen über Alimentation außerehelicher Kinder **64**, 20 f. — Zuständigkeit zur Erledigung von Ersuchschreiben um Vernehmung außerehelicher Väter **64**, 121 ff. — Genehmigung von Notariatsurkunden durch dies. **69**, 141 ff.

Oblaten, Naturalabgabe 63, E. H., 78; **68**, 146; **80**, 156.

Oblatensiegel s. Dienstsiegel.

Obligationen s. Staatsobligationen.

Obsignationen beim Ableben von Staatsbeamten **81**, 130 f. — Wahrnehmung der gesundheitspolizeilichen Interessen hiebei **82**, 232 f. — s. a. Siegelungen.

Öfen in Gerichtslokalitäten, Reinigung und Reparatur **63**, E. H., 87; **64**, 26 — s. a. Heizöfen, Kochöfen.

Öffentliche Zustellungen, Besorgung durch Gerichtsschreiber **79**, 794 ff. — s. a. Bekanntmachungen, Urkunden.

Öffentlichkeit der mündlichen Verhandlungen in den nicht zur ordentlichen streitigen Gerichtsbarkeit gehörenden Angelegenheiten **79**, 110.

Öffnung verschlossener Thüren und Behältnisse bei Zwangsvollstreckungen **79**, 1506.

Ökonomische Verwaltung der Gerichtsgefängnisse **83**, 80 f., 179 ff.

Örtliche Revision im Gebührenwesen **79**, 1342 ff. — im Kostenwesen **79**, 1441.

Österreich, Beglaubigung von Urkunden im Verkehre hiemit **63**, 97 f.; **79**, 21 f. — unmittelbare Korrespondenz der K. Bayerischen und K. K. Österreichischen Behörden **70**, 184 f. — Behandlung der portopflichtigen Korrespondenz mit Österreich-Ungarn **73**, 205 f. — Mitteilung der gegen Österreichische Staatsangehörige wegen Übertretungen ergangenen Verurteilungen **78**, 145 f.; **88**, 147, 149 — Verkehr mit K. K. Österreichischen Behörden bei Zustellungen von Vorladungen **78**, 193 f. — Befreiung der Österreicher von Sicherheitsleistung für Prozeßkosten **80**, 61 f. — Vollzug der Übereinkunft mit Österreich wegen Bestrafung der Forst-, Jagd-, Fisch- und Feldfrevel **80**, 85 ff. — Anschaffung von Kleidungsstücken für Österreicher **80**, 111 f. — Zustellungen dortselbst durch Konsuln **81**, 362 — Verzeichnis der Zivil- und Strafgerichte der im Österreichischen Reichsrate vertretenen Königreiche und Länder, dann Wirkungskreis dieser Gerichte **83**, 270 ff., 275 ff. — Übereinkunft mit Österreich vom 17. Januar 1852 über die Aufhebung der gegenseitigen Kostenvergütung, Vollzug **84**, 19 f. — Verordnung wegen Unzulässigkeit der Pfändung von Eisenbahn-Fahrbetriebsmitteln **85**, 237 f. — Rechtshilfeverkehr mit Österreich-Ungarn **87**, 297 ff. — Portofreiheit im Verkehr hiemit **89**, 103 f. — s. a. Erwirkung von Auslieferungen, insbes. **90**, 240 f.; **94**, 21 f.

Offizialanwälte, Vernichtung der Aktenstücke über Bestellung ders. **70**, 64.

Offizialberichtigung liquidierter Auslagen im Gebührenwesen **79**, 1332; in Strafsachen **79**, 1433.

Offizialbetrieb, Behandlung **63**, 123.

Offizialsachen, Befreiung von der Gebührenpflicht **79**, 1318.

Offiziere, Pfändung des Diensteinkommens 2c. ders. **79**, 1517; **82**, 13—16; **95**, 1 ff., 3 ff., 58 ff. — des Beurlaubtenstandes, Mitteilungen über strafgerichtliche Untersuchungen 2c. gegen dies. **91**, 35 f. — s. a. Militärfiskus, Nachweisung, Witwen.

Operate s. Messungsoperate.

Orden, Pfändung **79**, 1517 — Gesuche um Allerhöchste Bewilligung zur Annahme fremder O. **87**, 40 f.

Ordnung in den Gerichtsgefängnissen **83**, 103 f.

Ordnungsstrafen wegen Zuwiderhandlungen gegen die Vorschriften über Verwendung der Gebührenmarken **79**, 1491 f. — zwangsweise Beitreibung von solchen **79**, 1558 — gegen Hypothekenbewahrer **80**, 194, 195.

Organisation der Reichskonsulate **71**, 95 f. — der K. Sächsischen Behörden **84**, 262 — der Gerichtsgefängnisse **73**, 78 ff. — der Arbeitshäuser **91**, 73 — der Gerichtsschreibereien **92**, 131 f., 132 ff., 139 ff., 225 f.; s. a. 137 ff., 226 f.; **93**, 14, 59 ff., 273 f., 322; **94**, 163 ff.; vergl. auch **93**, 13, 67 f., 253, 254, 256.

Ort der Vornahme von Notariatsgeschäften **65**, 53 ff.

Orte, benachbarte, welche im Sinne der Art. 6 und 53 des A. G. z. R. G. V. G. und des § 18 der R. A. O. als ein Ort anzusehen sind **79**, 644 f.; ebenso im Sinne des § 14 der Gerichtsvollzieherordnung **79**, 724 f.

Ortsentfernungen, Attestierung behufs Berechnung der Umzugsgebühren **75**, 345 f.

Ortsentfernungstabelle, Zugrundelegung bei Berechnung der Entfernung **75**, 58 — des Amtsgerichtsbezirkes für die Gerichtsvollzieher **79**, 723.

P.

Pachtrente der Gärten bei Dienstwohnungen der Beamten **65**, 39 f.

Pachtung von Jagden **63**, 11 f.

Pächter, Ermittelung dess. durch Gerichtsvollzieher bei Subhastationen **79**, 1545.

Papier, Naturalabgabe **63**, E. H., 78; **68**, 145 f.; **80**, 155 f. — Vergütung der Hypothekenbewahrer für das zu Auszügen, Abschriften und Bescheinigungen verwendete P. **80**, 192 — s. a. Formularpapier, Hypothekenbuchpapier.

Papiere, Erhaltung wertvoller P. bei Ausscheidung von Registraturen **70**, 452, 452 f.; **81**, 23 f. — s. a. Indossamentpapiere, Inhaberpapiere, Legitimationspapiere, Wertpapiere.

Papierformat, im amtlichen Verkehr **77**, 65 ff.; **79**, 562 — Einführung von Normalformaten **84**, 170 f.

Papiergeld, Reichsgesetz **71**, 95.

Papierhandel, Einführung der Dezimalteilung bei dems. **83**, 215.

Papierkörbe, Anschaffung aus Regiemitteln **63**, E. H., 86.

Papierscheeren, Anschaffung **63**, E. H., 86.

Paraphierung der Geschäftsbücher der Gerichtsvollzieher **79**, 1198, 1210.

Parteien, Haftung für Gebühren und Auslagen **79**, 1328, 1329, 1350 — Verfahren bei Erinnerungen und Beschwerden ders. wegen des Ansatzes von Gebühren und Auslagen **79**, 1351 ff. — Bezeichnung ihrer Vertreter bei Urteilsabfassung in bürgerlichen Rechtsstreitigkeiten **82**, 158.

Parteisachen, Gebührenfreiheit bei Sachleitung betreffenden Verhandlungen und Verfügungen in dens. **79**, 1319.

Parteischriften, Anfertigung durch Gerichtsvollzieher 81, 372; **84**, 25 f.

Parteivertreter, Haftung derselben für Gebühren und Auslagen **79**, 1350 — Bezeichnung ders. bei Abfassung der Urteile in bürgerlichen Rechtsstreitigkeiten **82**, 158.

Paßwesen, Reichsgesetz **71**, 95.

Patentamt, Mitteilung gerichtlicher Urteile **94**, 210 f.

Patentgesetz vom 25. Mai 1877, Vollzug 77, 189; **89**, 32 f.; **93**, 51.

Patentrechte, Pfändung **79**, 1544.

Patentsachen, Zustellungen in solchen **79**, 1256.

Pensionen der Strafanstaltsbeamten **76**, 98 f. — der Mannschaft des Gendarmeriekorps **78**, 117 f.; s. a. **91**, 48; **95**, 125, 126 ff. — Vormerkung und Einzug von Militär- und Gendarmerie-Pensionen **91**, 48 — der Mitglieder des Pens.- u. Unterst.-Vereins der Kanzlisten bei den Justizbehörden Bayerns **91**, 148 ff. — der nichtpragmatischen Beamten und Bediensteten **92**, 199 ff.; s. a. 225 f.; **95**, 126 ff. — der Witwen und Waisen von Angehörigen des Reichsheeres s. Witwen — s. a. Militärfiskus, Militärpensionen, Militärpensionsgesetz, Nachweisung, Pfändung.

Pensionsanstalt für die Witwen und Waisen der Advokaten und Rechtsanwälte des Königreichs **82**, 141 ff. — Neuwahl des Zentralausschusses zur Verwaltung des Fonds ders. **95**, 315 f. — Ergänzung der Satzungen **95**, 221 f.

Pensionsgesetz s. Militärpersonen, Witwen.

Pensionsquittungen, Entrichtung der Gebühren hiefür durch Verwendung von Gebührenmarken **79**, 1485, 1488.

Pensionsregulierungen der im niederen Justizdienste verwendeten Militärpensionäre der Unterklassen **81**, 71 f.

Pensions- und Unterstützungsverein der Kanzlisten bei den Justizbehörden Bayerns **91**, 141 ff. — Satzungen **91**, 145 ff.; **96**, 2 ff. — Übersicht über die Rechnungsergebnisse pro 1891: **92**, 6; pro 1892: **93**, 16 f.; pro 1893: **93**, 257 f.; pro 1893/94: **94**, 200; pro 1894/95: **95**, 235.

Pensionsverein für Witwen und Waisen der Notare, Konstituierung **67**, 183 f. — Dienstsiegel **67**, 253 f. — Überlassung, Einsendung und Bekanntgabe der gegen Notare ausgesprochenen Geldstrafen **68**, 14 f., 53 ff.; **75**, 340 f. — Beitritt neuernannter Notare **76**, 363 f. — Bildung des Verwaltungsrates **85**, 218 f. — Satzungen **92**, 255 f.

Persönliche Verhältnisse von Beschuldigten, Erhebung **91**, 38.

Person des Auftraggebers, Antragstellers, Bevollmächtigten &c., Feststellung der Identität durch Gerichtsschreiber **79**, 745; durch Gerichtsvollzieher **79**, 1187 — persönliche Verhältnisse von Beschuldigten, deren Erhebung **91**, 38 — s. a. unselbständige Personen.

Personalakten, Führung besonderer durch den Gerichtsvorstand **63**, 113 f. — verstorbener Beamten, Vernichtung **70**, 67 — der Gerichtsvollzieher **79**, 727 f., 731 — der Justizbeamten **83**, 294, 295 ff. — der Bewerber um Anstellung im höheren Justizstaatsdienst **83**, 317 — des niederen Justizpersonals **86**, 76 f., 82; **91**, 137 ff.; s. a. 48.

Personalausweise für die Gerichtsvollzieher **79**, 727 f., 730, 731 (Form. 737) — s. a. Personalbogen, Personallisten.

Personalbeschreibung des Angeklagten in schöffengerichtlichen Strafsachen **79**, Beil. 23.

Personalbogen der Justizbeamten **83**, 295 ff. (Form. 309 ff.) — der Bewerber um Anstellung im höheren Justizstaatsdienst **83**, 317 — Bedarf an Formularpapier hiefür **84**, 53 f — s. a. Personalausweise, Personallisten.

Personalhaft, Vorschriften für deren Anordnung und Vollstreckung **79**, 1549 ff.; **81**, 483 ff.

Personallisten der geprüften Bewerber um Gerichtsvollzieherstellen **79**, 719 f., 727 (Form. 735) — der geprüften Bewerber um das Gerichtsschreiberamt **80**, 34 ff. (Form. 41) — des niederen Justizpersonals **86**, 76 f., 82 (Form. 83 ff.) — für Gerichtsschreibergehilfen **91**, 137 f. — Vormerkung in dens. über die Mitgliedschaft beim Pens.- u. Unterst.-Verein der Kanzlisten bei den Justizbehörden Bayerns **91**, 143 — s. a. Personalausweise, Personalbogen, Qualifikationsbogen.

Personenregister zum Hypothekenbuche, Anlage **63**, 85 ff. (Form. 90).

Personenstand, Beurkundung im Auslande **71**, 95, 175, 192 ff. — s. a. Dispensation, Dispensationsgesuche, Zivilehegesetz.

Personenziffer des amtsanwaltschaftlichen Anzeigeverzeichnisses **79**, Beil., 41, 51, 56 f., 80, 208.

Pertinenzien s. Pfändung.

Perzeption, nachträgliche, von Gebühren und sonstigen Geldern **79**, 1346 — der Kosten in gerichtlichen Strafsachen **79**, 1425 f., 1439 f., 1444 — der Kosten in Forstrügesachen **79**, 1654 ff.

Petitionen s. Kammer der Abgeordneten.

Petroleum, Untersuchungen dess. **83**, 15 f.

Pfändung, Bewirkung der Zwangsvollstreckung in bewegliche körperliche Sachen wegen Geldforderungen durch dies. **79**, 1513 ff.; **95**, 85 — von Pensionen **79**, 1517 — von Forderungen aus Wechseln **79**, 1542 — Vollziehung des Arrestes in bewegliches Vermögen durch dies. **79**, 1553 f. — des Diensteinkommens und der Pensionen der Offiziere, Aerzte und Beamten der Militärverwaltung **82**, 13—16; **95**, 1 f., 3 ff., 58 ff.; s. a. Militärfiskus, Nachweisung — von Tabak **83**, 341 f. — beweglicher Zugehörungen von Grundstücken **85**, 209 — des Anspruchs auf Herausgabe von Gütern, die sich im Gewahrsam der Eisenbahn befinden **95**, 113 f. — s. a. Fahrbetriebsmittel, Nachpfändung.

Pfalz, Urlaub der Notare daselbst **68**, 174 f. — Gebühren der Notare daselbst **75**, 318 ff.; **77**, 253 ff.; **80**, 189 f. — Unterzeichnung der Ausfertigungen in nichtstreitigen Sachen **79**, 95, 98, 100 — Polizeikommissäre dortselbst als Hilfsbeamte der Staatsanwaltschaft **79**, 104 — Eintragungen von Beschlagnahmen im Hypothekenbuche **79**, 1161 ff. — gerichtliches Hinterlegungswesen daselbst **79**, 1277 ff.; **88**, 219 ff., 227 ff., 245; **90**, 273 — Salarien der Hypothekenbewahrer **79**, 1320 — Amtsbürgschaften der Notare daselbst **80**, 5 f. — Regiewesen bei den dortigen Gerichten **80**, 154 ff. — Dienst- und Geschäftsverhältnisse der Hypothekenbewahrer daselbst **80**, 191 ff. — Übertragung der Zustellungen durch die Post in Forstrügesachen an die Gerichtsvollzieher **81**, 2 — Überwachung der Hypothekenämter daselbst **81**, 125 ff. — Beaufsichtigung der Amtsgerichte daselbst in Sachen der nichtstreitigen Gerichtsbarkeit **81**, 176 f.; **88**, 271 f. — Behandlung des Schubwesens dortselbst **81**, 223 f.; **86**, 185 f. — Mitteilung von Entmündigungsbeschlüssen an die Notariatskammern daselbst **81**, 431 f. — Depositenwesen dortselbst **82**, 310 f., 320 f. — geschäftliche Behandlung der Vormundschaftssachen in der Pfalz **88**, 261 ff. — Dienstführung

der Notare dortselbst **92**, 37 f. — Beglaubigung der Erklärungen der Pfälzischen Hypothekenbank nach Art. 4 Abs. 1 der Novelle zur Subhastationsordnung **95**, 57 f. — s. a. Eheschließung, Forstgerichtsboten, Hypothekenbank, Katasterumschreibung, Verwalter.
Pfand, Versteigerung durch Gerichtsvollzieher **79**, 1563 f.
Pfandlokal der Gerichtsvollzieher **79**, 1519 f.
Pfandrecht, früheres, auf eine zu pfändende Sache **79**, 1518 — des Gläubigers **79**, 1520 ff.
Pfarrämter, Entrichtung der Gebühren für Zeugnisse ders. durch Verwendung von Gebührenmarken **79**, 1486, 1489 f. — deren Verständigung von Strafanzeigen ꝛc. gegen jugendliche Personen **92**, 115 f.
Pfarrbuchsauszüge, Beglaubigung **63**, 96.
Pfennigbeträge, Abrundung **79**, 1870.
Pfleglinge, Erziehung **66**, 225 f. — Beteiligung bei Notariatsakten **67**, 225 ff., 289 f.; **69**, 109 ff., 141 ff.; **71**, 306 f. — Verzeichnis über solche **81**, 61.
Pflegschaften, Registratur **64**, 185 ff. — Fälligkeit und Stundung der Depositalgebühren in den Landesteilen rechts des Rheins **82**, 310.
Pflegschaftsakten, Behandlung **63**, 119; **64**, 186 f. — Anschaffung von Umschlägen hiezu **63**, 212 — Anlage und Führung **66**, 226 ff. — Ausscheidung und Vernichtung **70**, 62 — Aushebung der den Familienstand betreffenden Verhandlungen **89**, 201.
Pflegschafts-Kurrentverzeichnis s. Kurrentverzeichnis.
Pflegschaftstabellen, frühere, Vernichtung **70**, 67.
Pflegschaftsverzeichnisse, Vernichtung **70**, 68 — Vorlage an den Landgerichtspräsidenten **80**, 4 f.
Pflegschaftswesen in den rechtsrheinischen Landesteilen, Behandlung und Beaufsichtigung **64**, 258 ff.; **66**, 224 ff.; **81**, 174 f. — Zuständigkeit **79**, 93.
Pflichten der Gerichtsvollzieher **79**, 615 — der Handelsmäkler **87**, 137 f. — der Mitglieder des Pens.- u. Unterst.-Vereins der Kanzlisten bei den Justizbehörden Bayerns **91**, 148.
Pflichtwidrigkeiten der Gerichtsvollzieher **79**, 618 f., 726.
Pfründestiftungen, Abquittierung und Löschung bezahlter Hypothekforderungen ders. **85**, 83 ff.; **86**, 252 f.; **91**, 90 f.
Photographien, Schutz gegen unbefugte Nachbildung **76**, 170 ff. — s. a. Sachverständigenvereine.
Pissoirs, Verrechnung der Kosten der Reparaturen von solchen unter den ständigen Bauausgaben **81**, 414.
Plenum des Obersten Landgerichts **79**, 101 f.
Politische Verbrecher, Auslieferung solcher **90**, 206, 208.
Polizei s. Sicherheitspolizei, Sitzungspolizei.
Polizeiaufsicht, Ausführungsvorschriften **72**, 93 ff.
Polizeibehörden, Mitwirkung bei Auslieferung von Verbrechern **64**, 29 ff. — Mitteilung der durch die Gerichte erfolgenden Verurteilungen ꝛc. an dies. **67**, 169 ff., 210; **72**, 61 ff.; **74**, 131 f.; **75**, 7 f., 183 f.; **77**, 117 f.; **78**, 145 f.; **79**, 65 ff., Beil. 34 — Korrespondenz mit französischen **75**, 71 f. — s. a. Distriktspolizeibehörden.
Polizeidirektion in München, Instruierung von Auslieferungsanträgen durch dies. **90**, 206 — Vorbereitungsdienst der Rechtspraktikanten bei ders. **93**, 141 ff.; 163 ff. — Thätigkeit bei Unterbringung von Blödsinnigen u. Geisteskranken in Irrenanstalten oder bei deren sonstigen Verwahrung **94**, 63 f.; **95**, 72 ff.
Polizeifunktionäre, Militärpensionen **95**, 128.
Polizeikommissäre in der Pfalz, Hilfsbeamte der Staatsanwaltschaft und Beiziehung ders. zur Amtsanwaltschaft **79**, 104.
Polizeiliche Gefangene, Verzeichnis ders. **83**, 127 f., 131 f. (Form. 147 ff.)
Polizeiliche Vollzugsorgane, Zuziehung zu Vollstreckungshandlungen **79**, 559 f., 1506 f.
Polizeistrafgesetzbuch für Bayern vom 26. Dezember 1871, Anwendung des Art. 52 Abs. 1 auf die sogenannten Schneeballenkollekten **93**, 77 f. — Vollzug des Art. 80: **94**, 63 f.; **95**, 72 ff.
Polizeivorsteher, Rückgabe der bei dens. zum Zwecke der Zustellung niedergelegten Schriftstücke **89**, 248 f., 249 ff.
Polytechniker, strafrechtliche Untersuchung gegen dies., Mitteilung an die Rektorate **64**, 22.
Portiers bei den Strafanstalten, Besetzung deren Stellen mit Militärbewerbern **86**, 12 ff., 68 — allgemeine Vorbedingungen zur Anstellung **86**, 70 f. — Bewerbung um Amtsgerichtsdienerstellen **86**, 71 f., 74 — Aufrückungsstellen für dies. **86**, 75 — Personalakten und Qualifikation **86**, 76 ff.
Porto s. Postporti.
Portofreiheit s. Postportofreiheit.
Portofreiheitsgesetze, Einführung in Bayern, Reichsgesetz **72**, 169 f. — Ausführungsvorschriften **72**, 171 ff., 215 ff.; **89**, 91 ff.

Portopflicht bei Versendung von Inserationsgebühren durch die Post **66**, 161 f., 265 f. — Taxbehandlung portopflichtiger Dienstschreiben **72**, 20 f. — Behandlung der portopflichtigen Korrespondenz K. B. Behörden mit Behörden anderer Deutscher Bundesstaaten **73**, 178 ff.; zwischen Bayerischen und Österreichisch-Ungarischen Behörden **73**, 205 f.; zwischen Bayerischen u. Schweizerischen Behörden **78**, 29 f.; **83**, 269 f. — bei Versendung von Pupillendepositen in baarem Gelde an die K. Bank **78**, 209 — in Armensachen **79**, 1197, 1312 f.; **88**, 105 f. — amtlicher Sendungen **79**, 1350 — der in Armenrechtssachen von Rechtsanwälten aufgegebenen Postsendungen **82**, 133 f. — bei Vermittelung der Einzahlung von Gerichtskosten und der Rückerstattung von Kostenvorschüssen durch die Gemeindebehörden **84**, 5 f. — Behandlung portopflichtiger Dienstsendungen **84**, 26 f., 109 ff. — Bezeichnung portopflichtiger Dienstbriefe **85**, 195 f.

Portovergünstigungen 72, 177 ff.

Portugal, diplomatischer Verkehr hiemit **87**, 299 — Übereinkunft mit Portugal bezüglich der Mitteilung von Strafnachrichten **95**, 23 f.

Post, Versendung von Insertionsgebühren durch dies. **66**, 161 f., 265 f. — vereinfachte Zustellung durch dies. **79**, 554 f., 625, 783, 1194, 1201, 1250 f.; **80**, 332 f.; **81**, 327 — Zustellung durch die Post seitens der Gerichtsschreiber **79**, 781 ff., 792; **81**, 283, 324 ff.; **86**, 178 f.; seitens der Gerichtsvollzieher **79**, 1194, 1233 f., 1245 ff.; **80**, 282 ff.; **81**, 283, 324 f.; (Form. **79**, 1269) — Zustellung durch Aufgabe zur Post **79**, 1233, 1234, 1247 ff.; **81**, 327 (Form. **79**, 1270) — Zustellungen durch die Post im Subhastationsverfahren **80**, 361 f.; **86**, 178, 277 ff. — in Forstrügesachen **81**, 1 f.; **86**, 178 f. — die im Auftrage der Notare durch die Post zu bewirkenden Zustellungen **86**, 277 ff.; **87**, 102 f., 163 f.; **89**, 251 — die durch dieselbe zu bewirkenden Zustellungen **88**, 131 f.; **89**, 191 ff., 248 f., 249 ff. —

Postamtliche Bestellung von Schreiben mit Zustellungsurkunde **79**, 1720.

Postanstalten, Verwahrung der Duplikate der Kassaschlüssel **86**, 252 — Rückgabe der bei denselben zum Zwecke der Zustellung niedergelegten Schriftstücke **89**, 250 f.

Postanweisungen, Führung von Postbüchern zur Bescheinigung der Aufgabe **72**, 66 f.; **87**, 41.

Postaufgabebücher, Führung **63**, 113; **65**, 10 ff.; **72**, 66 f.; **79**, 748 — der Gerichtsvollzieher **70**, 530 — Preis **75**, 375 — Kosten der Anschaffung **92**, 208.

Postauftragsverfahren, Einholung von Wechselaccepten im Wege dess. **76**, 311 f.

Postboten, Vorschriften für dies. bei Zustellungen **79**, 1247; **88**, 131 f.; **90**, 197.

Postbuch für Fahrpostsendungen, Postanweisungen und eingeschriebene Briefpostsendungen **87**, 41.

Postgebühren, rechnerische Behandlung **79**, 1331, 1332, 1350 — der Staatskasse für Zustellungen von amtswegen **81**, 322, 325; **86**, 178 f.

Posthaltereien, Pfändung des Inventariums ders. **79**, 1517.

Postpacketadressen zu amtlichen Sendungen **74**, 32 f., 77 f.

Postporti, Bestreitung in Regiesachen **63**, E. H., 85, 87 — Behandlung bei unfrankierten Dienstschreiben **72**, 20 — vorschußweise Auslegung durch Gerichtsvollzieher und Rückersatz an dies. **79**, 1197, 1247 — rechnerische Behandlung u. Bestreitung im Gebührenwesen **79**, 1331, 1332, 1350; in gerichtlichen Strafsachen **79**, 1431 f., 1433, 1435 — Erstattung bei Ersuchschreiben anläßlich der Einziehung von Gerichtskosten **87**, 139.

Postportobescheinigungsbücher, Form. 66, 69 f. (Form. 71 ff.)

Postportofreiheit der Notare **63**, E. H., 43 ff.; **65**, 10 ff.; **78**, 14 f.; **79**, 1313, 1323; **80**, 73 f. — der Inseratenquittungen **66**, 266 — der Gerichtsvollzieher **70**, 529 f.; **71**, 55, 240; **72**, 87 f.; **79**, 1197; **95**, 315 — in Amtssachen **71**, 42; **78**, 209 f. — in Staatsdienstangelegenheiten **73**, 26 — bei Versendung von Pupillendepositen an die K. Bank **78**, 209 — der Aufgaben zur Post im internen Verkehr in schöffengerichtlichen Strafsachen **79**, Beil. 45 f. — gewisser Post- und Geldsendungen und Mitteilungen **79**, 1313 — der Mitteilung von Kostenrechnungen an die Pflichtigen **79**, 1323 — der Vorstände der Anwaltskammern **80**, 333, 334 f. — der Zustellungen von amtswegen **81**, 321; **86**, 178 f. — bei Einsendung der Zählkarten für die Kriminalstatistik und beim Schriftwechsel bezüglich derselben **81**, 500 — bei Mitteilung von Strafurteilen an das Reichs-Justizamt **82**, 287 f. — Abänderung der Instruktion über die Ausführung der bezüglichen Gesetze **84**, 109 ff. — hinsichtlich des amtlichen Lokalverkehrs **84**, 149 f. — der Postsendungen in Angelegenheiten des Pens.- und Unterst.-Vereins der Kanzlisten bei den Justizbehörden Bayerns **91**, 142 — bei Einsendung der Zählkarten für

die Konkursstatistik 95, 13 — s. a. Portofreiheitsgesetze.
Postsendungen, Beschlagnahme solcher 75, 90 ff. — Portopflicht und Portofreiheit bei solchen 79, 1312 f. — anläßlich der Beitreibung der in einem anderen Bundesstaate erwachsenen Gerichtskosten 80, 272 — Portopflicht der in Armenrechtssachen von Rechtsanwälten aufgegebenen 82, 133 f. — Einlieferung von solchen durch die Postboten 88, 131 f. — s. a. Briefpostsendungen, Fahrpostsendungen, Postportofreiheit.
Posttaxwesen, Reichsgesetz vom 28. Oktober 1871: 71, 337 ff.
Postvorschuß der Gebühren und Auslagen bei Zustellungen durch Gerichtsvollzieher 79, 1244.
Postwesen, Reichsgesetz vom 28. Oktober 1871: 71, 325 ff.
Postzustellungen s. Post.
Postzustellungsurkunden 79, 783, 784, 785 f., 792, 1246, 1247, 1251, 1720; 80, 283 f.; 81, 304.
Präsentation des Einlaufs bei Gerichten 63, 106; bei den Hypothekenämtern 69, 170; 72, 126 f.; bei der Gerichtsschreiberei 79, 747 — s. a. Druckstempel.
Präsentationsstempel, Anschaffungskosten 95, 136.
Präsentationsvermerk der Gerichtsschreiber 79, 747 — der Gerichtsvollzieher 79, 1188, 1234.
Präsenzprotokolle, frühere, Vernichtung 70, 64.
Präsident des Obersten Landesgerichts 79, 101 — Organ der Justizverwaltung und Aufsichtsrecht 79, 107 — Verzögerungsbeschwerden gegen denselben 79, 109 — Gehalt, Rang und Amtskleidung 79, 382, 383 — s. a. Landgerichtspräsidenten, Oberlandesgerichtspräsidenten, Personalakten, Senatspräsidenten, Sitzungskleidung.
Präsidium des Obersten Landesgerichts, Besetzung 79, 101 — der Oberlandesgerichte, Bestimmung der Zahl der bei einem Oberlandesgerichte zu bildenden Senate durch dies. 81, 415 f. — der Landgerichte, Änderung der vom Amtsrichter vorgenommenen Geschäftsverteilung und Regelung der Stellvertretung bei den Amtsgerichten 79, 94; Bescheidung der Beschwerde der Gerichtsvollzieher im Disziplinarverfahren 79, 619; Qualifikation und Revision der amtsrichterlichen Qualifikation der geprüften Gerichtsvollzieheramtsbewerber 79, 720 f.; Qualifikation der Gerichtsvollzieher 79, 728 f.; Bestimmung der Zahl der bei einem Landgericht zu bildenden Kammern durch dass. 81, 415 f. — s. a. Dienstsiegel.
Pragmatische Anstellung von Mitgliedern des Pens.- und Unterst.-Vereins der Kanzlisten bei den Justizbehörden Bayerns 91, 146.
Pragmatische Staatsbeamte, Wohnungsgeldzuschüsse ders. 90, 181 ff. — Revision der Gehaltsnormen für dies. 92, 143 ff.
Praxis der Bewerber um Anstellung im Justizstaatsdienst 80, 121 ff., 237 ff.
Preis-Kourant über gerichtliche Formulare 91, 64 (Beil. zu Nr. IV).
Preistarif für Wäsche und sonstige Gerätschaften der Gefängnisse 72, 301.
Preßdelikte, Zuständigkeit der Schwurgerichte 79, 99 — Bezeichnung mit B 80, 431.
Pressen s. Autographische Pressen, Siegelpresse.
Preßstrafsachen s. Preßdelikte.
Preußen s. Militärfiskus.
Prinzregent, Königliche Hoheit, Bildnis 86, 265 f.; 92, 118 f.
Priorität des Hypothekenranges 66, 101 ff.
Privatabschriften, Verbot der Fertigung 92, 136.
Privatärzte, Gebühren in gerichtlichen Strafsachen 79, 1427 f., 1433.
Private, Form und Format der Eingaben derselben an öffentliche Behörden und Stellen 74, 108, 140 f. (Form. 143; 77, 66) — Form der Erlasse öffentlicher Behörden und Stellen an dies. 74, 109 f.
Privatkläger, Vorladung zur Hauptverhandlung in I. Instanz 79, Beil., 20 (Form. 125 ff.); in der Berufungsinstanz, Formulare 79, 1103 ff.; 1119.
Privatklagesachen wegen Preßbeleidigungen 79, 99 — Verfahren in solchen 79, 779, 780, Beil. 15, 19 f. (Form. 121 ff.; 79, 1103 ff.) — Anfertigung von Kostenverzeichnissen in solchen 79, 1433; 80, 288 f. — Sollstellung der in dens. eingeforderten Gebührenvorschüssen 79, 1438 — Bezeichnung ders. mit A, der Berufungen in solchen mit D und der Revisionen gegen Urteile der Berufungsinstanz in solchen mit B 80, 430, 431.
Privatrechtliche Ansprüche, Zwangsvollvollstreckung wegen ders. 79, 1495 ff.
Privaturkunden, Feststellung des Datums von solchen 79, 633 ff., 816 f.
Privilegien, Zuständigkeit der Landgerichte für Ansprüche gegen den Staat wegen Aufhebung 79, 96.
Probeanstellung und Probedienstleistung der Militäranwärter 86, 15, 34 f., 41, 42 f.
Probeaufgaben bei den Prüfungen für den höheren Justiz- und Verwaltungsdienst 93, 146 ff., 158, 159, 176 ff.

Protestationen, Berechnung der Gebühr für Einschreibung von solchen in das Hypothekenbuch **81**, 218 f.
Proteste bei Wechseln und kaufmännischen Anweisungen, Aufnahme von solchen durch Gerichtsvollzieher **79**, 1567 f. — s. a. Empfangnahme, Wechselproteste.
Protestregister der Gerichtsvollzieher **79**, 725, 1198, 1210.
Protokolle, fortlaufende, Bestreitung der Buchbinderlöhne hiefür **63**, E. H., 87 — Papierformat hiezu **77**, 66 — über die Wahlen für den Schöffen- und Geschworenendienst **79**, 331 ff.; **80**, 298 — über die Beeidigung der Schöffen **79**, Beil., 21 (Form. 149 f.) — der Gerichtsschreiber **79**, 744 f., 747, 748 ff., 753 ff., 813 f.; **80**, 260 — über die Bildung der Spruchliste (Ausloosung) der Geschworenen, Formular **79**, 1003 f. — über die Bildung der Geschworenenbank, Formular **79**, 1047 ff. — der Gerichtsvollzieher **79**, 1508 f., 1510, 1520, 1522 f., 1524, 1528, 1529 f., 1531 f., 1533 f., 1540, 1541, 1547, 1548, 1549, 1551, 1562 f., 1565, 1566 — über die Untersuchungshandlungen im Disziplinarverfahren gegen richterliche Beamte **81**, 259 — Aufnahme von solchen bei mündlichen Gesuchen um Zahlungs- und Vollstreckungsbefehle und bei Widerspruchserhebung nicht erforderlich **81**, 370 f. — fortlaufende, der Gefängniskommissionen **83**, 88 — über die Aufnahme der Vorräte von Feuerungsmaterial in den Gerichtsgefängnissen **83**, 181 — über die Hauptverhandlungen vor den Strafkammern und den Schwurgerichten, Aufnahme des wesentlichen Inhalts der Aussagen der vernommenen Personen in dies. **86**, 167 f. — über die Anmeldung von Altersrente- und Invalidenrente-Ansprüchen **90**, 370 ff. (Form. 385 ff.) — bei den Prüfungen für den höheren Justiz- und Verwaltungsdienst **93**, 156, 157, 158, 159, 162, 178, 179, 181, 182 — über die Hauptverhandlungen in Strafsachen, Aufnahme der Begründung von Beschlüssen in dies. **94**, 94 ff. — s. a. Hypothekenprotokolle, Obduktionsprotokoll, Präsenzprotokolle, Revisionsprotokolle, Sitzungsprotokolle, Sturzprotokolle, Vagantenprotokolle, Verpflichtungsprotokolle, Vertragsprotokolle.
Protokollführer, Beiziehung bei den Wahlen für den Schöffen- und Geschworenendienst **79**, 332 f.; **80**, 298.
Protokollierung von Vergleichen über Alimentation außerehelicher Kinder **64**, 20f. — des Ergebnisses der Vernehmungen in den strafgerichtlichen Hauptverhandlungen **86**, 167 f.
Providence-Inseln s. Rechtsverhältnisse.
Prozeßakten, Ausscheidung und Vernichtung **70**, 63 f. — Behandlung bei den Landgerichten und Amtsgerichten **79**, 818 ff.
Prozeßbevollmächtigte, Bezeichnung durch den Auftraggeber bei Zustellungen **79**, 1235 — Zustellung an den P. mehrerer Beteiligter **79**, 1241 — Eintragung deren Namen in die Kalender für die mündlichen Verhandlungen in bürgerlichen Rechtsstreitigkeiten **80**, 427 — Auftreten der Gerichtsvollzieher als solche **81**, 372 — Bezeichnung bei Abfassung der Urteile in bürgerlichen Rechtsstreitigkeiten **82**, 158.
Prozesse, gewöhnliche, bei den Amtsgerichten, Landgerichten I. Instanz und bei den Oberlandesgerichten, Bezeichnung mit A **80**, 421, 423; in der Berufungsinstanz bei den Landgerichten mit F **80**, 423 — s. a. Liquidationsprozesse, Strafprozeß, Urkundenprozesse, Wechselprozesse — s. a. Prozeßstatistik.
Prozeßgerichte, Zuständigkeit zur Aufnahme von Vergleichen über Alimentation außerehelicher Kinder **64**, 21.
Prozeßkosten, Sicherheitsleistung hiefür im Verkehre mit Österreich **80**, 61 f.; mit Italien **82**, 232.
Prozeßordnung s. Reichs-Strafprozeßordnung, Reichs-Zivilprozeßordnung.
Prozeßregister der Zivil- und Handelskammern der Landgerichte **79**, 819 f.; **80**, 420 ff.; **87**, 332 (Form. **79**, 883 f., 885 f.) — der Amtsgerichte **79**, 821; **80**, 420 ff.; 424; **87**, 332 (Form. **79**, 893 f.) — s. a. Nachschlagregister.
Prozeßstatistik **87**, 327 ff.; **88**, 3.
Prozeßvollmacht, Ermächtigung des Bevollmächtigten hiedurch bezüglich des Zwangsvollstreckungsverfahrens **79**, 1187, 1496 f.
Prüfung der Amtsinventare **68**, 27 — gerichtliche, Zuständigkeit **79**, 93 — für das Gerichtsschreiberamt **79**, 387 f.; **80**, 25 ff., 37; **83**, 27 f.; **86**, 112; **89**, 35 f. — für das Gerichtsvollzieheramt **79**, 611, 713 ff.; **86**, 104 f. — der Richtigkeit der Gebührenansätze und der Überträge in die Gebührenregister durch die Finanzbehörden **79**, 1310 — der Strafkosten **79**, 1432 f., 1444; **81**, 95 — der Geschäftsausweise der Gerichte **80**, 382 ff. — für den niederen Finanzdienst I. Abt., Vorbedingungen zur Zulassung **83**, 68, 68 ff. — der Bewerberverzeichnisse **86**, 17 f. — Ablegung solcher durch Militäranwärter **86**, 30 — für den höheren Justiz- und Verwaltungsdienst **93**, 137 ff., 150 ff. — Ergebnisse der juristischen Prüfungen s. Übersicht — s. a. Nachprüfung, Regulative, Vorprüfung.

Prüfungsgebühr der Rechtskandidaten 93, 141, 163.
Prüfungskommissionen zur Abhaltung der Prüfung für das Gerichtsschreiberamt 79, 387; 80, 26 ff.; 83, 27; für das Gerichtsvollzieheramt 79, 611, 715 ff.; 86, 104 f; aus dem Justizfache 93, 137 ff., 150 ff.
Prüfungslokale bei den Prüfungen für den höheren Justiz- und Verwaltungsdienst 93, 177 ff., 184.
Prüfungszeugnisse der Bewerber um das Gerichtsvollzieheramt 79, 717 — Entrichtung der Gebühren hiefür durch Verwendung von Gebührenmarken 79, 1486, 1489 — der Bewerber um das Gerichtsschreiberamt 80, 32 — Bewertung ders. für die Bewerber um das Gerichtsvollzieher- und Gerichtsschreiberamt 81, 57 — der Rechtspraktikanten 93, 162, 163 (Form. 189) — der geprüften Rechtspraktikanten 93, 183 (Form. 221).
Pulte s. Stehpulte.
Pupillendepositen, Versendung an die K. Bank 78, 209 f.

Q.

Qualifikation der Bewerber um das Gerichtsvollzieheramt 79, 720 f. (Form. 735); 88, 107 f. — der Gerichtsvollzieher 79, 728 ff. (Form. 737) — der Bewerber um das Gerichtsschreiberamt 80, 36 f.; 86, 294; 88, 107 f. (Form. 80, 41) — der Justizbeamten 83, 293 ff., 297 ff. — der Bewerber um Anstellung im höheren Justizstaatsdienst 83, 317 ff.— des niederen Justizpersonals 86, 77 ff., 82; 87, 153; 88, 107; 91, 137 ff.
Qualifikationsbogen der Justizbeamten und Bewerber um Anstellung im höheren Justizstaatsdienst 83, 301 ff., 318 ff. (Form. 313, 315 f.); Bedarf an Formularpapier 84, 53 f. — des niederen Justizpersonals 86, 79 f., 82; 91, 137 f. — Vormerkung über einen Pensionsbezug in dens. 91, 48 — s. a. Personallisten.
Qualitätsbestimmung des Getreides 91, 196 ff.
Quiescenz der Staatsdiener 70, 50 f.
Quittierung s. Abquittierung.
Quittungen, Portofreiheit der als Ausgabsbelege dienenden Quittungen der Zeitungsexpeditionen 66, 266 — über Bezüge der Tagschreiber 71, 71 — der Depositenkommissionen 79, 671 (Form. 691) — der Gerichtsvollzieher über bezahlte Gebühren und Auslagen 79, 1197 — Entrichtung der Gebühren hiefür durch Verwendung von Gebührenmarken 79, 1485, 1488 — Gebührenfreiheit von solchen 79, 1493 f.; 86, 182 – Honorierung und Verrechnung der Quittungen bezüglich des auf Kosten des Ärars angeschafften Formularpapiers der Gerichtsschreiberei durch das Rentamt 79, 1884 — Gebühren von solchen 79, 1896 f.; 86, 182 – über Witwen- und Waisengelder auf grund des Reichsgesetzes vom 13. Juni 1895: 95, 180 ff. (Form. 186 ff.) — s. a. Besoldungsquittungen, Hauptquittungen, Jahresquittungen, Inseratenquittungen, Monatsquittungen, Pensionsquittungen, Quittungsverzeichnis.
Quittungsbücher für die Militärpensionäre der Unterklassen 77, 138 ff., 181 f.; 79, 68; 95, 317 f.
Quittungskarten für die Invaliditäts- und Altersversicherung, Verfahren bei Ausstellung, Umtausch und Erneuerung ders. 90, 333 ff., 336 ff. (Form. 354 ff.)
Quittungsverzeichnis der Gerichtsschreiber über bestrittene Auslagen und Hinausvergütung durchlaufender Gelder 79, 1330 f., 1335 (Form. 1377 f.)

R.

R. Bezeichnung des Tagebuchs für Ersuchen und Aufträge **63**, 109; der Berufungen in Rheinschiffahrtssachen **80**, 431.
Räte des Obersten Landgerichts, Gehalt, Rang und Amtskleidung **79**, 382, 383 — Sitzungskleidung **79**, 392, 1909 ff. — Personalakten **83**, 295 ff. — s. a. Landgerichtsräte, Oberlandesgerichtsräte.
Räumungsbefehle, vollstreckbare Ausfertigung **79**, 772, 773 f., 1499 — als Schuldtitel zur Zwangsvollstreckung **79**, 1498 f.
Randbemerkungen in Schriftstücken der Gerichtsschreiber **79**, 744; der Gerichtsvollzieher **79**, 1192.
Randberichte, amtliche, Vorlage an vorgesetzte Behörden und Stellen mittelst solcher **74**, 109.
Rang der Landwehrbezirkskommandanten **69**, 135 — der Richter **79**, 382 f. — der Staatsanwälte **79**, 385 f. — der Gerichtsschreiber **79**, 389.
Rapportbuch für die Gerichtsgefängnisse **83**, 128, 132 ff. (Form. 157 ff.)
Rasieren der Gefangenen in den Gerichtsgefängnissen **83**, 108, 186 f.
Rasuren, Vermeidung in den auf Notariatsurkunden gesetzten hypothekenamtlichen und obervormundschaftlichen Beschlüssen **65**, 66 f.; in Schriftstücken der Gerichtsschreiber **79**, 744; in Schriftstücken der Gerichtsvollzieher **79**, 1191, 1198; in den Gefängnisbüchern **83**, 128, 181.
Ratdiener bei dem Obersten Landesgerichte und den Oberlandesgerichten, Aufstellung, ständige Unterhaltsbeiträge, Funktionsgehalt, Dienstwohnung und Amtskleidung **79**, 389, 390, 391, 394; **87**, 69 — Besetzung deren Stellen mit Militäranwärtern **86**, 66 — als Aufrückungsstellen **86**, 74 — Personalakten und Qualifikation **86**, 76 ff. — Beurlaubung **88**, 122 ff.
Ratdienersgehilfen, Verpflichtung **66**, 169 f.
Räucherung der Gefängnisräume **83**, 104, 184.
Realanerbieten, Mitwirkung der Gerichtsvollzieher zu solchen **79**, 628, 1189, 1194, 1566 f.
Realitäten, Besitzveränderung von steuerbaren R. in folge Erwerbs durch Erbschaften und Legate **65**, 52; **82**, 208.
Reallastberechtigungen des Staates und der Ablösungskasse, Eintrag solcher in das Hypothekenbuch **86**, 188 f.
Realregister s. Sachregister.
Reate s. Antragsreate.
Rechnerische Behandlung des Gebührenwesens **79**, 1309 ff., 1320 ff. — der Kosten in gerichtlichen Strafsachen **79**, 1425 ff. — der Kosten in Forstrügesachen **79**, 1654 f. — der auf grund des Reichsgesetzes vom 14. Mai 1879 auferlegten Geldstrafen **84**, 33 f.; **85**, 147 f. — s. a. Behandlung.
Rechnungen, Honorierung und Verrechnung des auf Kosten des Ärars angeschafften Formularpapiers der Gerichtsschreibereien durch die Rentämter **79**, 1884 — s. a. Kostenrechnungen, Regierechnungen, Übersicht, Vagantenkostenrechnungen, Vormundschaftsrechnungen.
Rechnungsführende Gerichtsschreiber, Amtsextradition **63**, 50 — Anzeige über deren Aufstellung an das Rentamt **63**, E. H., 6 — Lasten der Tantiemen **63**, E. H., 77 f., 84 — Diensteskautionen **63**, E. H., 100 f. — Verkehr mit Finanzbehörden ꝛc. **63**, E. H., 112 ff. — Geschäftsurlaub **76**, 304 — Besorgung des gerichtlichen Kostenwesens und Tantiemenbezug durch solche bei den Oberlandesgerichten und Landgerichten in den Landesteilen rechts des Rheins **79**, 1315.
Rechnungsgehilfen und **Rechnungsfunktionäre** bei den Strafanstalten, Besetzung deren Stellen mit Militär- und Zivilbewerbern **86**, 12 ff., 68 — Aufrückungsstellen **86**, 75 — Personalakten und Qualifikation **86**, 76 ff.
Rechnungsstellung in Pflegschaftssachen **66**, 229.
Rechnungsverständiger, Verwendung eines solchen bei Herstellung des Entwurfs eines Verteilungsplanes in Subhastationssachen **86**, 284.
Rechnungswesen, Besorgung dess. beim Landgerichte München I: **84**, 119; beim Landgerichte Nürnberg **93**, 13 f.; beim Amtsgerichte Nürnberg 253 f.; beim Landgerichte München II: 254; beim Amtsgerichte Würzburg 256 f. a. 67 f. — s. a. Regierechnungswesen.
Rechte, pragmatische der Richter **79**, 381; der Gerichtsschreiber **79**, 388 — der Mitglieder des Pens.- u. Unterst.-Vereins der Kanzlisten bei den Justizbehörden Bayerns **91**, 148 ff.; s. a. 134.
Rechtsanwälte, Form der Eingabe ders. an öffentliche Behörden und Stellen, dann der Erlasse öffentlicher Behörden und Stellen an dies. **74**, 108 f. — Sitzungskleidung **79**, 392, 1912; **80**, 75 f., 353 f.; **81**, 283 — Beschäftigung und Qualifi-

kation von Bewerbern um das Gerichtsvollzieheramt bei solchen 79, 717, 720 — Protokoll der Gerichtsschreiber über Beeidigung ders. 79, 754, 757 — Zustellung an solche 79, 1239 — Gebühren 79, 1287 ff. — Pfändung 79, 1517 — Beitreibung der Geldstrafe im ehrengerichtlichen Verfahren gegen solche 79, 1558 — Beschäftigung und Qualifikation geprüfter Bewerber um das Gerichtsschreiberamt bei solchen 80, 33, 36 — Anzeigen über deren persönliche und Familien-Verhältnisse an den Zentralausschuß zur Verwaltung des Advokaten-Witwen- und Waisen-Pensionsfonds 80, 109 f. — Satzungen für die Verwaltung des Fonds zur Unterstützung unverschuldet in Not versetzter Advokaten und Rechtsanwälte 84, 219 ff. — Verzeichnisse ders. im Deutschen Reiche 86, 148 — Bewerbungen derselben um Notariatsstellen 86, 267 — Vorbereitungsdienst der Rechtspraktikanten bei dens. 93, 142 ff., 163 ff., 174 f. — Verehelichungsbewilligung 95, 234 — Verzeichnis der in den Rechtsanwaltslisten der Bayerischen Gerichte eingetragenen Rechtsanwälte nach dem Stande vom 1. April 1896: 96, 137 ff. — s. a. Advokaten, Anwalt, Anwaltskammern, Armenrechtssachen, Gebührenordnung, Pensionsanstalt, Rechtsanwaltsordnung, Reichsgebührenordnung; s. a. Übersicht, Zentralausschuß.

Rechtsanwaltsordnung vom 1. Juli 1878, Ausführung 79, 277 ff., 1739; 80, 333, 334 f. — Vollzug des § 18 Abs. 1 und 2: 79, 644 f. — s. a. Anwaltskammern.

Rechtsanwaltschaft, Übersicht der Zulassungen 95, 289 ff., 293.

Rechtshilfe, Einführung des Reichsgesetzes hierüber 71, 96 — Verpflichtung der Gerichte zur Leistung ders. 79, 109 f. — Bestimmungen für die Gerichtsschreiber 79, 817 f. — Zustellungen bei gerichtlichen Entscheidungen über die Verpflichtung zur Leistung ders. 79, 1256 — deren Kosten 79, 1336; 80, 278 f. — Kosten ders. in Strafsachen 80, 278 f.; 85, 109 f.; 86, 113; Übereinkunft mit Baden und Hessen 84, 20 f.; mit Württemberg 84, 28 — in Zivilprozeßsachen, Kosten des Rechtshilfeverkehrs mit Luxemburg 84, 150 f. — Rechtshilfeverkehr in bezug auf die Übereinkunft zwischen dem Deutschen Reiche und Luxemburg wegen gegenseitiger Zulassung der beiderseitigen Staatsangehörigen zum Armenrechte 85, 207 f. — die im Auslande zu erledigenden Ersuchschreiben der Justizbehörden 87, 279 ff.; s. a. diplomatischer Verkehr, Mitteilung — Behandlung der Gerichtsauslagen bei Ersuchen bayerischer Gerichte 88, 144 f.

Rechtskandidaten, verpflichtete, Stellvertretung der Gerichtsschreiber durch solche 79, 106, 607 — s. a. Bewerber um Anstellung im Justizstaatsdienst, Prüfung.

Rechtskraft, Zeugnisse der Gerichtsschreiber hierüber 79, 760 ff.

Rechtsmittel, Instanz gegen Amtsgerichte 79, 97; gegen Landgerichte 79, 99, 100; gegen Oberlandesgerichte 79, 101 — in den nicht zur ordentlichen streitigen Gerichtsbarkeit gehörenden Sachen, Zuständigkeit 79, 97 f., 99, 101 — Anmeldung im schöffengerichtlichen Verfahren 79, Beil. 26 ff. — Anmeldung durch verhaftete Angeklagte 80, 319 — s. a. Berufung, Beschwerde, Revision, weitere Beschwerde.

Rechtsnachfolger s. Erben.

Rechtspflege s. Kriminalstatistik, nichtstreitige Rechtspflege, Statistik.

Rechtspraktikanten, Führung des Tagebuchs für Ersuchen und Aufträge durch dies. 63, 108 — Zulassung, Praxis rc. im Militärverwaltungsdienst 69, 171 ff. — Bewerbung in der Militärverwaltung 71, 106 — Bedingungen des Übertritts von solchen in den Militärverwaltungsdienst 89, 223 ff.; 91, 121 f. — Ausbildung und Verwendung im Justizdienste 80, 121 ff., 237 ff. — Sitzungskleidung 80, 354 — Personalakten und Qualifikation 83, 294, 317 ff. — Verehelichungsbewilligung 95, 234 — s. a. Bewerber um Anstellung im Justizstaatsdienst, Geschäftsverzeichnis, Prüfung, Übersicht, Vorbereitungsdienst.

Rechtsstreite, Beendigung und Vermerk hierüber im Prozeßregister 80, 422.

Rechtsstreitigkeiten, bürgerliche, Gerichtsvollzieher als Vertreter oder Beistände der Parteien in solchen 79, 615 — Protokolle der Gerichtsschreiber über Gesuche und Erklärungen der Beteiligten, dann über gerichtliche Verhandlungen in solchen 79, 748 f., 751 f., 753, 755 f. — Zustellungen in dens. 79, 1233 ff. — Bezeichnung ders. in den Kalendern der Zivilkammern der Landgerichte 80, 428 — Bezeichnung der Parteivertreter bei Urteilsabfassung in solchen 82, 158 — s. a. Urteile.

Rechtsverhältnisse, Auszug aus der Dienstanweisung betr. die Ausübung der Gerichtsbarkeit im Schutzgebiete der Neu-Guinea-Kompagnie vom 1. November 1886: 87, 166 ff. — Erlaß vom 24. Januar 1887, betr. die Ausdehnung von Verfügungen des Reichskanzlers auf die zum Schutzgebiete der Neu-Guinea-Kompagnie gehörigen Inseln der Salomonsgruppe 173 f. — Auszug aus der Dienstanweisung betr. die Ausübung der Gerichtsbarkeit im Schutzgebiete der Marschall-Brown- und Providence-Inseln vom 2. Dezember 1886: **87**, 175 ff.

Referenten, Abgabe des Einlaufs an dies. **63**, 109.

Regie der Gerichtsschreibereien **92**, 135.

Regieaversen, Ausgaben aus dens. **63**, E. H., 83 ff.; **95**, 136 — der Amtsgerichte in der Pfalz **80**, 155 f.

Regiebedarf der Staatsanwaltschaften, Amtsgerichte und Gerichtsgefängnisse in der Pfalz **80**, 157.

Regiebedürfnisse, Mittel hiefür **63**, E. H., 83 f. — der Disziplinargerichte **81**, 286.

Regieersparnisse, Verteilung von Remunerationen und Gratifikationen hieraus **63**, 80 ff.

Regieetats der Gerichte **68**, 145 ff., 149 ff.; **80**, 155 f.; **92**, 117 — der Staatsanwaltschaften **81**, 49.

Regieetatserweiterungen 63, E. H., **83**, 88.

Regieetatspositionen, Rechnungsstellung über Verwendung **63**, E. H., 112 ff.; **80**, 157.

Regieetatsüberschreitungen, Erholung der Nachgenehmigung **63**, E. H., 83, 88.

Regiegeschäfte, Besorgung bei den Gerichten **63**, E. H., 77, 89 f., 112 ff.; **80**, 157.

Regiekosten der Gerichte und Staatsanwaltschaften, Bezahlung und Verrechnung **77**, 249.

Regiemittel, Verfügung über dies. **63**, E. H., 77, 86 f., 89, 113 — Bestreitung der Kosten für Postaufgabebücher hieraus **72**, 66 f. — Bestreitung der Kosten für Anschaffung der Formulare zu Postpacketadressen aus dens. **74**, 33 — Bestreitung der Kosten für Anschaffung der Formulare für das Strafverfahren bei den Schwurgerichten und Landgerichten aus ordentlichen R. **79**, 933.

Regierechnungen der Gerichte und Staatsanwaltschaften **63**, E. H., 83, 113; **67**, 41 f.; **68**, 172; **69**, 255; **92**, 137; **95**, 136.

Regierechnungswesen 63, E., H., 77 ff., 80 ff., 83 ff., 96 f., 113; **64**, 25 ff.; **69**, 255; **92**, 137; **95**, 136.

Regierungen, ausländische, Mitteilung von Strafnachrichten an dies. **88**, 147 ff.; **89**, 201 f.

Regierungsboten, Militärpension **95**, 129.

Regierungsfinanzkammer, Abordnung von Kommissären zur Extradition von Gerichtsschreiberstellen **63**, 50 — Mitteilungen über Urlaub und Geschäftsreisen der Notare an dies. **65**, 1 f. — Vorlage von Beschwerden gegen Gebührenabstriche ders. **75**, 195 — Übermittelung der Urlaubsgesuche der rechnungsführenden Gerichtsschreiber **76**, 304 — revisorische Prüfung der Liquidationen über Kommissionskosten der Gerichtsbeamten **79**, 1331 — Revision der Gebührenregister durch dies. **79**, 1341 f. — Thätigkeit von Kommissären derselben bei der örtlichen Revision des Gebührenwesens bei den Gerichten **79**, 1342 ff. — Prüfung und Einweisung der Kosten in gerichtlichen Strafsachen durch dies. **79**, 1432 f., 1440 ff. — Abgabe von Formularen für den Gefängnisdienst durch dies. **83**, 195.

Regierungsfunktionäre, Militärpension **95**, 128.

Regierungskommissäre, örtliche Revision des Gebührenwesens **79**, 1342 ff.; des Kostenwesens in gerichtlichen Strafsachen **79**, 1441.

Regierungssache, Anbringung des Vermerks „R. S." auf den Postpacketadressen zu portofreien Fahrpostsendungen **74**, 77 f.

Regieverhältnisse, Regelung **79**, 393.

Regiewesen der Gerichte **63**, 114, E. H., 76 ff., 83 ff., 96 f., 101 f., 112 ff.; **64**, 25 ff.; **68**, 145 ff., 149 ff., 172; **69**, 255; **70**, 49 f., 407 f., 485 ff.; **71**, 71; **75**, 313 f.; **77**, 250 f.; **80**, 153; **92**, 136 f.; **95**, 136; in der Pfalz **80**, 154 ff.

Register zu den Hypothekprotokollen **65**, 148 f.; **91**, 219 — über die zur Erhaltung des Vorzugsrechtes angemeldeten Forderungen von Ehefrauen **79**, 222 ff. (Form. 227 ff.) — für Gesuche um Bewilligung des Armenrechts in bürgerlichen Rechtsstreitigkeiten **79**, 306 ff.; **81**, 4 f. (Form. **79**, 311 ff.) — über Ersuchen an die Post um Bewirkung von Zustellungen **79**, 781 ff.; **89**, 251 (Form. **79**, 847 ff.) — für Aufträge an Gerichtsvollzieher **79**, 785, 1189 (Form. 851 ff.) — über zurückgewiesene Gesuche um Zahlungs- und Vollstreckungsbefehle **79**, 803 f. (Form. 857 ff.) — über Gesuche um Erlassung von Rückkehr- und Besserungsbefehlen in Ehesachen **79**, 804 (Form. 861 ff.) — über Entscheidungen auf Gesuche der Parteien in Sachen der nichtstreitigen Gerichtsbarkeit (in der Pfalz) **79**, 804 f. (Form. 865 ff.) — über hinterlegte Entschädigungen für Reisekosten und Versäumnis **79**, 809 (Form. 871 ff.) — der Hypothekenbewahrer, Formularpapier für dies. **80**, 192 — Vorschriften für die Führung gerichtlicher **80**, 420 ff.; **82**,

158 f.; **87**, 327 ff.; **88**, 3; **94**, 137 f. — Beschaffung des Bedarfs an Formularpapier für gerichtliche R. **81**, 4 f. — der Disziplinargerichte **81**, 286 — über Ersuchen an die Post um die Bewirkung von amtswegen angeordneter Zustellungen **81**, 325 (Form. 333 f.); **89**, 251 — über die im Auftrage der Notare durch die Post zu bewirkenden Zustellungen **86**, 278 f. — zum Hauptbuch der Hinterlegungskommission **88**, 229 — s. a. Auslagenregister, Beeidigungsregister, Berufungsregister, Beschwerderegister, Dienstregister, Einzugsregister, Forststrafenregister, Gebührenregister, Genossenschaftsregister, Geschäftsregister, Handelsregister, Konkursregister, Mahnregister, Musterregister, Nachschlageregister, Namensregister, Nebenregister, Personenregister, Protestregister, Prozeßregister, Sachregister, Strafkostenregister, Strafprozeßregister, Strafregister, Sühneregister, Vollstreckungsregister, Vormundschaftsregister, Vorschußregister, Zeichenregister.

Registerführung bei den Gerichten **80**, 420 ff.; **82**, 158 f.; 87, 327 ff.; **88**, 3; **94**, 137 f. — in den Gerichtsgefängnissen **83**, 127 ff. — seitens der Notare in der Pfalz über generelle Weisungen **92**, 37 f. — durch Rechtspraktikanten **93**, 167.

Registratur in Verlassenschaften **63**, 118 f. — in Pflegschaften **64**, 185 ff. — bei den Landgerichten, Besorgung derselben durch vom Obergerichtsschreiber aufgenommene Gehilfen **90**, 86 — in Hypothekfachen, Aufnahme **91**, 89 f.

Registratur=Applikanten bei den Intendanturen, Regulativ über die Annahme, Ausbildung und Prüfung von solchen **89**, 223 ff.; **91**, 122; **96**, 2.

Registraturen, Überfüllung, Ausscheidung und Vernichtung von Akten, Büchern 2c. **69**, 104 f.; **70**, 61 ff., 452, 452 f.; **71**, 23 f. — s. a. Handregistraturen.

Registraturgeschäfte bei den Gerichten, Besorgung durch die Gerichtsschreiber **79**, 605 f.

Registraturkästen, Anschaffung aus Regiemitteln **63**, E. H., 86.

Registraturmanualien, Aufbewahrung **70**, 68.

Registratur=Material, Kosten für Verpackung und Transport des an die Archive abzugebenden R. **82**, 136.

Registraturordnung s. Geschäfts= und Registraturordnung, Nachtrag.

Registraturverzeichnis für Pflegschaften **64**, 185 ff. (Form. 187 f.) — s. a. Namensregister.

Registrierung einzelner richterlicher Anordnungen in Strafsachen bei den Amtsgerichten im Tagebuch für Ersuchen **80**, 380.

Regulative über die Annahme, Ausbildung und Prüfung von Kandidaten zu den Stellen des höheren Militär=Verwaltungsdienstes, dann von Intendantur=Sekretariats= und Registratur=Applikanten **89**, 223 ff.; **91**, 121 f.; **96**, 1 f.

Rehau, Aufhebung des Notariats **87**, 153.

Reichsangehörige, Deutsche, Eheschließung im Auslande **71**, 175 — Behandlung des Nachlasses von solchen im Auslande durch Konsuln **71**, 183 ff. — Erbansprüche solcher in den Niederlanden **85**, 161 ff.

Reichsangehörigkeit, Erwerbung **71**, 97.

Reichsbanknoten, Behandlung nachgemachter und verfälschter R. **77**, **34** ff.

Reichsbeamte, Kautionen **71**, 95.

Reichsbehörden, Besetzung der Subaltern= und Unterbeamtenstellen bei dens. mit Militäranwärtern **86**, 11 ff., 20 ff., 41 ff., 64 f.

Reichsdienst, Verzeichnis der den Militäranwärtern in dems. vorbehaltenen Stellen **86**, 23 f., 49 ff.

Reichsdienstsache, Anbringung dieses Vermerks auf den Postpacketadressen zu portofreien Fahrpostsendungen **74**, 77 f.

Reichsgebiet s. Ausweisung.

Reichs=Gebührenordnung v. 24. Juni 1878 bezw. 29. Juni 1881 für Gerichtsvollzieher, Vollzug der § 4 Abs. 2, §§ 12, 13: **83**, 359; des § 5: **90**, 76 f.; des § 15: **81**, 331 — vom 30. Juni 1878 für Zeugen und Sachverständige, Vollzug des § 7: **80**, 277 f.; **81**, 64 f.; des § 13: **80**, 221 f.; des § 14: **84**, 17 — vom 7. Juli 1879 für Rechtsanwälte, Vollzug **79**, 1287 ff. — s. a. Gebührenordnung.

Reichsgericht, Einziehung und Verrechnung der für dessen Geschäfte in Ansatz kommenden Kosten **79**, 1580 f., 1581 ff.; **86**, 126; **87**, 239 ff. — Geschäftsordnung **80**, 126 ff.; **86**, 249 ff. — Verkehr mit dems. und der Reichsanwaltschaft **80**, 317 ff. — Dienst= und Geschäftsverhältnisse der bei dems. mit den Zustellungen zu beauftragenden Beamten **83**, 226 ff.

Reichs=Gerichtskostengesetz v. 18. Juni 1878 bezw. 29. Juni 1881, Ausführung **79**, 1309 ff. — Vollzug **79**, 1317 ff., 1870 — Formulare **79**, 1881 ff. — Anwendung des § 85 dess. im Verkehre mit Österreich **80**, 61 f. — Vollzugsvorschriften zum Gesetze über Abänderung von Bestimmungen dess. **81**, 319 ff., 323 ff., 335 ff. Vollzug des § 4: **79**, 1345, 1351; **80**, 426 — des § 5: **79**, 1343, 1351 — des § 6: **79**, 1346 f. — des § 7: **79**, 1320, 1870; **80**, 285 — des § 12: **86**, 180

— des § 16: **79**, 1345, 1351; **80**, 426 — des § 21 Abs. 3 und § 22 Abs. 1: **79**, 1327 — des § 40: **86**, 178 — des § 46: **79**, 1327, 1346 f.; **80**, 287; **86**, 179 — des § 47: **80**, 426 — des § 48: **80**, 426 — des § 59: **79**, Beil., 24; **80**, 285 — des § 64: **79**, Beil., 24 — des § 79: **79**, 1436 — des § 80: **79**, 1333, 1436; **80**, 51, 138 f., 462 f.; **86**, 179, 184 — des § 80a: **81**, 330 f.; **86**, 179, 184 — des § 80b: **81**, 321 f.; **82**, 165 f.; **86**, 178, 184 — des § 81: **79**, 1328; **80**, 287; **81**, 517; **82**, 84 — des § 83: **79**, 1433, 1435, 1438 — des § 84: **79**, 1327, 1435, 1438, Beil., 20; **80**, 287 f.; **81**, 322 — des § 85: **80**, 61 f. — des § 86: **79**, 1329 — des § 87: **79**, 1329 — des § 88: **79**, 1329 — des § 90: **79**, 1327, 1328; **81**, 518 — des § 93: **79**, 1327, 1436 — des § 94 Nr. 1: **79**, 1327, 1328, 1334; **80**, 422 — des § 95: **79**, 1328; **80**, 287 — des § 96: **79**, 1436 — des § 99: **80**, 270.

Reichs-Gerichtsverfassungsgesetz v. 27. Januar 1877, Vollzug in bezug auf die Gerichtsbezirke **79**, 112 ff.; auf Bildung der Schwurgerichtsbezirke **79**, 176 f.; auf Rheinschiffahrtsgerichte **79**, 257 ff.; auf Vorbereitung der periodischen Sitzungen der Schwurgerichte **79**, 354 ff.; **81**, 187 ff.; auf Vergleichsbehörden in Beleidigungssachen **79**, 369 ff.; auf Bildung der Handelskammern **79**, 533 ff.; auf Hilfsbeamte der Staatsanwaltschaft **79**, 536 f., 538 ff.; auf Gerichtsschreibereien **79**, 605 ff.; auf Dienstverhältnisse der Gerichtsvollzieher **79**, 610 ff.; auf Amtsanwaltschaft **79**, 1179 f.; auf Schöffen- und Geschworenendienst **80**, 290 ff. Vollzug im Allgemeinen **79**, 112 ff. — des § 8: **81**, 297 ff. — der §§ 18, 19: **93**, 75 f. — der §§ 31—38: **80**, 290 ff. — der §§ 32—36: **79**, 96; **87**, 164 — des § 40: **79**, 95; **80**, 295, 296 f., 298 — des § 41: **79**, 331 ff. — des § 42: **80**, 298, 300 — des § 46: **80**, 301; **83**, 213 ff. — des § 47: **80**, 301 — des § 48 Abs. 2 und § 49 Abs. 2: **80**, 299 — des § 51: **79**, Beil., 21 — des § 53: **79**, 96; **80**, 293, 296 — des § 56: **80**, 301 — der §§ 59, 60: **79**, 1879 f. — der §§ 61—68: **79**, 97 f., 101 — des § 63 Abs. 2 und § 65: **80**, 249 — des § 77: **79**, 97 f. — der §§ 79 ff.: **79**, 354 ff. — des § 80: **80**, 431 — des § 85: **80**, 290; **87**, 164 des § 87: **80**, 298 — der §§ 89 ff.: **80**, 298, 300 — des § 97: **80**, 299 — des § 100: **79**, 98, 533 ff., 741 ff. — des § 120: **79**, 1879 f. — der §§ 121, 124: **79**, 100 — des § 141: **80**, 126 ff.; **86**, 250 f. — des § 153: **79**, 536 f., 538 ff. — des § 154: **79**, 605 ff. — des § 155: **79**, 610 ff. — des § 156: **79**, 106 — der §§ 158—160: **79**, 110 — des § 160: **79**, Beil., 28 — des § 162: **79**, 110 — des § 163: **79**, Beil., 32 — des § 164: **79**, 110, Beil., 32 — des § 165: **79**, 1336; **83**, 194 f. — des § 165 Abs. 1: **80**, 278 f.; **85**, 109 f. — des § 165 Abs. 3: **84**, 20 f., 28 — des § 167: **79**, 110 — der §§ 170—176 und §§ 177—185: **79**, 110 — der §§ 178, 182: **83**, 78 — des § 183: **79**, Beil., 28 — der §§ 194—199: **79**, 110 — des § 195 Abs. 2: **80**, 181 ff. — s. a. Ausführungsgesetz.

Reichsgesetzblatt, Bezug **83**, 7.

Reichsgesetze, Einführung Norddeutscher Bundesgesetze als Reichsgesetze in Bayern **71**, 93 f., 94 ff.

Reichsgoldmünzen, einheitliche Benennung **75**, 126 f.

Reichsheer s. Witwen.

Reichskassascheine, Behandlung nachgemachter und verfälschter, sowie beschädigter und unbrauchbar gewordener **76**, 291 ff. — als Zahlungsmittel bei den bayerischen Kassen **77**, 1 f.

Reichs-Konkursordnung vom 10. Februar 1877, Vollzug der §§ 112 u. 113: **79**, 105 f., 106; des § 184: **80**, 424 — s. a. Ausführungsgesetz.

Reichskonsuln, Amtsrechte und Pflichten **71**, 95 — allgemeine Dienstesinstruktion **71**, 169 ff. — Amtseid **71**, 173 f. — Notariatsbefugnisse **71**, 176 ff. — Eidesabnahmen und Zeugenvernehmungen **72**, 67 ff., 208 f.; **95**, 98 ff. — Verkehr mit dens. **72**, 208 f. — Gebühren und Kosten bei den Reichskonsulaten **72**, 225 f., 227 ff. — s. a. Konsuln, Übersicht.

Reichskonsularwesen **95**, 97 ff. — s. a. Konsularwesen.

Reichs-Militärpensionsgesetz **91**, 49 f. — Vollzug der Novelle hiezu vom 22. Mai 1893: **94**, 139 f.

Reichsmünzen, Verpackung **75**, 298 ff. — Behandlung nachgemachter, verfälschter oder nicht mehr umlaufsfähiger R. **76**, 233, 234 ff. — gewaltsam beschädigter, vollwichtiger, Behandlung **78**, 49 f.

Reichsmünzgesetz, Vollzug, Markzeichen **74**, 275 — Verpackung der neuen Nickelmünzen **87**, 117.

Reichsschuldbuch, Eröffnung **92**, 93 ff.

Reichsstempelabgaben s. Statistik.

Reichs-Stempelabgabengesetz vom 1. Juli 1881, die Kontrole der Anwendung dess. **82**, 34.

Reichs-Strafgesetzbuch vom 15. Mai 1871, Vollzug der §§ 23—26: **72**, 2 ff., 44 f. — der §§ 38 und 39: **72**, 93 ff. — des § 39: **73**, 185 f., 186 f. — des § 56: **72**, 16, 16 ff., 181; **79**, 1893 f. — des § 79: **85**, 159 ff. — des § 197: **73**, 91 — des § 284: **73**, 185 f., 186 f. — des § 362 Abs. 2 und 3: **73**, 185 f., 186 f.; **91**, 65 ff.; **80**, 151 f. — s. a. Übersicht.
Reichs-Strafprozeßordnung v. 1. Februar 1877, Vollzug in bezug auf einfache Mitteilungen und vereinfachte Zustellungen **79**, 554 ff.; in bezug auf Registratur- und Geschäftsordnung bei der Staatsanwaltschaft der Landgerichte **79**, 565 ff.; in bezug auf Formulare für das Strafverfahren bei den Schwurgerichten und Landgerichten **79**, 933, 934 ff.; **84**, 49 f., 201 f. — Einfluß der §§ 487—490 auf die Strafvollstreckung **79**, 1170 ff. — Vollzug **80**, 197 ff., 317 ff. — Vollzug des § 35: **79**, Beil., 25 — des § 39: **79**, 554 f., 1250 f.; **81**, 327 f. — des § 41: **79**, Beil., 25 — des § 48 Abs. 2: **80**, 197, — des § 50 letzter Abs.: **80**, 198 f. — des § 53: **85**, 145 f. — des § 67: **94**, 171 f. — der §§ 87—91: **81**, 6 ff. — der §§ 98, 105: **80**, 200 — der §§ 115 und 128: **87**, 116 — des § 157: **79**, 1573 ff. — des § 170: **80**, 425 — des § 211: **79**, Beil., 21 f.; **80**, 426 — des § 219: **90**, 75 f. — des § 267: **80**, 318 — der §§ 271—273: **79**, Beil., 22 f. — des **273** Abs. 3: **86**, 168 — des § 339: **79**, Beil., 27 — des § 348: **79**, Beil., 28 — des § 355 Abs. 2: **79**, Beil., 24 f. — des § 356: **79**, Beil., 27 — des § 357: **79**, Beil., 25 — der §§ 361, 362: **79**, Beil., 28 — des § 381: **80**, 318 f. — des § 383 Abs. 2: **80**, 319 — des § 397: **80**, 431 — des § 420: **79**, 369 ff. — des § 422: **79**, Beil., 19 — des § 425 Abs. 2: **81**, 375 — des § 430: **79**, Beil., 28 — des § 483 Abs. 3: **79**, Beil., 28 — des § 486: **80**, 253 ff. — der §§ 487—490: **79**, 1170 ff.; s. a. **92**, 289 f. — des § 488: **79**, Beil., 33 — des § 489 Abs. 2 und 3: **79**, Beil., 32 — s. a. Ausführungsgesetz.
Reichstag, Anschaffung der Verhandlungen dess. **71**, 61 f. — Beleidigungen des Deutschen Reichstags **73**, 91 — s. a. Wahlen.
Reichswährung, Einfluß in bezug auf das Hypothekenwesen **75**, 330 — s. a. Geldsätze.
Reichs-Zivilprozeßordnung vom 30. Januar 1877, Vollzug der Bestimmungen ders. über Armenrecht **79**, 305 ff.; über Mahnverfahren **79**, 314 ff. — Anwendung des § 102 im Verkehr mit Österreich **80**, 61 f.; mit Italien **82**, 232. Vollzug des § 102: **80**, 61 f., **82**, 232 — des § 107 Nr. 3: **82**, 133 f. — des § 109 Abs. 2: **79**, 305 ff. — des § 124: **79**, 753 — der §§ 136, 138: **80**, 420 f. — des § 156: **80**, 280 f. — des § 167: **79**, 557 ff.; **89**, 248 f. — des § 171: 80, 424 — der §§ 182, 185: **81**, 360 f. — des § 284 Nr. 1: **82**, 158 — des § 313: **80**, 428 — der §§ 343, 345 letzter Absatz: **80**, 197 f. — des § 360: **94**, 171 f. — des § **448** Abs. 2 und 3: **80**, 421 — der §§ 461, 471: **80**, **426** — des § 492: **85**, 159 ff. — des § 563: **80**, 421, 423 — der §§ 568, 592: **80**, 421 — des § 569: **87**, 56 f. — des § 595: **84**, 8; **95**, 70 ff.; s. a. 73 f. — der §§ 605, 620: **80**, 421 — des § 621: **84**, 8 — der §§ 624, 626: **80**, 421 — der §§ 628—643: **79**, 314 ff.; **81**, 370 f. — des § 673: **80**, 199 — des § 678 Abs. 3: **82**, 70 f. — des § 678 Abs. 3 und § 679: **79**, 559 f. — des § 681: **80**, 424 — des § 699: **80**, 199 — der §§ 730 ff.: **82**, 13—16; **95**, 1 f., 3 ff., 58 ff.; s. a. **94**, 93 f. — der §§ **747**, 751, 752: **80**, 421 — des § 793: **80**, 199 — des § 836: **80**, 420 — s. a. Ausführungsgesetz.
Reichszivilverwaltung s. Witwen.
Reihenfolge der Beamten bei öffentlichen Feierlichkeiten **63**, 102; **64**, 150 f., 179 f.; **65**, 91; **69**, 135 — der geprüften Rechtspraktikanten **93**, 149, 183, 184 — s. a. Klassifikationstabelle.
Reinigung der Gerichtslokalitäten, Gänge, Öfen ꝛc. **63**, E. H., 82, 83, 87 f.; **80**, 155 f. — der Öfen durch den Hafner, ständige Bauausgabe **64**, 26 — der Tapeten in Amtsräumlichkeiten **67**, 98 f. — der Schüblinge **68**, 62 ff. — der Rauchrohre in den Dienstwohnungen der Gefängniswärter, Kosten **75**, 204 — der Gefangenen in den Gerichtsgefängnissen **83**, 92, 187 — der Hafträume in den Gerichtsgefängnissen **83**, 101, 186 — der Wäsche der Gefangenen in den Gerichtsgefängnissen **83**, 106, 186 — Reinigung der Prüfungslokale anläßlich der Prüfung für den höheren Justiz- und Verwaltungsdienst **93**, 184.
Reinlichkeit in den Gerichtsgefängnissen **83**, 103 f.
Reinschriften, Anfertigung durch Gerichtsschreiber **63**, E. H., 16 — Unstatthaftigkeit der Erhebung einer Schreibgebühr für solche R., welche als Urschriften gerichtlicher Entscheidungen den Akten einverleibt werden **81**, 330 f.
Reiseentschädigung der Zeugen und Sachverständigen, Berechnung **80**, 277 f.; **81**, 64 f.

Reisekosten der Beamten und Bediensteten des Zivilstaatsdienstes bei auswärtigen Dienstgeschäften **75**, 50 ff., 58 ff. — der Gerichtsvollzieher **79**, 629, 1204, 1215; **81**, 328, 331 f. — Hinterlegung der für solche an Zeugen und Sachverständige zu leistenden Entschädigung auf der Gerichtsschreiberei **79**, 808 ff.; **90**, 75 f. — Liquidation der Reisekosten des Gerichtspersonals in gerichtlichen Strafsachen und Eintrag ders. in die Kostenverzeichnisse **79**, 1427, 1433 (Form. 1449 ff.) — der mit Stellvertretung betrauten Richter, Liquidationen hierüber **82**, 257 — Vergütung solcher an Geschworene, Schöffen und Vertrauensmänner **83**, 349 f. — der Amtsärzte **91**, 170 f. — s. a. Vorschüsse.

Reisen s. Geschäftsreisen, Visitationsreisen.

Reiseunterstützungen an entlassene Sträflinge **71**, 26.

Rekruten, Mitteilungen über gerichtliche Bestrafungen ꝛc. von solchen **91**, 33.

Rektorate, Mitteilungen an dies. über strafrechtliche Untersuchungen und Verurteilungen **64**, 22; **79**, Beil., 38; **80**, 279 f.

Remunerationen des Kanzlei- und Botenpersonals aus Regieerträgnissen **63**, 80 ff. — der bei Aktenausscheidungen verwendeten Bediensteten **65**, 58; **70**, 69; **77**, 14 f.; **81**, 432 f.; **95**, 114 f. — der Gerichtsschreiber für Besorgung des Schubwesens **68**, 126 — für Herstellung des Entwurfs des Verteilungsplanes in Subhastationssachen **86**, 284 — für besondere Dienstleistungen an Mitglieder des Verwaltungsrates des Pens.- u. Unterst.-Vereins der Kanzlisten bei den Justizbehörden Bayerns **91**, 154 — der Mitglieder der Prüfungskommissionen für den höheren Justiz- und Verwaltungsdienst **93**, 141.

Renner zu Pflegschafts- und Verlassenschaftsakten **63**, 118, 119 — zu Akten der Landgerichte in bürgerlichen Rechtsstreitigkeiten **79**, 819.

Rentämter, Mitteilung ders. über Immobiliarummessungen an die Hypothekenämter **63**, 198 ff.; **68**, 243 f. — Anzeige der Aufstellung rechnungsführender Gerichtsschreiber an dies. **63**, E. H., 6 — Mitteilung der Notare bezüglich der Besitzveränderungen an dies. **64**, 5 ff. — Abgabe von Zeitungen an dies. **71**, 66 — Bezahlung und Verrechnung der Regiekosten der Gerichte durch dies. **77**, 249 — Behandlung des Gebührenwesens bei dens. **79**, 1314, 1320 ff., 1337 ff.; des Kostenwesens in gerichtlichen Strafsachen bei dens. **79**, 1425 ff.; im Forstrügeverfahren **79**, 1654 ff. — Beitreibung der Geldstrafen und Kostenbeträge durch dies. **79**, 1315; **80**, 468 — Mitteilung der Gerichtsschreiber an dies. bezüglich der Änderung in der Person eines Zahlungspflichtigen in Ansehung von Gebührenrückständen **79**, 1335 — Akteneinsicht durch dies. **79**, 1340 — Honorierung und Verrechnung der Rechnungen bezw. Quittungen bezüglich des auf Kosten des Ärars angeschafften Formularpapiers der Gerichtsschreibereien durch dies. **79**, 1884 — Zuständigkeit zur Bestreitung und Verrechnung der Gerichtsvollziehergebühren in Strafsachen **80**, 142 f. — Kompetenzverhältnisse der Rentämter in München und Nürnberg **80**, 183 f. — Verwahrung der Duplikate ihrer Kasseschlüssel **80**, 251 f. — Zusammenstellung der durch Einhebung der Geldstrafen erledigten Nummern des Anzeigeverzeichnisses **80**, 314 — Übersendung der Liquidationen der Gerichtsvollzieher an dies. durch Gerichtsschreiber **81**, 337 — Korrespondenz mit mittelbaren Gemeindebehörden **85**, 75 f. — Verzeichnisse ders. über die des Eintrags in das Hypothekenbuch bedürfenden Grundgefälle **86**, 187 f., 188 f.

Rentamtsdiener, Militärpensionen **95**, 129.

Reparatur von Gefängnisgerätschaften **63**, E. H., 71 ff.; **71**, 119 — von Mobilien und in den Geschäftslokalitäten der Gerichte **63**, E. H., 78, 84, 85 f., 87 — von Wasserbehältern und Öfen **64**, 26 — von Wasserleitungen ꝛc. in Staatsgebäuden **81**, 413 ff. — von Schlüsseln und Läutapparaten in den Amtsräumlichkeiten **82**, 301 f.

Repartition von Grundlasten **63**, E. H., 39.

Repertorien, Bestreitung des Buchbinderlohns hiefür **63**, E. H., 87 — laufender und reponierter Akten, Aufbewahrung **70**, 68 — Delierung ausgeschiedener Akten in dens. **70**, 68 — der Hypothekenbewahrer **80**, 192, 194 — s. a. Flächenrepertorien.

Repertorium für die reponierten Verlassenschaftsakten (Verlassenschaftsverzeichnis) **63**, 119 — für die reponierten Pflegschaftsakten (Registratur-Verzeichnis) **64**, 187 — zur Sammlung allgemeiner Erlasse **66**, 326 ff.; **87**, 140 — zum Vorschußregister **79**, 1330.

Repositur, Hinterlegung der erledigten Verlassenschaftsakten und Pflegschaftsakten in ders. **63**, 118; **64**, 186 f.

Requisitionen an auswärtige Behörden um Verhaftung flüchtiger Verbrecher **63**, 205 f., 210 f.; **65**, 99 f. — in das

Ausland, Förmlichkeiten hiebei **64**, 63 f. — an Amerikanische Behörden **72**, 67 ff. — an K. Italienische Behörden **78**, 131; **82**, 169 — um Vollstreckung von Freiheitsstrafen, Benützung der Formulare hiezu **80**, 6 ff. — der Justizbehörden an Konsulate, Kostenerstattung **84**, 3 f. — Form der für Frankreich bestimmten gerichtlichen R. **85**, 110 f. — s. a. Auslieferung, Ersuchen, Haftrequisitionen.

Requisitionsakten, Vernichtung **70**, 67.

Requisitionsschreiben an auswärtige Gerichtsschreiber wegen Beauftragung eines Gerichtsvollziehers in schöffengerichtlichen Strafsachen, **79**, Beil., 18 (Form. 81); in landgerichtlichen und schwurgerichtlichen Strafsachen, Formular **79**, 1001 — um Zustellungen im Auslande, Vorlage an das Justizministerium durch Vermittelung der Staatsanwaltschaft **81**, 361.

Reserveoffiziere, Mitteilungen über gerichtliche Bestrafungen ꝛc. solcher **91**, 35 f.

Revision, technische, von Kostenvoranschlägen **65**, 68 f. — der Qualifikation der geprüften Bewerber um das Gerichtsvollzieheramt **79**, 720 – der Qualifikation der Gerichtsvollzieher **79** 728 f. — der Gebührenregister **79**, 1341 f. — der Strafkosten **79**, 1432 f., 1441 — der Qualifikation der geprüften Bewerber um das Gerichtsschreiberamt **80**, 36 — in Strafsachen, Aktenanlage ꝛc. **80**, 317 ff. — der Inventarsstücke in den Gerichtsgefängnissen **83**, 81, 192 — der Gehaltsnormen für die pragmatischen Staatsdiener **92**, 143 ff. — s. a. Erinnerungen, revisorische; örtliche Revision.

Revisionen, Zuständigkeit des Oberlandesgerichts in München für Revisionen in Strafsachen **79**, 100 — gegen Urteile in Strafsachen, Bezeichnung **80**, 431.

Revisionsanmeldungen, Aufnahme solcher durch Gerichtsschreiber **80**, 319.

Revisionsanträge verhafteter Angeklagter, sofortige Aufnahme durch Gerichtsschreiber **80**, 319.

Revisionsprotokolle im Gebührenwesen **79**, 1342, 1344 — s. a. Abschriften.

Rheinschiffahrtsakte, revidierte, vom 17. Oktober 1868, Gerichtsbarkeit nach ders. **79**, 91, 257 ff.

Rheinschiffahrtsgerichte 79, 91, 257 ff. — Entscheidungen derselben als Schuldtitel zur Zwangsvollstreckung **79**, 1500.

Rheinschiffahrtssachen, Zustellungen in solchen **79**, 1256, 1257 — Entscheidungen in dens. als Schuldtitel zur Zwangsvollstreckung **79**, 1500 — Bezeichnung mit R. **80**, 425, 428, 430, 431.

Richteramt, Ausführungsbestimmungen zum Reichs-Gerichtsverfassungsgesetze **79**, 89 f., 381 ff.

Richteramtseid 79, 89 f.

Richterbeamte, Geldaversen für Anschaffung von Schreibmaterialien **63**, E. H., 78 — Diensteskautionen ders. als Depositalbeamte **63**, E. H., 100 — Ernennung, Amtseid, Anstellung, Ausschließung und Wohnsitz **79**, 89 f. — Verzögerungsbeschwerden gegen dies. **79**, 108 f. — dienstliche Stellung, Rang und Gehaltsverhältnisse, Amtskleidung und Dienstzeichen **79**, 381 ff. — Sitzungskleidung **79**, 392, 1909 ff. — Protokoll der Gerichtsschreiber über Beeidigung ders. **79**, 754, 757 — Erlaubniserteilung zur Vornahme von Geschäften der Gerichtsvollzieher an Sonn- und Feiertagen, sowie zur Nachtzeit **79**, 1194 f. — Vormerkung der Strafkosten in den Akten durch dies. **79**, 1434 — Liquidation der Tagegelder und Reisekosten der mit Stellvertretung betrauten R. **82**, 257 — Beurlaubung **88**, 122 ff. — s. a. Disziplinargesetz, Ergänzungsrichter.

Riemenböden, Verwendung und Behandlung in Staatsgebäuden **81**, 202 f.

Robe, Bestandteil der Sitzungskleidung **79**, 392, 1909 ff.

Roleaux, Anschaffung aus Regiemitteln **63**, E. H., 86.

Rubriken der Hypothekenbuchfolien, Fortsetzung und Übertragung **69**, 179 ff.

Rückempfangsbescheinigungen über zurückgegebene Urkunden und Schriftstücke für Gerichtsvollzieher **79**, 1196 f., 1210.

Rückersatz bezahlter Gebühren und Auslagen, Verjährung des Anspruchs hierauf **79**, 1351 — der Verpflegskosten bei den Strafanstaltsverwaltungen, Berechnung **94**, 259 f.

Rückkehrbefehle 79, 804.

Rücklauf, Behandlung **63**, 111 f.

Rückstände im Gebührenwesen **79**, 1322 f., 1335, 1339 f. — im Kostenwesen **79**, 1441 f. — im Forstrügeverfahren **79**, 1658 — an Beiträgen zum Pens.- und Unterst.-Verein der Kanzlisten bei den Justizbehörden Bayerns **91**, 143 — s. a. Gebührenrückstände, Strafvollzugsrückstände.

Rückvergütungen im Gebührenwesen **79**, 1328 f., 1345 ff. — im Kostenwesen **79**, 1443.

Rüge wegen Verfehlungen nicht disziplinärer Natur des Gerichtsvollziehers **79**, 726.

Ruhestand, unfreiwillige Versetzung richterlicher Beamten in dens. **81**, 272 ff.

Rußland, Zusammenstellung der wesentlichsten Bestimmungen der Gerichtsverfassung und des Zivilprozeßverfahrens dortselbst **83**, 247 ff. — Verzeichnis der russischen Gerichte **83**, 253 ff.; **84**, 44 f. — Justizverhältnisse mit dems. **85**, 95 ff. — Vereinbarung wegen gegenseitiger Anerkennung der Aktiengesellschaften **85**, 184 f. — Diplomatischer Verkehr hiemit **87**, 299 f. — Austausch von Strafnachrichten hiemit **88**, 147, 149 — s. a. Erwirkung von Auslieferungen, insbes. **90**, 241 f.; Beglaubigung.

S.

Sachleitung betreffende Verhandlungen und Verfügungen, Gebührenfreiheit in Parteisachen **79**, 1319.

Sachregister zum Hypothekenbuch, Anlage **63**, 85 ff. (Form. 89) — Fortführung **63**, 198 f., 199 f.; **68**, 242 ff.; **86**, 189; **88**, 164 — Richtigstellung nach dem Metermaß **77**, 258; **78**, 15.

Sachsen, Beglaubigung von Gerichts- und Notariatsurkunden zum Gebrauche dortselbst **66**, 13 f.; **73**, 41 ff. — s. a. Militärfiskus, Nachweisung.

Sachverständige, Gebühren in gerichtlichen Strafsachen **63**, 183 ff.; **64**, 206; **79**, 1427 ff., 1433; **84**, 223 f. — Hinterlegung der denselben für Reisekosten und Versäumnis zu leistenden Entschädigung auf der Gerichtsschreiberei **79**, 808 ff., 1253 f.; **90**, 75 f. — sofortige Auszahlung der Gebühren in bürgerlichen Rechtsstreitigkeiten **79**, 1331 — Gebührenfreiheit der Quittungen ders. **79**, 1493 — zwangsweise Beitreibung der gegen sie ausgesprochenen Geldstrafen **79**, 1558 — Berechnung der Reiseentschädigung ders. **80**, 277 f. — Vernehmung im Disziplinarverfahren gegen richterliche Beamte **81**, 257, 258 f., 262 f. — von Amtsanwälten oder Staatsanwälten außerhalb der Rentamtssitze vernommene, Gebührenzahlung **84**, 223 f. — s. a. Reichsgebührenordnung, Sachverständigenladung, Übersicht.

Sachverständigenladung in schöffengerichtlichen Strafsachen **79**, Beil., 17, 18 f., 20 (Form. 77, 89 ff., 143 ff.) — in der Voruntersuchung oder in dem die öffentliche Klage vorbereitenden Verfahren durch einfache Mitteilung **79**, 556; **81**, 283 — im Gerichtsschreiberdienst **79**, 778 ff., 786 ff. — im Strafverfahren bei den Schwurgerichten und Landgerichten, Formulare **79**, 971 ff.; **81**, 375 — Zustellung ders. (insbesondere der unmittelbaren) in Strafsachen **79**, 1250, 1252 ff. — Form **80**, 461 f. — im Disziplinarverfahren gegen richterliche Beamte **81**, 260 f., 283 — bei Vergehen gegen das Reichsgesetz vom 14. Mai 1879, betr. den Verkehr mit Nahrungsmittel, Genußmittel und Gebrauchsgegenständen **92**, 189 f.

Sachverständigen-Vereine, literarische und musikalische **71**, 346 ff.; **72**, 89 ff.; **79**, 1579; **83**, 66 f. — künstlerische, photographische und gewerbliche **76**, 171 ff., 238 ff.; **79**, 1578 f.; **83**, 66 f.

Sachziffer des amtsanwaltschaftlichen Anzeigeverzeichnisses **79**, Beil., 41, 50 f., 56 f., 80, 208.

Salarien der Hypothekenbewahrer **79**, 1320; **80**, 192.

Salomons-Inseln s. Rechtsverhältnisse.

Salzwerke, Militärpensionen des Aufsichtspersonals derselben **95**, 128.

Sammelakten **63**, 120 f.; **87**, 140 — für die Protokolle über Beeidigung der Schöffen **79**, Beil., 21 (Form. 151) — der Gerichtsvollzieher **79**, 1210 f., 1213 — zu Aktenstücken in Vormundschaftssachen in der Pfalz **88**, 271.

Satzungen s. Pensions- und Unterstützungsverein, Pensionsanstalt, Pensionsverein, Unterstützungsverein.

Schafe, Pfändung **79**, 1516.

Schadensersatz, Verbindlichkeit hiezu für Tödtungen und Körperverletzungen beim Betriebe von Eisenbahnen, Bergwerken 2c. **71**, 124 ff.

Schadensschätzer in Steuernachlaßsachen, Beeidigung **76**, 146.

Schätzleute, technische Prüfung von Kostenvoranschlägen durch gerichtlich verpflichtete Sch. **65**, 68 f. — Protokolle der Gerichtsschreiber über Beeidigung ders. **79**, 754, 757 — s. a. Hypothekenschätzer.

Schätzung gepfändeter Gold- und Silbersachen und anderer Kostbarkeiten vor der Verwertung **79**, 1524 — s. a. Hypothekenschätzungen.
Schiedsrichterliches Verfahren, Zustellungen in dems. **79**, 1526 f. — Sprüche in dems. als Schuldtitel zur Zwangsvollstreckung **79**, 1498, 1501.
Schiffahrt s. Binnenschiffahrt.
Schiffe, bewohnte, Zwangsvollstreckung zur Herausgabe solcher **79**, 1547 f. — s. a. Kauffahrteischiffe.
Schiffsbriefe, Ausfertigung **95**, 303 f. (Form. B 311 ff.).
Schiffsregister, Führung **95**, 297 f., 298 ff. (Form. A 305 ff.).
Schilde s. Amtsschilde.
Schillingsfürst, Aufhebung des Notariats **87**, 153.
Schließung der Geschäftsbücher des Gemeinschuldners durch Gerichtsschreiber nach Eröffnung des Konkursverfahrens **79**, 812 f.
Schlösser, Einölen und Reparaturen in Gefängnisgebäuden **70**, 193.
Schlüssel für Amtsräumlichkeiten, Kosten **82**, 301 f. — s. a. Kasseschlüssel.
Schneeballenkollekten **93**, 77 f.
Schnellzüge, Beförderung von Schubgefangenen in solchen unzulässig **95**, 41.
Schöffen, Protokoll der Gerichtsschreiber über Auslosung und Beeidigung **79**, 754, Beil., 21 — zwangsweise Beitreibung der gegen dieselben ausgesprochenen Geldstrafen **79**, 1558 — nochmalige Benachrichtigung derselben von den Sitzungstagen **83**, 213 ff.; **84**, 43 f. — Vergütung von Reisekosten an dies. **83**, 349 f. — s. a. Schöffendienst.
Schöffendienst, Herstellung der Listen, dann Wahlen für dens. **79**, 331 ff.; **80**, 290 ff.; **81**, 374, 374 f.; **83**, 13 ff.; **87**, 164 — Druckformulare hiefür **79**, 334; **84**, 32 — Vorschriften hierüber **83**, 213 ff.; **84**, 43 f.
Schöffengerichte **79**, 95 f. — Vorschriften für die Geschäftsbehandlung in den zu deren Zuständigkeit gehörigen Strafsachen **79**, 377 f. und Beil.; **80**, 6 ff.; **81**, 58 ff.
Schöffensitzungen **79**, Beil., 14 f.
Schreibaversen s. Aversen.
Schreiben, Behandlung portopflichtiger Sch. **72**, 20 f. — im Gerichtsschreiberdienste **79**, 801 — mit Postzustellungsurkunden, postamtliche Bestellung **79**, 1720 — an andere Behörden, zur Prozeß- oder Sachleitung gehörende, Schreibgebühren **81**, 330 — s. a. Ersuchschreiben, Requisitionsschreiben.
Schreiber, verpflichtete, als Stellvertreter der Gerichtsschreiber **79**, 106.
Schreiberpersonal, Mitteilung über Verurteilung an die Vorgesetzten **68**, 140 — der Gerichte **70**, 485 — s. a. Kanzlisten.
Schreibfedern des Gerichtspersonals, Geldentschädigung anstatt der Naturalabgabe von solchen **63**, E. H., 78; **68**, 145 f.; **75**, 313 f., **80**, 156 — Anschaffungskosten bei den Prüfungen für den höheren Justiz- und Verwaltungsdienst **93**, 159, 184.
Schreibfehler, Bemerkung von Beschlüssen über Berichtigung von solchen auf Urteilen **79**, 759.
Schreibgebühren der Gerichtsvollzieher **79**, 628 f., 1204, 1215; **80**, 462; **81**, 318, 373; **85**, 187 — bei den Gerichten im Gebührenwesen **79**, 609, 1311, 1320, 1333, 1334; **81**, 330 f. — in gerichtlichen Strafsachen **79**, 1434, 1440; **80**, 51; **81**, 405 f. — für Einträge in das Einzugsregister **80**, 51 — für Zahlungsbefehle **80**, 138 f. — Ansatz **80**, 462 f. — Unstatthaftigkeit der Erhebung solcher für die Uebertragung einer Terminsbestimmung auf eine Abschrift sowie für Einträge in das Mahnregister **81**, 330 f., dann bei Ladungen in nichtstreitigen Sachen **86**, 103 f., sowie für Benachrichtigungen nach dem Genossenschaftsgesetze **92**, 65 — Einziehung zur Staatskasse **92**, 131 f., 132 ff., 139 ff.; s. a. 137 ff., 226 f.; **93**, 14, 59 ff., 273 f., 322; **94**, 163 ff. — s. a. Adressen, Einnahmen.
Schreibgehilfen, ständige, bei den Strafanstalten **86**, 12 ff., 14, 68, 70, 72, 75, 76 ff.
Schreibgeschäfte, Verwendung der Gerichtsvollziehergehilfen hiezu **79**, 725.
Schreibmaterialien des Gerichtspersonals **63**, E. H., 78, 83 ff.; **68**, 145 f.; 75, 313 f.; **80**, 156 — für den Gefängniswärterdienst **70**, 49 f. — der Staatsanwälte und deren Hilfspersonal **81**, 49.
Schreibpapier, Anschaffungskosten bei den Prüfungen für den höheren Justiz- und Verwaltungsdienst **93**, 159, 184.
Schreibtische, Anschaffung aus Regiemitteln **63**, E. H., 86.
Schreibunterlagen, Anschaffungskosten bei den Prüfungen für den höheren Justiz- und Verwaltungsdienst **93**, 159, 184.
Schreibweise, amtliche **74**, 159 f.
Schreibwerk, Besorgung bei den Gerichten **79**, 605 f., 832 — der Gerichtsvollzieher **80**, 462 f.
Schriftsätze, vorbereitende, Behandlung der auf der Gerichtsschreiberei niedergelegten Abschriften **79**, 747 f.
Schriftsprache, amtliche **67**, 44 f.

Schriftstücke, Papierformat amtlicher Sch. **77**, 66 — Behandlung des Einlaufs solcher bei den Gerichten **77**, 131 f.; **79**, 746 f. — der Gerichtsschreiber **79**, 744 f. — Niederlegung von solchen auf der Gerichtsschreiberei **79**, 805 ff. — der Gerichtsvollzieher **79**, 1188, 1196, 1234; **80**, 462 f.; **81**, 373.
Schriftwerke s. Urheberrecht.
Schubgefangene s. Schüblinge.
Schubwesen **63**, E. H., 64 ff. — Besorgung der Geschäfte dess. durch Gerichtsschreiber **68**, 125 ff. — Vollzug des Gothaer-Vertrags **75**, 102 — im Verkehr mit Österreich-Ungarn **80**, 111 f. — Behandlung in der Pfalz **81**, 223 f.; **86**, 185 f. — Schubtransporte gegen Bettler und Landstreicher **82**, 69 f. — Schubtransporte auf Eisenbahnen **82**, 265; **95**, 41 — Schubtransporte an Sonn- und Festtagen **88**, 143 f. — Anwendung der Bestimmungen hierüber bei Auslieferung von Verbrechern an außerdeutsche Staaten **90**, 208.
Schüblinge, Anschaffung von Kleidungsstücken für solche **66**, 286; **69**, 86; **80**, 111 f.; **81**, 357 ff.; **86**, 217 f. — Reinigung **68**, 62 ff. — Transport an Sonn- und Festtagen **88**, 143 f. — Gepäck **94**, 230 — Beförderung auf Eisenbahnen **95**, 41.
Schulbehörden, deren Verständigung von Strafanzeigen gegen jugendliche Personen **92**, 115 f.
Schuldhaft, Reichsgesetz **71**, 95.
Schuldisziplin, Aufrechthaltung **65**, 193; **78**, 91 f.; **80**, 279 f.
Schuldner der entstandenen Gebühren und Auslagen **79**, 1323, 1328 f. — der Gebühr für Löschung einer Hypothekforderung **83**, 35 f. — s. a. Hypothekenschuldner.
Schuldtitel, Zwangsvollstreckung aus solchen **79**, 1497 ff. — Zustellung dess. vor Beginn der Zwangsvollstreckung **79**, 1503 f. — Reisekosten für die Zustellung dess. **81**, 331 f.
Schuldurkunde des Drittschuldners, Erholung ders. vom Schuldner durch Zwangsmaßregeln bei Zwangsvollstreckungen in Forderungen u. s. w. **79**, 1540.
Schullehrer, Züchtigungsrecht **63**, 6 f.; **83**, 36 f. — Mitteilung über Untersuchungen gegen dies. an die Verwaltungsbehörde **68**, 208.
Schüler öffentlicher Lehranstalten, Mitteilungen über gerichtliche Bestrafungen ders. **91**, 74 f.
Schulpflichtige, Strafanzeigen gegen solche **94**, 97 f.
Schutz von Gebrauchsmustern **93**, 51.
Schutzgebiete, Deutsche, Erwirkung von Ablieferungen aus dens. **90**, 210 ff. — s. a. Rechtsverhältnisse.
Schwägerschaft der Richter **79**, 90 — der Staatsanwälte **79**, 103.
Schwarzdruck, Vorrichtungen u. Material hiezu **63**, E. H., 86.
Schwarzdrucksiegel s. Dienstsiegel.
Schweden, Jurisdiktionsverhältnisse mit dems. **78**, 106 f. — diplomatischer Verkehr hiemit **87**, 300 — s. a. Erwirkung von Auslieferungen, insbes. **90**, **242**.
Schweiz, Vollzug des zwischen dem Deutschen Reich und der Schweiz abgeschlossenen Auslieferungsvertrags vom 24./I. 74: **75**, 7 f. — Mitteilung der Verurteilung von Schweizern **75**, 7 f.; 88, **147** ff.; **89**, 201 f. — Behandlung der portopflichtigen Korrespondenz zwischen Bayerischen und Schweizerischen Behörden **78**, 29 f.; **83**, 269 f. — Eheschließung von Pfälzern dortselbst **78**, 118 f. — Übereinkommen mit dem Deutschen Reich wegen der unmittelbaren Korrespondenz der Gerichtsbehörden **79**, 1, 2 f.; **88**, 95 ff.; **90**, 36 f. — Rechtshilfeverkehr hiemit **87**, 300 f. — Portofreiheit im Verkehr hiemit **89**, 104 — s. a. Erwirkung von Auslieferungen, insbes. **90**, 243 f.; **93**, 93 f. — s. a. Verzeichnis.
Schwurgerichte, Regiewesen **63**, E. H., 76 ff.; **70**, 486 — Dienstleistungen durch Gendarmerie und Soldaten bei den Sitzungen **69**, 237 ff. — Zuständigkeit **79**, 99 — Vorbereitung der periodischen Sitzungen **79**, 354 ff.; **81**, 187 ff. — Dienstsiegel **79**, 544 — Formulare für das Strafverfahren bei dens. **79**, 933, 934 ff.; **84**, 49 f., 201 f. — Geschäftsübersichten **80**, 376 ff.; **81**, 498 (Form. **79**, 1848; **80**, 411 ff.) — Kalender für die Hauptverhandlungen **80**, 431 f. (Form. 451 ff.) — Berichterstattung ihrer Vorsitzenden **80**, 464 ff. — Protokollierung des Ergebnisses der Vernehmungen in den Hauptverhandlungen vor dens. **86**, 167 f.
Schwurgerichtsakten, Aufbewahrung **80**, 315 f. — Behandlung **81**, 303 ff.
Schwurgerichtsbezirke, Bildung **79**, 176 f.
Seelsorge in den Gerichtsgefängnissen **83**, 117.
Seitenzahl der Geschäftsbücher der Gerichtsvollzieher **79**, 1198.
Sekretäre, Titulatur der Gerichtsschreiber als solche **81**, 453 f. — s. a. Obersekretäre.
Sekretariatsadspiranten, amtliche Bezeichnung der Bewerber um das Gerichtsschreiberamt **88**, 58 — Qualifikation **88**, 107 f.

Sekretariatsapplikanten bei den Intendanturen, Regulative über die Annahme, Ausbildung und Prüfung von solchen **89**, 223 ff.; **91**, 122; **96**, 2.

Sekretariatsassistenten bei den Gerichten und Staatsanwaltschaften **90**, 85 f. — Berechnung der Sustentation für dies. **92**, 225 f.; s. a. 202 f. — Vgl. auch **63**, 108, E. H., 78, 82, 84, 85, 102; **68**, 145 f., 147; **71**, 71; **77**, 249; **79**, 606 ff.; **81**, 49; **83**, 225 f.; **86**, 12, 14, 71, 72 f., 76 ff. — s. a. Justizpersonal.

Sekretariatsgehilfen bei den Gerichten, Oberstaatsanwälten und Staatsanwaltschaften **87**, 151 f., 152 f.; **88**, 107 f.; **90**, 85 f. — Vgl. auch **63**, 108, E. H., 78, 82, 84, 85, 102; **68**, 145 f., 147; **71**, 71; **77**, 249; **79**, 606 ff.; **81**, 49; **83**, 225 f.; **86**, 12, 14, 71, 72 f., 76 ff.; **95**, 129 — s. a. Justizpersonal.

Senate für Konfliktssachen **79**, 92 — Zahl und Besetzung beim Obersten Landesgerichte **79**, 101 f. — Bestimmung der Zahl der bei einem Oberlandesgerichte zu bildenden Senate **81**, 415 f. — s. a. Strafsenat, Zivilsenate.

Senatspräsidenten des Obersten Landesgerichts und der Oberlandesgerichte **79**, 101 — Gehalt, Rang und Amtskleidung **79**, 382, 383 — s. a. Personalakten, Sitzungskleidung.

Sendungen, geschäftliche, an Gerichtsvollzieher, Sicherstellung im Falle des Todes, der Enthebung, Entlassung oder Versetzung des Gerichtsvollziehers **79**, 617 — von den Gerichtsvollziehern in Armenrechtssachen an die Auftraggeber zu machende **88**, 105 f. — s. a. Dienstsendungen, Postsendungen.

Sequester bei Pfändung eines Anspruchs auf eine unbewegliche Sache **79**, 1543.

Sequestrationsakten, Vernichtung **70**, 64.

Serbien, Rechtshilfeverkehr hiemit **87**, 301 — s. a. Erwirkung von Auslieferungen, insbes. **90**, 244.

Siam s. Konsulargerichtsbarkeit.

Sicherheit, Verfall und zwangsweise Beitreibung der zur Abwendung der Untersuchungshaft geleisteten S. **79**, 1559.

Sicherheitsarrest, persönlicher, Verhaftung des Schuldners zur Vollziehung **79**, 1554 — Vollstreckung **81**, 483 ff. — Kosten **83**, 194.

Sicherheitsaufseher bei den Strafanstalten, Besetzung deren Stellen mit Militäranwärtern **86**, 12 ff., 68 — allgemeine Vorbedingungen zur Anstellung **86**, 70 f. — Bewerbung um Amtsgerichtsdienerstellen **86**, 71 f., 74 — Aufrückungsstellen für dies. **86**, 75 — Personalakten und Qualifikation **86**, 76 ff.

Sicherheitsdienst bei den Schwurgerichtssitzungen **69**, 237 ff.

Sicherheitsetat, Aussetzung von Belohnungen für Ermittelung oder Ergreifung von Verbrechern auf Rechnung dess. **91**, 2.

Sicherheitshaft s. Sicherheitsarrest.

Sicherheitsleistung seitens des Gläubigers vor Beginn der Zwangsvollstreckung **79**, 1503 — zur Abwendung der Zwangsvollstreckung **79**, 1511, 1536 — wegen Prozeßkosten im Verkehre mit Österreich **80**, 61 f.; mit Italien **82**, 232; mit Frankreich **95**, 251.

Sicherheitspolizei in bezug auf Bettler und Landstreicher **82**, 66 ff. — in bezug auf Zigeuner **85**, 98 ff.; **86**, 234 f.

Sicherung, hypothekarische, von Alimenten **63**, 202 ff. — der Gerichtsgefängnisse **83**, 95 ff.

Siegel s. Amtssiegel, Dienstsiegel.

Siegellack, Naturalabgabe **63**, E. H., 78; 68, 146; **80**, 156.

Siegelpresse, Anschaffung aus Regiemitteln **63**, E. H., 86.

Siegelungen durch Gerichtsschreiber bei den Amtsgerichten **79**, 105 f., 812 ff., 814 — durch Gerichtsvollzieher **79**, 106, 627, 1562 f.; s. a. 1519, 1521 f. — Beiziehung des Dienerpersonals der Amtsgerichte hiezu **85**, 158 f. — s. a. Obsignationen.

Siegelwappen, Gebrauch bei portofreien Dienstkorrespondenzen **72**, 118.

Silben, Zahl in einer Zeile, wenn Schreibgebühren für ein Schriftstück berechnet werden **80**, 462 f.

Silbersachen s. Gold- und Silbersachen.

Sittliches Verhalten der Bewerber um Gerichtsvollzieherstellen **79**, 610, 713, 714, 719 — der Gerichtsvollzieher **79**, 615, 730 — der Bewerber um das Gerichtsschreiberamt **80**, 23 ff.

Sitze und **Zahl** der Notare **79**, 353 f., 927 f.; **87**, 153, 259; **89**, 113, 133 — s. a. Gerichtssitze.

Sitzungen, öffentliche, in Strafsachen, Mitteilung über Anberaumung solcher an Rektorate **64**, 22 — der Schwurgerichte, periodische **79**, 354 ff.; **81**, 187 ff. — der Schöffengerichte **79**, Beil., 14 f., 17, 20 ff. — zur Auslosung der Schöffen **80**, 300 f. — der Gerichte, Abhaltung von solchen an Wahltagen **81**, 379 f. — s. a. Forstrügesitzungen, Sitzungstage.

Sitzungsdienst des Dienerpersonals **79**, 390 — der Gerichtsvollzieher **79**, 612, 616, 622, 628, 1200, 1215, 1569.

Sitzungskalender s. Kalender.

Sitzungskleidung der Richter, Staatsanwälte, Gerichtsschreiber und Handelsrichter **79**, 392, 1909 ff.; **81**, 283 — der Rechtsanwälte **79**, 392, 1912; **80**, 75 f., 353 f.; **81**, 283 — stellvertretender Gerichtsschreiber **79**, 1912 — der Rechtspraktikanten **80**, 354 — der Amtsanwälte **84**, 137 f.

Sitzungspolizei 79, 110; **81**, 261.

Sitzungsprotokoll in bürgerlichen Rechtsstreitigkeiten, Vernichtung **70**, 64 — über die Hauptverhandlung im schöffengerichtlichen Strafverfahren **79**, Beil., 21, 22 f. (Form. 153 ff.) — über die Hauptverhandlung vor dem Landgerichte und Schwurgerichte, Formulare **79**, 1023 ff., 1135 ff. — über die Hauptverhandlung vor den Disziplinargerichten **81**, 264, 266 — s. a. Protokolle, Protokollierung.

Sitzungstage der Schöffengerichte **79**, Beil., 14 f., 17 — in Forstrügesachen **85**, 131.

Sitzungszimmer, Anschaffung von Bänken in dems. aus Regiemitteln **63**, E. H., 86.

Soldaten, Verwendung zum Sicherheitsdienst bei Schwurgerichtssitzungen **69**, 237 ff. — Anstellung im subalternen Zivildienst **88**, 169 ff. — Unterstützung von Waisen ders. **91**, 113 ff. — s. a. Militärpersonen.

Soldatenstand s. Heer, Hinterbliebene, Militäranwärter.

Sollstellung der Gebühren, Auslagen 2c. im Gebührenwesen **79**, 1321, 1325; 80, 286 f.; **81**, 517 f.; **82**, 84 — der Kosten in gerichtlichen Strafsachen **79**, 1426, 1436 ff.; **80**, 288 f.; **81**, 106 f.

Sonn- und **Feiertage**, Erledigung von dringenden Geschäften an solchen **63**, 110 — Geschäftsstunden der Gerichtsschreiberei an dens. **79**, 744 — Einfindung der Gerichtsvollzieher an solchen auf der Gerichtsschreiberei zur Entgegennahme von Aufträgen **79**, 1186 — Vornahme von Geschäften der Gerichtsvollzieher an solchen **79**, 1194 f., 1241, 1246, 1507 f.; **80**, 424 — Schließung der Hypothekenämter in der Pfalz an dens. **80**, 193 — Arbeit in den Gerichtsgefängnissen an dens. **83**, 111 f. — Transport von Schubgefangenen an solchen **88**, 143 f. — deren Feier seitens der Notare in der Pfalz **92**, 37 f.

Späheblätter, Aufhebung **65**, 199 f.

Späheverfügungen wegen strafbarer Handlungen **66**, 122 f.; **81**, 376 ff. — Zurücknahme von solchen an ausländische Behörden **69**, 120.

Spanien, Vollzug des Auslieferungsvertrags zwischen dem Deutschen Reiche und Spanien vom 2. Mai 1878: **79**, 65 f., 66 f. — Rechtshilfeverkehr hiemit **87**, 301 f. — Mitteilung von Strafnachrichten **88**, 147 ff.; **89**, 201 f. — s. a. Erwirkung von Auslieferungen, insbes. **90**, 244 f.

Speditionsgüter, Versteigerung durch Gerichtsvollzieher **79**, 1563 f.

Spezialakten, hypothekenamtliche, Verzeichnis hierüber **67**, 194.

Spezialkuratelen über minderjährige Hauskinder **86**, 235 f.

Spielbanken, Reichsgesetz **71**, 95.

Spielkartenstempel, Vollzug des Reichsgesetzes hierüber **78**, 278 ff.

Spitalaufseher in den Strafanstalten, Besetzung deren Stellen mit Militäranwärtern **86**, 12 ff., 68 — allgemeine und besondere Vorbedingungen zur Anstellung **86**, 70, 72 — Aufrückungsstellen für dies. **86**, 75 — Personalakten und Qualifikation **86**, 76 ff.

Spruchliste der Geschworenen, Formulare **79**, 935, 1003 ff.

Spuckkästchen, Anschaffung aus Regiemitteln **63**, E. H., 86.

Staat, Aufwand auf das Landbauwesen dess. **64**, 33 ff. — Zuständigkeit der Landgerichte für gewisse Ansprüche gegen dens. **79**, 96 — Grundgefälle dess. **86**, 186 ff., 188 f.

Staatsabgaben, Zuständigkeit für Ansprüche in betreff ders. **79**, 96.

Staatsärar, Vertretung dess. im Konkursverfahren **79**, 1605 ff.

Staatsangehörigkeit, Reichsgesetz über Erwerbung und Verlust **71**, 97; **73**, 74.

Staatsanwälte, Vermittelung des Geschäftsverkehrs der Gerichte mit dem Justizministerium **63**, E. H., 11 — Benützung der Gerichtsakten **63**, E. H., 15 — Mitbenützung der autographischen Pressen **63**, E. H., 79; **70**, 525 f. — Tagegelder für Visitationen **63**, E. H., 110 f. — Mitwirkung bei Auslieferung von Verbrechern **64**, 29 ff. — Mitbenützung der Gerichtsbibliotheken **67**, 107 ff. — Vorlage der Übersicht über das zur Vernichtung bestimmte Aktenmaterial an dies. **70**, 69 — Verbot der Verwandtschaft und Schwägerschaft von Richtern und Staatsanwälten bei dems. Gerichte **79**, 90, 103 — Wohnsitz **79**, 103 — Aufstellung, Ernennung, Stellung, Gehalt, Rang und Amtskleidung **79**, 103, 384 ff. — Stellvertretung an den Kollegialgerichten **79**, 104 — Gutachten **79**, 109 — Sitzungskleidung **79**, 392, 1909 ff. — einfache Mitteilungen ders. bei Vorladungen im Ermittelungsverfahren **79**, 556 — Bestimmungen in bezug auf den Gerichtsvollzieherdienst **79**,

613, 717, 718, 720, 721, 723, 729, 1186, 1194 — Besorgung der Aufsicht und Handhabung der Disziplin in den Landgerichtsgefängnissen und landgerichtlichen Aushilfsgefängnissen **79**, 1271 — Vormerkung der Kosten in den Akten durch dies. **79**, 1434 — Entgegennahme und Instruktion von Gesuchen um Stundung von Geldstrafen durch dies. **80**, 468 — Geldaversen für Schreibmaterialien **81**, 49 — Erholung von Vermögens- und Leumundszeugnissen für Angeschuldigte **81**, 108 — Visitationsreisen **81**, 242 ff. — Personalakten und Qualifikation **83**, 294, 295 ff. — Beförderungs- und Versetzungsgesuche **83**, 306 f. — Auszahlung der Gebühren an die von solchen außerhalb der Rentamtssitze vernommenen Zeugen und Sachverständigen **84**, 223 f. — schriftlicher Verkehr mit den Staatsanwaltschaften höheren Ranges **85**, 97 f. — Beurlaubung **88**, 122 ff. — bei den Oberlandesgerichten Zweibrücken, Bamberg, Nürnberg und Augsburg, Verleihung des Rangs und Gehalts von Oberlandesgerichtsräten an solche **90**, 161 — Thätigkeit im Entmündigungsverfahren **95**, 70 ff. — Thätigkeit bei Unterbringung von Blödsinnigen und Geisteskranken in Irrenanstalten oder bei deren sonstigen Verwahrung **94**, 63 f.; s. a. **95**, 72 ff. — s. a. Auslieferung, Ausweisung, Staatsanwaltschaft, Untersuchungsanstalten.

Staatsanwaltschaft, Behandlung des Einlaufs **66**, 350 — Abschreibung von Inventarsgegenständen in den Inventarien ders. **68**, 162 f. — Regierechnungen **69**, 255 — Ausführungsbestimmungen hierüber zum Reichs-Gerichtsverfassungsgesetz **79**, 102 ff. — Hilfsbeamte **79**, 104, 536 f., 538 ff. — Dienstsiegel **79**, 543 — der Landgerichte, Bestimmungen über die Geschäfts- und Registraturordnung bei ders. **79**, 565 ff. — Regiewesen **80**, 153 — Regieetats **81**, 49 — Verrichtungen bei den Disziplinargerichten **81**, 255, 283 — Ausfüllung der Zählkarten bei den Landgerichten in schwurgerichtlichen und landgerichtlichen Strafsachen **81**, 496 ff. — rechnerische Behandlung der bei ders. in Ehe- und Entmündigungssachen erwachsenden Kosten **82**, 289 f. — Sekretariats-Gehilfen und Assistenten bei dens. **87**, 151 f., 152 f.; **90**, 85 f. — Beurlaubungen bei ders. **88**, 122 ff. — Büchersammlungen **88**, 133 — Kanzleipersonal s. Justizpersonal — s. a. Staatsanwälte.

Staatsbeamte, Zuständigkeit der Landgerichte für Ansprüche ders. und gegen dies. aus ihrem Dienstverhältnisse **79**, 96 — Obsignationen beim Ableben von solchen **81**, 130 f. — Wohnungsgeldzuschüsse der pragmatischen St. **90**, 181 — Invaliditäts- und Altersversicherung nichtpragmatischer St. **95**, 75 — s. a. Beamte.

Staatsbedienstete, Aufbesserung nichtpragmatischer St. **88**, 70 ff. — Invaliditäts- und Altersversicherung **95**, 75 — s. a. Bedienstete.

Staatsbehörden, Besetzung der Subaltern- und Unterbeamtenstellen bei dens. mit Militäranwärtern **86**, 11 ff., 20 ff., 41 ff., 64 f., 66 ff., 69 f.

Staatsdiener, Quiescenz **70**, 50 f. — Reisen ins Ausland **72**, 25 — Hinterlassene ders. s. Unterstützungsverein.

Staatsdienstsachen, Postportofreiheit der Gerichtsvollzieher in solchen **79**, 1197.

Staatsdienstverhältnisse, Ansprüche **79**, 96.

Staatserziehungsanstalten, dienstliche Stellung der Lehrer an solchen **77**, 130 f.

Staatsforstverwaltung, Reorganisation ders., hier Vollzug des Forstgesetzes **85**, 125 ff.

Staatsgebäude, Baufallswendung **64**, 33 ff. — Benützung und Unterhaltung **75**, 1 f.; **78**, 108 f. — Versicherung **78**, 166 ff. — Anstrich der Fußböden mit Ölfarbe in ärarialischen Dienstwohnungen **80**, 363 — Verwendung und Behandlung der Riemenböden in solchen **81**, 202 f. — Kosten der Reparaturen von Wasserleitungen und anderer ähnlicher Einrichtungen in solchen **81**, 413 ff. — Tapezieren der Dienstwohnungen in dens. **81**, 434 f.

Staatsgebühren für Gerichtsvollzieherakte **79**, 1259 f., 1486, 1490 f., 1529, 1544, 1563, 1565 f., 1567 f. — für öffentliche Mobiliarversteigerungen **79**, 1565 f.; **86**, 181 — Abrechnung über die bei Notaren anfallenden **91**, 122; **92**, 269; **94**, 15.

Staatsgefälle, Beitreibung rückständiger **79**, 329 f.; **80**, 469.

Staatsgerichtshof, Bildung des Schwurgerichts für dens. **80**, 302.

Staatskassen, Besorgung des Depositenwesens durch dies. **79**, 109 — s. a. Schreibgebühren.

Staatskonkurs, Ergebnisse **95**, 287, 289 ff.

Staatsministerium des K. Hauses und des Äußern s. Auslieferung — s. a. Justizministerium.

Staatsobligationen, Bayerische, Vinkulierung und Umschreibung **63**, 82.

Staatsstraßen, Mitteilung der Ergebnisse der im Gebiete der Straßenpolizei eingekommenen Anzeigen wegen Übertretungen in bezug auf solche an die K. Bauämter **79**, Beil., 40.
Staatstelegraph, Benützung zur amtlichen Korrespondenz **86**, 92 f.
Staatsvertrag mit Österreich wegen Beglaubigung von Urkunden **63**, 97 f. — Bayerns mit Nordamerika über die Staatsangehörigkeit der wechselseitigen Einwanderer **69**, 133 f. — mit Frankreich über Zulassung zum Armenrechte vom 11. März 1870: **70**, 121 ff. — zwischen Bayern und Amerika vom 26. Mai 1868, Vollzug **76**, 220 f.
Stadtgemeinden, Verpflichtung der einer Kreisregierung unmittelbar untergeordneten Stadtgemeinde zur Besorgung der Amtsanwaltschaft **79**, 103.
Ständige Tagschreiber s. Sekretariatsgehilfen.
Standesamt, Errichtung eines zweiten St. in München **90**, 395.
Standesamtliche Nebenregister s. Nebenregister.
Standesbeamte in mittelbaren Gemeinden, Korrespondenzform mit Amtsgerichten und Rentämtern **85**, 75 f. — Mitteilung der Anerkennung der unehelichen Kinder an dies. **86**, 208.
Standesregister, Auszüge 2c. aus dems. **92**, 118.
Starnberg, Amtsanwaltschaft beim Amtsgerichte dortselbst **85**, 73 f.
Statistik der Straffälle bezüglich der Wechselstempelsteuer **73**, 3 f.; **78**, 90 f.; **81**, 114 f., 115 f.; **83**, 41 f., 43 ff. — der Rechtspflege **80**, 376 ff., 425 ff. — der Schwurgerichte **80**, 464 — der Straffälle in bezug auf die Reichsstempelabgaben **83**, 41 f., 43 ff. — bezüglich des Hypothekenverkehrs **94**, 190 ff., 223, 239 f. — s. a. Geschäftsausweise, Jahrbuch, Konkursstatistik, Kriminalstatistik.
Statistisches Bureau in München, Einsendung von Zählkarten der Konkursstatistik an dass. **95**, 18 f.
Statuten s. Satzungen.
Steckbriefe, Formulare **79**, 937, 1145 ff.
Stehpulte, Anschaffung aus Regiemitteln **63**, E. H., 86.
Stellen s. Justizstellen, Subaltern- und Unterbeamtenstellen.
Stellenanwärter, Bestimmungen bezüglich ders. **86**, 30 ff.
Stellung der Gerichtsvollzieher **79**, 613.
Stellvertreter von Amtsanwälten, Führung des Anzeigeverzeichnisses **67**, 285 f. — der Gerichtsschreiber, Tagegelder **69**, 2; Bestellung **79**, 606 f.; Sitzungskleidung **79**, 1912 — der Gerichtsvollzieher **79**, 616, 620 ff., 1192, 1212 f. — der Vorstände der Distriktspolizeibehörden als Hilfsbeamte der Staatsanwaltschaft **79**, 536 — bezirksärztliche, Dienstweisung und Verpflichtung **81**, 96 ff. — des Vorsitzenden und der Mitglieder der Prüfungskommissionen für den höheren Justiz- und Verwaltungsdienst **93**, 138 — s. a. Stellvertretung.
Stellvertretung der Gerichtsschreiber **69**, 1 f., 168 f.; **76**, 304, 362; **79**, 106, 606 f. — der Amtsrichter **79**, 94 f. — der Landgerichtspräsidenten und Landgerichtsmitglieder **79**, 98 — der Oberlandesgerichtsmitglieder **79**, 100 — beim Obersten Landesgericht **79**, 101 — der Staatsanwälte und Amtsanwälte **79**, 104 — der Gerichtsvollzieher **79**, 616, 620 f. — der Hypothekenbewahrer **80**, 193 f., 196 — bei den Amtsgerichten, Anordnung solcher **82**, 1 f. — des Gefängniswärters **83**, 83 — für Gerichtsschreibergehilfen **92**, 134 — von Rechtsanwälten durch Rechtspraktikanten während des Vorbereitungsdienstes bei den Gerichten und Verwaltungsbehörden nicht gestattet **93**, 165 — s. a. bezirksärztliche Stellvertreter, Liquidation, Stellvertreter.
Stempelabgaben u. **Stempelmarken** s. Reichs-Stempelabgabengesetz, Statistik, Wechselstempelsteuer.
Sterberegisterauszüge, Beglaubigung **63**, 96 — Anfertigung **76**, 89 f.
Steuergesetze, Verfahren bei Übertretung der Zoll- und Steuergesetze, hier die Verteilung und Verrechnung der in Branntweinsteuer- 2c. Strafsachen anfallenden Geldstrafen und Konfiskaterlöse **89**, 31 f.
Steuernachlaßsachen, Beeidigung der Schadensschätzer **76**, 146.
Steuerstrafsachen, Verfahren in solchen **81**, 417 ff.
Stiegen in den Geschäftslokalitäten, Verrechnung der Kosten für Reinigen **63**, E. H., 87.
Stiftungen, Zwangsvollstreckung gegen dies. **79**, 1496 — zwangsweise Vollziehung der Beschlüsse und Ausstandsverzeichnisse der Stiftungsverwaltungen **79**, 1560 f. — Kapitalsausleihungen, Löschung bezahlter Hypothekforderungen **85**, 83 f., 84 f., 85 ff.; **86**, 252 f.; **91**, 90 f.
Stiftungsgefälle, Beitreibung rückständiger **79**, 329 f.
Stiftungskassen, Darlehen aus solchen **63**, 9 ff., 141 ff.
Sträflinge, Abschreibung entwichener **66**, 314 f. — Reiseunterstützungen an ent-

lassene **71**, 26 — Verbringung in Heilanstalten **71**, 67 ff. — vorläufige Entlassung **72**, 2 ff., **44** f., **45**; s. a. Übersicht — s. a. Arreststräflinge, Gefängnissträflinge, Haftsträflinge, Strafgefangene.

Strafanstalten, bürgerliche, Leitung, Beaufsichtigung und Rechnungswesen **70**, 11 f. — Kosten des Strafvollzugs **70**, 539 f. — Verabfolgung von Reiseunterstützungen **71**, 26 — Verbringung von Sträflingen in Irren- und andere Heilanstalten **71**, 67 ff. — Preise für Wäsche und sonstige Gerätschaften **72**, 301 — Einlieferungsbezirke **72**, 265 ff., **79**, 546 ff.; **81**, 94, 119, 302 f.; **83**, 329 ff., 370 — Bestimmung der in den Hausordnungen enthaltenen Geldsätze nach der Reichswährung **75**, 317 f. — ärztliche Visitation **76**, 110 — dienstliche Stellung der Lehrer an solchen **77**, 130 f. — Einschaffung der von bürgerlichen Strafgerichten verurteilten Personen in dies. **79**, 358 ff., 362; **80**, 281 f. — Zustellungen in solchen bei Beitreibung von Staatsgefällen **80**, 469 — Verpflegungskosten der Gefangenen in dens. **81**, 105 ff. — Besetzung der Stellen in dens. mit Militäranwärtern **86**, 12 f., 68, 75 — Berechnung der Verpflegskostenrückersätze seitens der Verwaltungen ders. **94**, 259 f. — Arbeitsthätigkeit in dens. s. Übersicht — s. a. Gefangenanstalten, Zuchthäuser.

Strafanstaltsbeamte, Verabfolgung der Bezüge der nichtpragmatischen St. **75**, 203 — Pensionen **76**, 98 f. — Uniformierung der Direktoren und Verwalter **88**, 106 f. — Titel der Strafanstalts-Nebenbeamten **92**, 89.

Strafanstaltsbedienstete, Amtsbürgschaften **74**, 2 — Auszahlung der Funktionsbezüge **75**, 203 — Tagegelder **75**, 203 f. — Unterhaltsbeiträge **76**, 98 f. — Besetzung deren Stellen mit Militäranwärtern **86**, 12 ff. — Personalakten und Qualifikation **86**, 76 ff. — Dienstmütze **87**, 69.

Strafanträge, Stellung bei Beleidigung der Gendarmerie **72**, 294.

Strafantritt, Vorladung hiezu in schöffengerichtlichen Strafsachen **79**, Beil., 30, 186 (Form. 175, 178, 182, 185, 192, 194, 199, 203) — in landgerichtlichen und schwurgerichtlichen Strafsachen, Formulare **79**, 1069, 1071 — in Forstrügesachen **79**, 1656; **81**, 2 f. (Form. **79**, 1692 f.).

Strafanzeigen gegen jugendliche Personen **92**, 115 f.

Strafaufschub 63, E. H., 74 f.; **79**, Beil., 33; **79**, 1170 ff.; **92**, 289 f.

Strafbefehle, Verfahren bei amtsrichterlichen St. **79**, 750, 775, 776, Beil., 9 ff.; **87**, 116 (Form. **79**, 59 ff.) — in Forstrügesachen **79**, 777; **81**, 2; **85**, 129 (Form. **79**, 1675 ff.). — gegen jugendliche Personen, Mitteilungen hierüber **92**, 115 f.

Strafbeträge, Tantiemen der Gerichtsschreiber von freiwillig erlegten St. **80**, 51 f.

Strafbuch über die gegen Gefangene verfügten Disziplinarstrafen in den Gerichtsgefängnissen **83**, 128, 134 (Form. 161 f.).

Strafen des Gerichtsvollziehers, Aufführung bei der Qualifikation **79**, 730 — Fragen an Zeugen wegen solcher **94**, 171 f. — s. a. Disziplinarstrafen, Freiheitsstrafen, Gefängnisstrafen, Geldstrafen, Gesamtstrafen, Haftstrafen, Ordnungsstrafen, Todesstrafe, Zwangsstrafen.

Straffälle s. Zuwiderhandlungen.

Straffolgen, Aufhebung **73**, 221.

Strafgefangene, Vorladung als Beschuldigte in Übertretungssachen **64**, 45 f. — Verzeichnis **83**, 127 f., 130 f., 132; 89, 53 (Form. **83**, 143 ff.).

Strafgelder in Militärstrafsachen und in den zur Zuständigkeit der bürgerlichen Strafgerichte gehörenden Strafsachen, Erhebung und Ablieferung durch Gerichtsvollzieher **79**, 612, 616, 622, 626, 1194, 1195, 1196, 1569.

Strafgerichtliche Untersuchungen rc., Mitteilung hierüber bei Militärpersonen **91**, 31 ff.; bei verabschiedeten Offizieren 40 f.; bei Studierenden von Hochschulen und Schülern anderer öffentlicher Lehranstalten **91**, 74 f.

Strafgerichtsbarkeit über Militärpersonen des aktiven Dienststandes **91**, 33 f.

Strafgesetzbuch für das Deutsche Reich s. Reichs-Strafgesetzbuch.

Strafhaft, gesonderte Verwahrung jugendlicher Personen während ders. **75**, 185 f. — Heranziehung der zur Zeit der Musterung oder Aushebung in Strafhaft befindlichen Militärpflichtigen **88**, 164 f.

Strafkammern der Landgerichte, Kalender für Hauptverhandlungen **80**, 430 ff. (Form. 447 ff.) — Behandlung der Akten **81**, 303 ff. — Zahl **81**, 415 f. — Protokollierung des Ergebnisses der Vernehmungen in den Hauptverhandlungen vor dens. **86**, 167 f.

Strafkosten, Behandlung, **79**, 1426 ff.; 81, 95.

Strafkostenregister (Einzugsregister über Geldstrafen und Kosten in Strafsachen) 79, 1436 ff., 1457; **81**, 322 (Form. **79**, 1457 ff.) — Schreibgebühren für Einträge in dass. **80**, 51 — Vortrag der Haftkosten unter der abgekürzten Bezeichnung „H. K." in dems. **83**, 193 f. — Bezeichnung mit E **84**, 123.

Strafnachrichten, Formulare **82,** 189 f., 191 f.; **85,** 178 — Vorschriften bezüglich deren Versendung **83,** 34 f., 62 f. — s. a. Mitteilung.
Strafprozeß, Vorlegung und Auslieferung von Akten in dems. durch Behörden der K. Verkehrsanstalten **80,** 224 f.
Strafprozeßordnung für das Deutsche Reich s. Reichs-Strafprozeßordnung.
Strafprozeßregister der Strafkammern und Schwurgerichte **79,** 824 (Form. 909 f., 911 f.) — s. a. Nachschlageregister.
Strafrechtliche Akten, Vernichtung **70,** 65 ff.
Strafrechtspflege, Beteiligung der Distriktspolizeibehörde bei ders. **67,** 281 ff.; **68,** 169 ff. — s. a. Kriminalstatistik, Statistik.
Strafregister, Einrichtung **82,** 177 ff., 182 ff., 221 ff., 242 f., 250 ff., 252 f., 287 f.; **83,** 33 ff., 62 f.; **84,** 117 ff.; **85,** 178; **93,** 104 f. — Nachweisung der zur Führung bestimmten Behörden **82,** 323 ff.; **83,** 332.
Strafsachen, Korrespondenz in solchen mit K. Italienischen Behörden **75,** 89 f. — Zuständigkeit des Oberlandesgerichts in München für Revisionen und Beschwerden in solchen **79,** 100 — zur Zuständigkeit der Schöffengerichte gehörige, Vorschriften für deren Behandlung **79,** 377 und Beil.; **80,** 6 ff.; **81,** 58 ff. — Zustellungen in solchen **79,** 622, 1249 ff.; 80, 282 ff. (Form. **79,** 1261); s. a. vereinfachte Zustellungen — Behandlung der in solchen zur Verwahrung kommenden Gegenstände **79,** 701 ff.; **80,** 77, 473 ff. — Bestimmung von Terminen in solchen bei den Amts- und Landgerichten **79,** 929 — Ladung öffentlicher Beamten und Bediensteten in solchen **79,** 1291 ff. — Behandlung des Kostenwesens in gerichtlichen St. **79,** 1425 ff., 1894 f.; **80,** 51 f., 288 f.; **81,** 95, 108 ff. — Zwangsvollstreckungen in solchen, Vornahme durch Gerichtsvollzieher **79,** 1557 ff. — ausgabliche Verrechnung der Gerichtsvollziehergebühren in solchen **80,** 142 f. — Kosten der Rechtshilfe in solchen 80, 278 f.; **84,** 20 f., 28; **85,** 109 f.; **86,** 113 — Verfügung über in solchen zur Verwahrung kommenden Gegenstände **80,** 473 ff. — Schreibgebühren der Gerichtsschreiber in solchen **81,** 405 f. — zeugschaftliche Vernehmung von öffentlichen Beamten in Strafsachen **85,** 145 f. — Aufnahme von Begnadigungsgesuchen in schöffengerichtlichen St. **92,** 289 f. — s. a. Forststrafsachen, Militärstrafsachen, Steuerstrafsachen, Strafverfahren.
Strafsenat des Oberlandesgerichtes München, Kalender für die Hauptverhandlungen **80,** 431 f. (Form. 455 ff.).
Strafunterbrechung **63,** E. H., 75; **64,** 45 f.; **75,** 129 f.; **79,** 1174; **92,** 289 f.
Strafurteile, Ausfertigungen und Auszüge **79,** 759 — Abschriften, Vollstreckbarkeit 2c. **79,** 775 ff. — s. a. Mitteilung.
Strafverfahren, Formulare für das Strafverfahren bei den Schöffengerichten **79,** 377, Beil., **49** ff.; bei den Schwurgerichten und Landgerichten **79,** 933, 934 ff.; **84,** 49 f., 201 f. — vereinfachte Zustellungen in dems. **79,** 554 f., 625, 783, 1194, 1201, 1250 f.; **80,** 332 f.; **81,** 327 f. — einfache Mitteilungen in dems. **79,** 555 ff. — Protokolle der Gerichtsschreiber über Gesuche und Erklärungen der Beteiligten, dann über gerichtliche Verhandlungen in dems. **79,** 750, 751 f., 753, 755, 756 f. — Beglaubigung der Abschriften bei den in dems. zu bewirkenden Zustellungen **81,** 375 — bei Zuwiderhandlungen gegen die Vorschriften über die Erhebung öffentlicher Abgaben und Gefälle **85,** 169 f. — s. a. Strafsachen.
Strafversetzung richterlicher Beamten **81,** 250 f., 256, 268 — der Gerichtsvollzieher **94,** 209.
Strafvollstreckung im schöffengerichtlichen Verfahren **79,** Beil., 28 ff. (Form. 173 ff.) — vereinfachte Zustellungen in ders. **79,** 555 — Formulare hiezu im landgerichtlichen und schwurgerichtlichen Verfahren **79,** 1053 ff. — Einfluß der §§ 487—490 der R. St. P. O. auf dies. **79,** 1170 ff. — Benützung der Formulare bei Ersuchen um solche **80,** 6 ff. — im Disziplinarverfahren gegen richterliche Beamte **81,** 267 f. — s. a. Einschaffung, Einzelhaft, Strafaufschub, Strafvollzug.
Strafvollstreckungsbefehle im schöffengerichtlichen Verfahren **79,** Beil., 30 f., 186 (Form. 173, 175, 178, 182, 188, 195) — im schwurgerichtlichen und landgerichtlichen Verfahren, Formulare **79,** 1064 ff., 1072.
Strafvollstreckungsgefängnis München, Eröffnung **94,** 189.
Strafvollzug, Überwachung **63,** 158 — Suspension aus Anlaß von Begnadigungsgesuchen in Übertretungssachen **63,** E. H., 74 — Unterbrechung **63,** E. H., 75; **64,** 45 f.; **75,** 129 f.; **79,** 1174 — in Übertretungssachen, das Beiblatt zum Zentralpolizeiblatt hiefür **66,** 166 f., 347 ff.; **72,** 193 f.; **73,** 16 — gegen Militärpersonen **72,** 241 ff., 265 ff.; **77,** 132 f.; **79,** 1701 f.; **80,** 463; **81,** 94

— im Falle Zusammentreffens von Haftstrafen mit Zuchthaus- und Gefängnisstrafen 72, 286; 75, 103; 77, 109 f.; 92, 256 — wegen Zuwiderhandlungen gegen die Vorschriften über die militärische Kontrole 75, 94 f. — bezüglich Freiheitsstrafen gegen sonn- und feiertagsschulpflichtige Personen 82, 230 f. — s. a. Einschaffung, Strafaufschub, Strafvollstreckung.

Strafvollzugsbehelfe 80, 281 f.

Strafvollzugskosten 63, E. H., 105 ff.; 79, 1425 f.; 81, 105 ff.; 94, 259 f.

Strafvollzugsrückstände in Übertretungssachen, Verzeichnis der im Beiblatt zum Zentralpolizeiblatt auszuschreibenden St. 66, 348 f. (Form. 349).

Strafzeit, Berechnung bei Strafunterbrechung behufs neuerlicher Aburteilung 64, 45 f.

Straßen, Verrechnung der Kosten für Reinigung, Begießen und Verzieren ders. 63, E. H., 87; 64, 26 — s. a. Distriktsstraßen, Staatsstraßen.

Straßenaufsichtspersonal, Verteilung von Prämien aus dem Unterstützungsfonde für dass. 75, 130 f.

Straßenpolizei, Mitteilung der Ergebnisse der im Gebiete der Straßenpolizei eingekommenen Anzeigen wegen Übertretungen 79, Beil., 40.

Streitgegenstand, Wertsangabe 80, 331.

Streitverkündigungen, Protokolle der Gerichtsschreiber hierüber 79, 749.

Streu, Pfändung 79, 1516.

Streusand, Naturalabgabe 63, E. H., 78; 68, 145 f.; 80, 156 — Anschaffungskosten bei den Prüfungen für den höheren Justiz- und Verwaltungsdienst 93, 184.

Streusandgefäße, Anschaffung aus Regiemitteln 63, E. H., 86.

Stroh, Pfändung 79, 1516.

Strohsäcke, Verwendung von solchen als Bettlager in den Gerichtsgefängnissen 83, 105, 186.

Studienanstalten s. Rektorate.

Studierende der Hochschulen 2c., Strafanzeigen und strafrechtliche Untersuchung gegen solche, sowie Verurteilungen ders., Mitteilung hierüber an die Rektorate 64, 22; 79, Beil., 38; 80, 279 f.; 91, 74 f.

Stühle, Anschaffung aus Regiemitteln 63, E. H., 86.

Stundung der Geldstrafen 80, 468 — der in Vormundschaften und Pflegschaften geschuldeten Depositalgebühren in den Landesteilen rechts des Rheins 82, 310.

Sturz der Gerichtsbibliotheken 67, 107 ff. — s. a. Kassesturz.

Sturzprotokolle über den Bestand der Büchersammlungen, Behandlung 68, 27.

Subaltern- und **Unterbeamtenstellen** bei den Reichs- und Staatsbehörden, Besetzung mit Militäranwärtern 86, 11 ff., 20 ff., 41 ff., 64 f., 66 ff., 69 f.; 86, 253 f.; 88, 169 ff., 235 ff. — s. a. Dienstpersonal.

Subhastationsordnung v. 23. Febr. 1879 bezw. 29. Mai 1886, Vollzug des Art. 182: 80, 422; des Art. 57: 86, 188; des Gesetzes vom 29. Mai 1886 wegen Änderung der Bestimmungen ders. (Novelle) 86, 279 ff., 293 f.; 95, 57 f.

Subhastationsverfahren, Ermittelungen, dann Aufzeichnungen und Versteigerungen beweglicher Zugehörungen und Früchte 79, 612, 616, 626 f., 1545 f. — Akteneinsicht 79, 827 — Erhebung von Abschlagszahlungen auf die Gerichtskosten in dems. 80, 287 — Zustellungen in dems. 80, 361; 81, 324; 83, 16 f.; 86, 178 f.; 87, 102 f., 163 f.

Subjournal der Rentämter über Kosten in gerichtlichen Strafsachen 79, 1439, 1443.

Südafrikanische Republik (Transvaal), Rechtshilfeverkehr hiemit 87, 302 — s. a. Erwirkung von Auslieferungen, insbes. 90, 245.

Südsee-Inseln s. Konsulargerichtsbarkeit.

Sühneregister der Amtsgerichte 79, 756 (Form. 841 ff.).

Sühneversuche in Beleidigungssachen 79, 111, 369 ff. — von dem Amtsgerichte vorzunehmende 79, 755 f.

Suspension der Notare, Wirkung 63, E. H., 43 — des Strafvollzugs 63, E. H., 74 — der Gerichtsvollzieher 79, 617, 619, 1212 — richterlicher Beamten 81, 268 ff.

Sustentationen der nichtpragmatischen Beamten und Bediensteten 92, 199 ff. — der Sekretariats-Assistenten 92, 225 f.; s. a. 202 f.

Sustentationsgesuche von Hinterbliebenen des niederen Justizpersonals 94, 54.

T.

Tabaksteuergesetz, Vollzug **83,** 341 f.
Tabelle, strafgerichtliche, des Untersuchungsrichters und des mit Führung von Voruntersuchungen beauftragten Amtsrichters **79,** 568 (Form. 581 ff.) — der im Konkursverfahren angemeldeten Forderungen **79,** 814 ff. (Form. 875 ff.) — vollstreckbare Ausfertigung von Einträgen ders. **79,** 774 f. — der Hypothekenbewahrer **80,** 192, 194 — zu den Geschäftsausweisen der Gerichte s. Amtsgerichte, Landgerichte, Oberlandesgerichte, Schwurgerichte — s. a. Anlehenstabellen, Monatstabelle, Ortsentfernungstabelle, Pflegschaftstabellen, Verlassenschaftstabellen, Zivilprozeßtabellen.
Tagebuch für Ersuchen und Aufträge (Bezeichnung mit R) **63,** 107 ff., 122; **79,** 817 f.; **80,** 380 (Form. **63,** 131 ff.) — für das Hypothekenamt, Bezeichnung mit H) **63,** 107 ff.; **64,** 46 ff.; **66,** 101 ff.; **67,** 146; **70,** 68; **72,** 126 ff.; **80,** 4 f.; **81,** 171 f.; **88,** 164; **91,** 90 (Form. 72, 131 ff.) — allgemeines, Erlassung der Fortführung **70,** 409 — des Gefängniswärters über den Vollzug von Freiheitsstrafen **79,** Beil., 33, 43 (Form. 209 ff.) — des landgerichtlichen Staatsanwalts **79,** 567; **91,** 37 (Form. **79,** 577 ff.) — der Depositenkommission **79,** 674 ff. (Form. 693 ff.) — der Gerichtsschreiber über die von ihnen eingehobenen, in den Gebührenregistern zur Verrechnung gelangenden Gelder **79,** 1329 — der Gefängniswärter über die Vorräte an Feuerungsmaterial **83,** 180 ff. (Form. 197 ff.) — der Hinterlegungskommission **88,** 225, 228 ff.
Tagebuchs-Auszüge (Liquidationen über Tagegelder und Reisekosten) der Untersuchungsrichter und Amtsrichter **79,** 1427; **81,** 95 (Form. **79,** 1449 ff.).
Tagegebühren der Landgerichtsärzte **80,** 250 f.
Tagegelder und **Reisekosten** der Staatsanwälte für Visitationen **63,** E. H., 110 f. — der Beamten und Bediensteten des Zivilstaatsdienstes, Aufrechnung bei auswärtigen Dienstgeschäften **75,** 50 ff., 58 ff. — Vorlage von Beschwerden gegen Abstriche der Regierungsfinanzkammern **75,** 195 — der Bediensteten der Strafanstalten **75,** 203 f. — gerichtlicher Beamten, Erhebung und Verrechnung **79,** 1331; **83,** 331 f. — des Gerichtspersonals, dann der als Sachverständige beigezogenen öffentlichen Beamten, amtlichen Ärzte und deren Stellvertreter in gerichtlichen Strafsachen **79,** 1427, 1428, 1433; **91,** 170 f. — der zur Geschäftsaushilfe berufenen Rechtspraktikanten **80,** 123 — der mit Stellvertretung betrauten Richter **82,** 257 — von Mitgliedern der Prüfungskommissionen für den höheren Justiz- und Verwaltungsdienst **93,** 176 — s. a. Kommissionskosten, Liquidationen.
Tagesordnung in den Gerichtsgefängnissen **83,** 116.
Tagschreiber s. Sekretariatsassistenten, Sekretariatsgehilfen.
Tantiemen der Gerichtsschreiber **63,** E. H., 78, 84; **80,** 51 f., **92,** 141 — für die Besorgung des Gebührenwesens **79,** 1313 f., 1324 — Bestreitung der Kosten für Anschaffung von Formularpapier aus dens. **79,** 1356, 1894 f.
Tapeten, Reinigungskosten **67,** 98 f.
Tapezieren der Dienstwohnungen in Staatsgebäuden **81,** 434 f.
Tarif der Verdienstanteile der Gefangenen in den Gerichtsgefängnissen **83,** 112 f.
Taxanforderungs- u. **Taxregister-formulare,** Bestreitung der Kosten durch Gerichtsschreiber **63,** E. H., 78, 84.
Taxatoren, Protokoll der Gerichtsschreiber über Beeidigung ders. **79,** 754, 757 — s. a. Schätzleute.
Technische Revision von Kostenvoranschlägen **65,** 68 f.
Teilleistung des Schuldners bei der Zwangsvollstreckung **79,** 1508.
Teilung realer Forstrechte **63,** 224 f. — von Gemeinderechten **93,** 66 f.
Telegraph s. Staatstelegraph, telegraphische Verfolgung.
Telegraphengebühren, Behandlung im Gebührenwesen **79,** 1331; in gerichtlichen Strafsachen **79,** 1431 f., 1433, 1435.
Telegraphische Verfolgung flüchtiger Verbrecher **63,** 205 ff.; **65,** 153 f. — s. a. Depeschen.
Termine in schöffengerichtlichen Strafsachen **79,** Beil., 14 ff. — in Zivil- und Strafsachen bei den Landgerichten und Amtsgerichten, Bestimmung **79,** 929 — Gebührenfreiheit der Bestimmung oder Änderung von solchen in Parteisachen **79,** 1319 — Kalendereintrag und Verzeichnis ders. **80,** 425 f., 432 — Schreibgebühr für die Übertragung einer Terminsbestimmung auf eine Abschrift unstatthaft **81,** 330 — der Gerichte, Abhaltung solcher an Wahltagen **81,** 379 — s. a. Entlassungstermine, Verteilungstermine.

Terminskalender, Vormerkung über Offizialbetrieb in dens. 63, 123 — Naturalabgabe 63, E. H., 78; 68, 145; 80, 156.
Testamente, Aufnahme durch die Gerichte 63, E. H., 47 f. — Eröffnung und Verkündung 66, 133 ff. — Aufbewahrung 70, 63 — die bei den Notaren hinterlegten T. 86, 2 f.
Teuerungszulagen des nichtstabilen Dienstpersonals, hier Verpflichtung zur Anzeige über Verwendung von Militärpensionisten im Zivildienste 75, 21 f.
Thiersheim, Aufhebung des Notariats dortselbst 89, 133.
Thüren, Öffnung verschlossener Th. bei Zwangsvollstreckungen 79, 1506 — s. a. Vorthüren.
Tiere, Vergütung für Fütterung gepfändeter T. 79, 1519 f.
Tinte, Naturalabgabe 63, E. H., 78; 68, 145 f.; 80, 156 — Anschaffung von Tintengefäßen aus Regiemitteln 63, E. H., 86 — Anschaffungskosten bei den Prüfungen für den höheren Justiz- und Verwaltungsdienst 93, 184.
Tische s. Schreibtische.
Titel der Mitglieder der Landgerichte 79, 381 — eines Oberlandesgerichtsrates, Verleihung desselben an Oberamtsrichter 79, 383 — Gesuche um Allerhöchste Bewilligung zur Annahme fremder T. 87, 40 f. — der Nebenbeamten bei den Strafanstaltsverwaltungen 92, 89.
Titulatur der Obergerichtsschreiber und Gerichtsschreiber 81, 453 f.
Todesanzeigen, Sammelakten und Inhaltsverzeichnisse 63, 120 f. — Erstattung an die Zivilgerichte diess. des Rheins 66, 351 ff.; 76, 73.
Todesfälle in den Gerichtsgefängnissen 83, 122 f.
Todesstrafe, Protokoll des Gerichtsschreibers über Vollstreckung ders. 79, 755; 80, 260 — Vorschriften über das Verfahren bei deren Vollstreckung 80, 253 ff.
Todesurteile, Behandlung der Kosten für deren Vollstreckung 79, 1439.
Töchterkasse für Staatsdiener s. Unterstützungsverein.
Tödtungen, Verbindlichkeit zum Schadensersatze für die beim Betriebe von Eisenbahnen, Bergwerken 2c. herbeigeführten 71, 124 ff.
Transferierung realer Forstrechte 63, 224 f. — von Gemeinderechten 93, 66 f.
Transport von Gefangenen 83, 125 — von Schubgefangenen 88, 143 f.; 94, 230; 95, 41 — s. a. Militärarrestanten, Durchtransporte.
Transportkosten s. Auslieferung; s. a. Durchtransporte.
Transportvorweis, Unterfertigung durch Gerichtsschreiber 68, 126.
Transvaal (südafrikanische Republik), Rechtshilfeverkehr hiemit 87, 302 — s. a. Erwirkung von Auslieferungen, insbes. 90, 245.
Trauregisterauszüge, Beglaubigung 63, 96.
Treuenit, Gefährdungen hiedurch 95, 100 f.
Trinkgeräte der Gefangenen in den Gerichtsgefängnissen 83, 107.
Truppenkassenordnung 94, 98.
Türkei s. Konsulargerichtsbarkeit.

U.

Übereinkunft zwischen dem Deutschen Reich und der Schweiz wegen unmittelbarer Korrespondenz der beiderseitigen Gerichtsbehörden 79, 1, 2 f.; 88, 95 ff.; 90, 36 f. — zwischen Bayern und Österreich über Bestrafung der Forst-, Jagd-, Fisch- und Feldfrevel, Vollzug 80, 85 ff. — Übereinkunft Bayerns bezüglich der Kosten der Rechtshilfe in Strafsachen mit Baden und Hessen 84, 20 f.; mit Württemberg 84, 28 — zwischen dem Deutschen Reich und Luxemburg wegen gegenseitiger Zulassung der beiderseitigen Staatsangehörigen zum Armenrechte vom 12. Juni 1879, Vollzug 85, 207 f.
Überführungsgegenstände, Behandlung und Aufbewahrung in Strafsachen 79, 701 ff.; Beil., 46.
Übergabe von Schriftstücken an Gerichtsvollzieher 79, 1188, 1234 — s. a. Amtsübergabe.
Übernahme der Amtsanwaltschaft 79, 1179 f. — eines Geschäfts durch Gerichtsvollzieher 79, 1189 f. — von Schüblingen

80, 111 f.; **86**, 217 f. — s. a. Nebengeschäfte.
Überschreiben von Worten in Schriftstücken der Gerichtsschreiber **79**, 744 — in Urkunden und Geschäftsbüchern der Gerichtsvollzieher **79**, 1191, 1198.
Übersendung von Geldbeträgen und Erhebungsanweisungen an die im Verteilungstermine nicht erschienenen Beteiligten durch Gerichtsschreiber **79**, 810 — von Erklärungen des Notars, Gebühr hiefür **87**, 250.
Übersicht über das zur Vernichtung bestimmte Aktenmaterial **70**, 69 — über die Ergebnisse des Vollzugs der §§ 23 ff. des Strafgesetzbuchs für das Deutsche Reich im Königreiche Bayern pro 1872—1877: **78**, 60; pro 1878—1880: **81**, 122; pro 1881—1883: **84**, 130; pro 1884—1886: **87**, 313; pro 1887—1889: **90**, 303 — der strafbaren Handlungen, wegen welcher die auf grund des § 23 R. St. G. B. vorläufig entlassenen Sträflinge verurteilt waren, pro 1872—1877: **78**, 61; pro 1878—1880: **81**, 123; pro 1881—1883; **84**, 131; pro 1884—1886: **87**, 314; pro 1887—1889: **90**, 304 — über die Arbeitsthätigkeit in den Strafanstalten und Arbeitshäusern des Königreichs pro 1878: **79**, 28 f.; pro 1879: **80**, 52 ff.; pro 1880: **81**, 99 f.; pro 1881: **82**, 26 f.; pro 1882: **83**, 52 f.; pro 1883: **84**, 139 f; pro 1884: **85**, 178 ff.; pro 1885: **87**, 126 f.; pro 1886: **87**, 311 f.; pro 1887: **88**, 150 f.; pro 1888: **89**, 157 f.; pro 1889: **90**, 275 ff.; pro 1890: **91**, 173 f.; pro 1891: **92**, 208 ff.; pro 1892: **94**, 118 f.; pro 1893: **95**, 44 f. — der bei der landgerichtlichen Staatsanwaltschaft im Vorverfahren behandelten Anzeigen **79**, 567 (Form. 575) — tabellarische, der bei Untersuchungsrichtern und Amtsrichtern anhängigen Voruntersuchungen **79**, 568 (Form. 581 ff.) — über den Zu- und Abgang an geprüften Rechtspraktikanten **80**, 241; **83**, 321 (Form. **80**, 248) — der in den Akten der Strafkammern und Schwurgerichte befindlichen Beweisstücke und der Vernehmungen der Angeschuldigten, Zeugen und Sachverständigen **81**, 304 (Form. 305 f.) — in Forstrügesachen **85**, 127 ff.; **80**, 380 (Form. **79**, 1667 ff.) — zu den Vormundschaftsakten in der Pfalz **88**, 271 (Form. 280) — tabellarische, der den Kandidaten bei der zweiten Prüfung für den höheren Justiz- und Verwaltungsdienst erteilten Noten **93**, 182 (Form. 219 f.) — der zur Ausübung der Gerichtsbarkeit befugten Kaiserlichen Konsuln **95**, 98 — der zur Abhörung von Zeugen und zur Abnahme von Eiden befugten Kaiserlichen Konsuln **95**, 98 ff. — der Ergebnisse der ersten juristischen Prüfung vom Jahre 1830—1895: **95**, 287 — über die Ergebnisse der zweiten juristischen Prüfung in den Jahren 1870—1894 und über die Anstellung der in diesen Jahren geprüften Rechtspraktikanten im Justizstaatsdienste, sowie die Zulassung derselben zur Rechtsanwaltschaft (letztere beide bis zum 1. Dezember 1895) **95**, 289 ff. — über die in den Jahren 1886—1895 mit Bewerbern von juristischer Vorbildung zu besetzenden Stellen des Justizdienstes einschließlich der Rechtsanwälte und über die in den genannten Jahren erfolgten ersten Anstellungen von geprüften Rechtspraktikanten im Justizdienste, sowie über die im gleichen Zeitraum erfolgten Zulassungen zur Rechtsanwaltschaft **95**, 293 — über die Zahl der am 1. Dezember 1895 bei den Justizbehörden, den Notaren und Rechtsanwälten in Praxis befindlichen geprüften Rechtspraktikanten **95**, 294 — s. a. Dispensationsgesuche, Geschäftsübersichten, Jahresübersichten, Pensions- u. Unterstützungsverein, Unterstützungsverein.
Übertragsurkunden, Erhebung der Staatsgebühr für Zustellung derselben durch die Gerichtsvollzieher der Pfalz mittelst Gebührenmarken **79**, 1486.
Übertragung von Hypothekforderungen **69**, 123 — von Hypothekenbuchfolien **69**, 179 ff. — aus abgeschlossenen Geschäftsbüchern der Gerichtsvollzieher in neue **79**, 1212 — von Gemeinderechten **93**, 66 f.
Übertretungen, Bezeichnung **80**, 430.
Übertretungssachen, Behandlung der Begnadigungsgesuche **63**, E. H., 73 ff.; **92**, 289 f. — Strafaufschub **63**, E. H., 74; **92**, 289 f. — Strafunterbrechung **63**, E. H., 75; **75**, 129 f. — Verfahren bei Anzeigen gegen Strafgefangene **64**, 45 f. — Beiblatt zum Zentralpolizeiblatt für den Strafvollzug in solchen **66**, 166 f., 547 ff.; **72**, 193 f.; **73**, 16 — Berufungen in solchen, Bezeichnung mit E **80**, 431.
Überwachung der Hypothekenämter in der Pfalz **80**, 195 f.; **81**, 125 ff. — des Gefängnisdienstes **81**, 80.
Überweisung der Amtsgebäude an die Amtsvorstände **65**, 26 — Verurteilter an die Landespolizeibehörden **90**, 257; **91**, 65 ff. — gepfändeter Forderungen und Vermögensrechte an den Gläubiger **79**, 1538 ff.
Ummessungen, hypothekenamtliche Behandlung ders. **88**, 161.

Umschläge zum Hypothekentagebuch und Tagebuch für Ersuchen und Aufträge **63**, 108 — zu Verlassenschaftsakten **63**, 118 — zu Sammelakten **63**, 120 f. — zu Pflegschaftsakten **63**, 212; **64**, 186 — zu Akten in schöffengerichtlichen Strafsachen **79**, Beil., 8, 41 ff., (Form. 53, 223 ff.) — zu Prozeßakten der Landgerichte **79**, 818 ff. (Form. 879, 881) — zu Prozeß- und Vollstreckungsakten der Amtsgerichte **79**, 820 f. (Form. 889, 891) — zu Konkursakten **79**, 823 (Form. 905) — zu Strafakten der Landgerichte **79**, 824 (Form. 913) — zur Schonung der Gebührenregister **79**, 1322 — zu den Vormundschaftsakten in der Pfalz **88**, 270 — s. a. Aktenumschläge.

Umschreibbehörden, Verkehr der Notare hiemit **77**, 262 ff.

Umschreibkataster, Einsichtnahme hievon in den rentamtlichen Bureaulokalitäten durch die Notare, Hypothekenämter und Behörden **77**, 263.

Umschreibung Bayerischer Staatsobligationen **63**, 82 — s. a. Katasterumschreibung.

Umtausch älterer Auflagen juristischer Werke gegen neuere Auflagen bei den Büchersammlungen der Gerichte und Staatsanwaltschaften **88**, 133 — der Quittungskarten für die Invaliditäts- und Altersversicherung, Verfahren hiebei **90**, 333 ff., 342 ff.

Umwandlung der Geldstrafen in gerichtlichen Strafsachen **79**, 1440; in Forstrügesachen **79**, 1655 ff. — des Zuchthauses Lichtenau in eine Gefangenanstalt **93**, 255 f.

Umwandlungsverzeichnis in gerichtlichen Strafsachen **79**, 1440; **80**, 314, 468 (Form. **79**, 1467 ff.) — in Forstrügesachen **79**, 1655 f. (Form. 1690).

Umzugsgebühren, Attestierung der Ortsentfernungen behufs Berechnung **75**, 345 f. — bei allgemeinen Versetzungsgesuchen **76**, 289 ff. — Liquidation **84**, 93 ff. — Unterstützung zur Bestreitung von Umzugskosten der Mitglieder des Pensions- und Unterst.-Vereins bei den Justizbehörden Bayerns **91**, 135.

Unbekannte Personen, Verfahren bei Ermittelung ihrer Identität und Zuständigkeit **81**, 378 f.

Unbewegliche Sachen s. Immobilien.

Uneheliche Kinder s. außereheliche Kinder.

Uneinbringlichkeitsnachweis bei den Liquidationen der Gerichtsvollzieher in Armenrechtssachen **81**, 341.

Uneinbringlichkeitsverzeichnis in gerichtlichen Strafsachen **79**, 1437, 1441; **81**, 109 (Form. **79**, 1461 ff.) — in Forstrügesachen **79**, 1655, 1656 (Form. 1691).

Ungarn, Verkehr mit dortigen Behörden **70**, 58 — s. a. Auslieferung, Österreich.

Uniformierung der K. Zivilstaatsdiener und des subalternen Dienstpersonals **87**, 67 f. — des subalternen Justizpersonals **87**, 69 — der Direktoren und Verwalter der Strafanstalten und der Arbeitshäuser **88**, 106 f.

Universitätsdienst, Pension der in demselben angestellten Militärpensionäre **95**, 127.

Universitäts-Professoren und Beamte, Beitritt zum allgemeinen Unterstützungsverein **90**, 99.

Universitätsstudenten, strafrechtliche Untersuchungen gegen dies. und Verurteilungen ders., Mitteilungen hierüber an die Rektorate **64**, 22; **79**, Beil., 38.

Unmittelbare Stiftungen s. Stiftungen.

Unmittelbarer Verkehr zwischen auswärtigen Gesandtschaften und den K. B. Stellen und Behörden **66**, 17 f.

Unselbständige Personen, Zwangsvollstreckung zur Erwirkung der Herausgabe solcher **79**, 1548 f.

Unterbeamtenstellen s. Subaltern- und Unterbeamtenstellen, Militäranwärter.

Unterbrechung des Vorbereitungsdienstes und der Praxis der Rechtspraktikanten **80**, 240, 244 f.; **93**, 145, 173, 175 — s. a. Strafunterbrechung.

Unterbringung der Gefangenen in den Gerichtsgefängnissen **83**, 94 f. — sichere, von Leichen, Kosten **85**, 10 f. — von Blödsinnigen und Geisteskranken in Irrenanstalten **94**, 63 f.; **95**, 72 ff. — s. a. jugendliche Personen, Nachhaft.

Unterfertigung von Transportvorweisen durch Gerichtsschreiber **68**, 126 — von Geschäftsausweisen der Gerichte **80**, 384 — s. a. Unterschrift, Unterzeichnung.

Unterhaltsbeiträge der Strafanstaltsbediensteten **76**, 98 f. — für dienstunfähige Gerichtsvollzieher und deren Witwen und Waisen **79**, 614, 624; **94**, 209 f. — für dienstunfähige Sekretariats-Assistenten **90**, 86 — für Hinterbliebene von Angehörigen des Reichsheeres und der Marine **91**, 113 ff. — für das Kanzleipersonal bei den Gerichten und Staatsanwaltschaften **91**, 133 ff.

Unterhaltungsarbeiten an Staatsgebäuden **64**, 33 ff.

Unterhaltungsausgaben auf Amtslokalitäten **69**, 14 f. — s. a. Bauunterhaltungsausgaben.

Unteroffiziere, Unterstützung von Waisen ders. **91**, 113 ff. — s. a. Anstellung, Militäranwärter.

Unterschrift in Notariatsurkunden **66**, 295 ff.; **68**, 85 ff.; **70**, 45 — gerichtliche Beglaubigung amtlicher U. **79**, 98 — der Gerichtsschreiber **79**, 744, 745 — der Gerichtsvollzieher, ihrer Stellvertreter und Gehilfen auf Urkunden und Schriftstücken **79**, 1192 — Beglaubigung bei Auslieferungsanträgen s. Erwirkung von Auslieferungen — s. a. Namensunterschrift, Unterfertigung, Unterzeichnung.

Unterstützungen unverschuldet in Not versetzter Advokaten und Rechtsanwälte, Satzungen für die Verwaltung des betr. Fonds **84**, 219 ff. — für Hinterlassene von Angehörigen des Reichsheeres und der Marine **91**, 113 ff. — für das Kanzleipersonal bei den Gerichten und Staatsanwaltschaften **91**, 133 ff. — s. a. Reiseunterstützungen, Zentralausschuß.

Unterstützungsfondsabgabe **81**, 189 ff.

Unterstützungsverein, allgemeiner, für die Hinterlassenen der K. B. Staatsdiener und die hiemit verbundene Töchterkasse **65**, 177 ff.; **66**, 177, 178 ff.; **68**, 195; **70**, 3 f.; **71**, 98 f., 357 f.; **72**, 280 ff.; **74**, 20 f., 120 ff.; **76**, 111 ff., 320; **78**, 50 ff.; **79**, 246 f., 247 f.; **81**, 155 ff., 225 ff.; **83**, 49 ff.; **85**, 148 ff.; **87**, 69 f.; **88**, 43 ff., 58 ff.; **88**, 117 f., 118 ff.; **89**, 179 ff., 212; **93**, 241 f., 242 f. — Mitteilung der Ergebnisse der General-Rechnung pro 1865/66: **67**, 235 ff.; pro 1866/67: **69**, 57 ff; pro 1868: **69**, 267 ff.; pro 1869: **70**, 505 ff.; pro 1870: **71**, 289 ff.; pro 1871: **72**, 269 ff.; pro 1872: **73**, 207 ff.; pro 1873: **74**, 253 ff.; pro 1874: **75**, 205 ff.; pro 1875: [illegible], 39 ff.; pro 1876: **78**, 3 ff.; pro 1877: **78**, 241 ff.; pro 1878: **80**, 225 ff.; pro 1879: **80**, 363 ff.; pro 1880: **81**, 397 ff.; pro 1881: **82**, 267 ff.; pro 1882: **83**, 383 ff.; pro 1883: **85**, 11 ff.; pro 1884: **86**, 127 ff.; pro 1885: **87**, 23 ff.; pro 1886: **88**, 10 ff.; pro 1887: **89**, 66 ff.; pro 1888: **89**, 204 ff.; pro 1889: **90**, 311 ff.; pro 1890: **91**, 221 ff.; pro 1891: **92**, 271 ff.; pro 1892: **93**, 303 ff.; pro 1893: **94**, 241 ff.; pro 1894: **95**, 265, 266 ff. — Übersicht über die Zahl der Mitglieder und Unterstützten pro 1880: **82**, 54 ff.; pro 1881: **82**, 272 ff.; pro 1882: **83**, 388 ff.; pro 1883: **85**, 16 ff.; pro 1884: **86**, 132 ff.; pro 1885: **87**, 18 ff.; pro 1886: **88**, 5 ff.; pro 1887: **89**, 61 ff.; pro 1888: **89**, 209 ff.; pro 1889: **90**, 316 ff.; pro 1890: **91**, 227 ff.; pro 1891: **92**, 276 ff.; pro 1892: **93**, 308 ff.; pro 1893: **94**, 247 ff.; pro 1894: **95**, 271 ff. — rechnerische Behandlung der Einnahmen und Ausgaben **90**, 97 ff. — s. a. Pensions- und Unterstützungsverein.

Untersuchung menschlicher Leichen, Instruktion der Ärzte im Königreich Bayern hiefür **81**, 6, 7 ff.; **92**, 1 f. — der Explosionen von Dampfkesseln und Dampfgefäßen **93**, 49 f. — s. a. Voruntersuchung.

Untersuchungen, strafrechtliche, wegen Zuwiderhandlungen gegen das Malzaufschlagsgesetz **68**, 225 f.; **74**, 251; gegen Wehrpflichtige, die sich der Wehrpflicht entzogen haben **80**, 250; gegen Beamte und öffentliche Diener, Mitteilungen hierüber an die Finanzbehörden **84**, 209 ff. — gerichtlich-mikroskopische durch die Medizinal-Komites **80**, 149 ff. — s. a. Mitteilung.

Untersuchungsakten, Vernichtung **70**, 65 f. — Mitteilung derselben bei Zuwiderhandlungen gegen das Malzaufschlagsgesetz an das Hauptzollamt **74**, 251.

Untersuchungsanstalten für Nahrungs- und Genußmittel **86**, 165 ff.; **92**, 189 f. — rechnerische Behandlung der auf grund des Reichsgesetzes vom 14. Mai 1879 auferlegten Geldstrafen **84**, 33 f.; **85**, 147 f. — Benachrichtigung derselben durch die Staatsanwälte und Amtsanwälte über Verfehlungen in bezug auf Nahrungs- und Genußmittel, sowie Gebrauchsgegenstände und über Beitreibung der betr. Geldstrafen **90**, 53 f.; **92**, 189 f.

Untersuchungsgefangene, Behandlung in den Gerichtsgefängnissen **83**, 125 f. — Verzeichnis ders. **83**, 127 f., 128 ff. (Form. 139 ff.); Bezeichnung dess. mit A **83**, 132.

Untersuchungshaft, gesonderte Verwahrung jugendlicher Personen während ders. **75**, 185 f. — Heranziehung der in U. befindlichen Militärpflichtigen zur Musterung und Aushebung **88**, 164 f.

Untersuchungskosten, Vormerkung auf künftiges Vermögen Verurteilter **64**, 38 — Bestreitung und Verrechnung durch die Rentämter **79**, 1425.

Untersuchungsrichter, Thätigkeit bei Auslieferung von Verbrechern **64**, 29 ff. — Verpflichtung der Notare, denselben die nötige Einsicht von Urkunden zu gewähren **65**, 77 f. — Benützung der Güterzüge ohne Personenbeförderung durch dies. **73**, 15 — Kompetenzstreit mit Militärgerichten **79**, 92 — Dienstsiegel **79**, 543 — Mitteilung der tabellarischen Übersicht der anhängigen Voruntersuchungen an die landgerichtliche Staatsanwaltschaft **79**, 568 — Bestellung **79**, 631 f., 1879 f.; **81**, 416 — Liquidation der Tagegelder und Reisekosten **79**, 1427; **81**, 95 (Form. **79**, 1449 ff.) — Erholung von Leumunds- und Vermögenszeugnissen für Angeschul-

digte **81**, 108 — Besorgung des Gerichtsschreiberdienstes bei dens. **90**, 86 — s. a. Erwirkung von Auslieferungen.
Unterzeichnung von Berichten und Ausfertigungen **66**, 27 f. — gerichtlicher Ausfertigungen **79**, 95, 98, 100 — s. a. Unterfertigung, Unterschrift.
Unvollziehbare Notariatsurkunden, Geschäftsbehandlung bei den Hypothekenämtern bezüglich solcher **91**, 89 f.
Unzulässigkeit von Auslieferungsanträgen s. Auslieferung.
Urheberrecht an Schriftwerken, Abbildungen, musikalischen Kompositionen und dramatischen Werken **71**, 97, 345, 346 ff.; **72**, 89 ff. — an Mustern und Modellen **76**, 153 ff., 156 ff., 162 ff., 170 ff.; **84**, 41 ff.; **87**, 53 f.; s. a. **94**, 210 f. — an Werken der bildenden Künste **76**, 170 ff. — s. a. Sachverständigenvereine.
Urheberrechte, Pfändung **79**, 1544.
Urkataster, Einsichtnahme derselben in den rentamtlichen Bureaulokalitäten durch die Notare, Hypothekenämter und Behörden **77**, 263.
Urkunden zum Gebrauche in Sachsen **66**, 13 f.; **73**, 41 f. — der Gerichtsvollzieher **79**, 624, 1191 ff., 1196 — gerichtliche, vollstreckbare Ausfertigungen von solchen **79**, 772, 773 — Aufbewahrung solcher auf der Gerichtsschreiberei **79**, 808 — als Schuldtitel zur Zwangsvollstreckung **79**, 1497 — Bescheinigung der Gesetzmäßigkeit inländischer öffentlicher U. **91**, 240 — s. a. Beglaubigung, Gerichtsurkunden, Hypothekenurkunden, Notariatsurkunden, Postzustellungsurkunden, Privaturkunden, Schuldurkunde, Übertragsurkunden, Verzichtsurkunden, Zessionsurkunden, Zustellungsurkunde.
Urkundenprozesse, Bezeichnung bei den Amtsgerichten, Landgerichten I. Instanz und den Oberlandesgerichten mit B, bei den Landgerichten in II. Instanz mit G **80**, 421, 423.
Urkundsperson, Verrichtung einer solchen im Konkursverfahren durch Gerichtsschreiber **79**, 105 f., 812 ff.; durch Gerichtsvollzieher **79**, 106, 627, 1562 f.
Urlaub der Notare **65**, 1 f.; **66**, 9 f; in der Pfalz **68**, 174 f. — der Gerichtsschreiber **69**, 1 f., 168 f.; **76**, 304, 362 — der Staatsdiener **72**, 25 — der Gerichtsvollzieher **79**, 725, 1212 — der Rechtspraktikanten **80**, 243 f.; **93**, 143 — Gebührenfreiheit der Verhandlungen über Gesuche hierum **79**, 1319 — Gebührenpflicht telegraphisch gestellter Urlaubsgesuche **86**, 92 f. — s. a. Beurlaubung.
Urlisten für Schöffen und Geschworene **80**, 290 ff.; **81**, 374 f.; **83**, 14; **87**, 164 (Form. **80**, 303) — s. a. Formularpapier.
Urschriften von Notariatsverhandlungen über unbewegliche Sachen, Mitteilung an das Hypothekenamt und Behandlung bei dems. **64**, 212 ff.
Urteile, Formel für den Erlaß gerichtlicher U. **79**, 337 — in schöffengerichtlichen Strafsachen **79**, Beil., 23 ff. (Form. 161 ff.); Zustellung und Abschriften **79**, Beil., 24 f.; Vollzug **79**, Beil., 28 ff. — in bürgerlichen Rechtsstreitigkeiten, Behandlung in der Gerichtsschreiberei **79**, 758 f.; Ausfertigungen und Auszüge **79**, 759 f.; Zeugnisse über deren Rechtskraft **79**, 760 ff.; vollstreckbare Ausfertigungen **79**, 765 ff., 805; Bezeichnung der Parteivertreter bei Abfassung ders. **82**, 158 — in landgerichtlichen und schwurgerichtlichen Strafsachen, Formular **79**, 1052 — als Schuldtitel zur Zwangsvollstreckung **79**, 1497, 1499 f. — nichtdeutscher Gerichte, Zwangsvollstreckung aus solchen **79**, 1500 f. — im Disziplinarverfahren gegen richterliche Beamte **81**, 263 f., 266 — in Forstrügesachen **85**, 133 (Form. **79**, 1686 f. — auf Bestimmungen des Patentgesetzes bezügliche, Übersendung kostenfreier Abschriften an das K. Staatsministerium der Justiz **89**, 32 f. — in Angelegenheiten des Zeichenschutzes und des Schutzes von Geschmacksmustern, Mitteilung an das Kais. Patentamt **94**, 210 f. — Ausfertigung solcher bei Auslieferungsanträgen s. Erwirkung von Auslieferungen — s. a. Mitteilung, Strafurteile, Todesurteile.
Urteilsbücher in Strafsachen, Aufbewahrung **70**, 67 — der Staatsanwälte an Landgerichten (Schwurgerichten), Führung **79**, 568; **91**, 37 (Form. **79**, 589 ff.).
Urteilsverkündung, Vermerk durch Gerichtsschreiber **79**, 758 — Eintrag in die Kalender für mündliche Verhandlungen **80**, 425, 428, 430.
Urteilsvollstreckung durch Konsuln **87**, 288 — in Strafsachen im Auslande **87**, 292.
Uruguay s. Erwirkung von Auslieferungen, insbes. **90**, 245 f.

V.

V. Bezeichnung des Vorschußregisters mit diesem Buchstaben 84, 123.
Vagantenkostenrechnungen, Stellung 84, 151 f.
Vagantenprotokolle, frühere, Vernichtung 70, 66.
Vakanzenliste für Militäranwärter 85, 229 f.; 86, 32 f.
Vaterschaft, Ersuchschreiben von Vormundschaftsbehörden zum Zwecke der Feststellung ders. 64, 121 ff.
Verabschiedete Offiziere, Gerichtsbarkeit über dies. 91, 40 f. — Mitteilung über strafgerichtliche Untersuchungen ꝛc. gegen solche 91, 40 f.
Veränderungen s. Änderungen, Besitzveränderung.
Veräußerung beweglicher, mit Arrest belegter Gegenstände 79, 1554 — s. a. Aktenveräußerung
Verantwortlichkeit der Gerichtsschreiber 79, 606 — der Gerichtsvollzieher 79, 616, 1199 — der Gefängniswärter 83, 36 — s. a. Dienstverantwortlichkeit.
Verbesserung der Pensions- und Sustentationsverhältnisse der nichtpragmatischen Beamten und Bediensteten 92, 199 ff.; s. a. 225 f.
Verbote ausländischer periodischer Druckschriften 78, 177.
Verbrechen, Bezeichnung in den Kalendern für die mündlichen Verhandlungen 80, 430, 431.
Verbrecher, Requisitionen um Verhaftung flüchtiger V. und telegraphische Verfolgung 63, 205 ff.; 65, 153 f. — Auslieferung 64, 29 ff. — Auslieferung an außerdeutsche Staaten 90, 205 ff., 210 ff; 92, 45 ff., 54 f. — Belohnungen für Ermittelung ꝛc. von solchen 91, 2 f.
Verbuchung vorgeschossener Untersuchungskosten 64, 38.
Verdienstanteile der Gefangenen in den Gerichtsgefängnissen 83, 112 ff. — des Gefängniswärters 83, 114 — Buch hiefür 83, 134, 136 (Form. 171 ff.).
Verehelichung der Notare 63, 34 f., E. H., 35 f. — der Notariatsgehilfen 63, 41 — der geprüften Bewerber um das Gerichtsvollzieheramt 79, 719 — der Gerichtsvollzieher 79, 727; 80, 335 f. — Gebührenfreiheit der Gesuche um dienstliche Verehelichungsbewilligung 79, 1319 — der geprüften Bewerber um das Gerichtsschreiberamt 80, 34 f. — der zur Rechtsanwaltschaft zugelassenen geprüften Rechtspraktikanten 95, 234 — s. a. Eheschließung, Zivilehegesetz.
Verehelichungsdokumente, Beglaubigung 63, 97 — s. a. Zivilehegesetz.
Vereine, Zustellungen an solche 79, 1235 f., 1237, 1239 f. (Form. 1266 f.).
Vereinfachte Zustellungen im Strafverfahren 79, 554 f., 625, 783, 1194, 1201, 1250 f.; 80, 332 f.; 81, 327 f.
Vereinfachung s. Verkehr.
Vereinigte Staaten von Amerika, Zeugenvernehmungen und Eidesabnahmen dortselbst 72, 67 ff. — Rechtshilfeverkehr hiemit 87, 302 ff. — s. a. Auslieferung, insbes. 90, 213; 92, 45 ff.
Vereinigung der beiden Amtsgerichte Würzburg I und II: 92, 175.
Vereinkindschaftungsakten, Vernichtung 70, 63.
Verfahren bei den mit Adoptions- oder Legitimationsgesuchen verbundenen Namensänderungsgesuchen 65, 2 f. — in Quiescenzfällen 70, 50 f. — bei Wechselstempelhinterziehungen 73, 187 ff. — bei Erinnerungen und Beschwerden wegen Gebührenansätzen 79, 1351 ff. — Verfahren und Zuständigkeit bei Auffindung von Leichen 79, 1573 ff. — in Forststrafsachen 79, 1639 ff.; 85, 125 ff. — im Verwaltungswege bei Zuwiderhandlungen gegen die Vorschriften über das Gebührenwesen und die Erbschaftssteuer 79, 1709 ff. — bei Vollziehung der Todesstrafe 80, 253 ff. — Instruktion für das Verfahren der Ärzte bei gerichtlichen Untersuchungen menschlicher Leichen 81, 6, 7 ff.; 92, 1 f. — bei Änderung von Gemeinde-, Bezirksamts- und Amtsgerichtsbezirken 81, 362 f. — bei Identitäts-Feststellung bezüglich unbekannter Personen 81, 378 f. — in Steuerstrafsachen 81, 417 ff. — bei Zuwiderhandlungen gegen die Vorschriften über die Erhebung öffentlicher Abgaben 82, 127 f.; 85, 169 f. — s. a. Aufgebotsverfahren, Auslieferung, Berichtigungsverfahren, Disziplinarverfahren, Ehrengerichtliches Verfahren, Hypothekenbereinigungsverfahren, Katasterumschreibung, Konkursverfahren, Strafverfahren, Subhastationsverfahren, Verteilungsverfahren.
Verfehlungen der Notare gegen § 21 des Wechselstempelsteuergesetzes disziplinär strafbar 72, 274 f. — nicht disziplinärer Natur der Gerichtsvollzieher, Einschreiten dagegen 79, 726 — gegen das Nahrungsmittelgesetz 92, 189 f.
Verfassung und Zuständigkeit der Disziplinargerichte 81, 253 ff.

Verfügungen, Behandlung von solchen in der Gerichtsschreiberei **79**, 758 — Ausfertigungen und Auszüge **79**, 759 f. — s. a. einstweilige Verfügungen, letztwillige Verfügungen, Späheverfügungen.
Vergehen, Bezeichnung in den Kalendern für die mündlichen Verhandlungen **80**, 430 f.
Vergehenssachen, Behandlung der Begnadigungsgesuche **72**, 107 — Unterbrechung des Strafvollzugs in gewissen V. **75**, 129 f.
Vergiftungsfälle, Leichenuntersuchung bei solchen **92**, 1 f.
Vergleiche über Alimentation außerehelicher Kinder, Zuständigkeit zur Protokollierung **64**, 21 — in Sühnesachen, Behandlung **79**, 755 f. — gerichtliche, vollstreckbare Ausfertigung **79**, 771, 1499 f. — als Schuldtitel zur Zwangsvollstreckung **79**, 1498 — s. a. Zwangsvergleich.
Vergleichsbehörden in Beleidigungssachen **79**, 369 ff.
Vergütungen der Stellvertreter von Gerichtsvollziehern **79**, 616 — der Gerichtsvollzieher **79**, 616 f.; **81**, 318, 324, 372 f.; s. a. 335 ff. — der für die Ausführung einzelner dringlicher Gerichtsvollziehergeschäfte besonders aufgestellten Person **79**, 621 f. — der zu Gerichtsvollziehern für Zustellungen und Zwangsvollstreckungen in Strafsachen bestellten Amtsgerichtsdiener und Gehilfen **79**, 622 — für Fütterung gepfändeter Tiere **79**, 1519 f. — der Hypothekenbewahrer für verwendetes Papier **80**, 192 — der Gefängniswärter **83**, 180, 183, 186, 187.
Verhaftete Personen, Erlassung von Strafbefehlen gegen solche **87**, 116 — s. a. Militärpflichtige.
Verhaftung flüchtiger Verbrecher, Requisition um solche **63**, 205 ff.; **65**, 99 f. — Zurücknahme von Requisitionen um V. an ausländische Behörden **69**, 120 — des Schuldners zur Vollziehung des persönlichen Sicherheitsarrestes **79**, 1554 — s. a. Nachverhaftung, Personalhaft, Zwangshaft.
Verhalten, amtliches und außeramtliches des Gerichtsvollziehers **79**, 615, 726 — der Gefängnisbediensteten **83**, 85 f. — der Gefangenen in den Gerichtsgefängnissen **83**, 99 ff. — s. a. sittliches Verhalten.
Verhandlungen, des Deutschen Reichstags, Anschaffung **71**, 61 f. — Protokolle der Gerichtsschreiber über gerichtliche V. **79**, 753 f., 755 ff. — über Urlaubsgesuche 2c., Gebührenfreiheit **79**, 1319 — s. a. Hauptverhandlungen, kontradiktorische Verhandlungen, Landtagsverhandlungen, mündliche Verhandlungen, Verlassenschaftsverhandlungen.
Verhinderung des zuständigen Gerichts **79**, 91 f. — der Staatsanwälte und Amtsanwälte **79**, 104 — der Gerichtsschreiber **79**, 606 — der Gerichtsvollzieher **79**, 616, 619, 1189 f., 1212.
Verjährung rückständiger Gebühren und Auslagen **79**, 1351 — der Ansprüche auf Rückersatz bezahlter Gebühren und Auslagen **79**, 1351 — der Gebührenansprüche der Zeugen und Sachverständigen in gerichtlichen Strafsachen **79**, 1428 — von Dienstvergehen richterlicher Beamten **81**, 250.
Verkauf aus freier Hand gepfändeter beweglicher Sachen, insbesondere von Wertpapieren, Gold- und Silbersachen **79**, 1529 f. — einer gepfändeten Forderung **79**, 1543 — s. a. Forstrechte, Zwangsverkauf.
Verkehr der Gerichte unter sich und mit dem Justizministerium **63**, E. H., 12 f. — der rechnungsführenden Gerichtsschreiber mit den K. Regierungsfinanzkammern und Rentämtern **63**, E. H., 112 f. — der Notare mit den Hypothekenämtern **64**, 210 ff.; **66**, 78 ff., 253 f.; **69**, 163 ff.; **77**, 257 — Form des schriftlichen V. der Gerichte mit Notaren **64**, 266 f. — unmittelbarer, zwischen auswärtigen Gesandtschaften und den K. B. Stellen und Behörden **66**, 17 f.; **76**, 341 f. — mit Ungarischen Behörden **70**, 58 — dienstlicher, schriftlicher, Vereinfachung **74**, 108 ff., 140 ff., 170 f.; **80**, 461 f.; **85**, 75 f., 97 f. — der Notare mit den Umschreibbehörden **77**, 262 ff. — im schöffengerichtlichen Verfahren **79**, Beil., 44 f. — Papierformat im amtlichen V. **79**, 562 — der Gefangenen in den Gerichtsgefängnissen **83**, 97, 99 — zwischen dem Verwaltungsrate und den Mitgliedern des Pens.- und Unterst.-Vereins der Kanzlisten bei den Justizbehörden Bayerns **91**, 142 — s. a. Ausland, Auslieferungsverkehr, Depositenverkehr, diplomatischer Verkehr, Geschäftsverkehr, Korrespondenz, Lokalverkehr, Nahrungsmittel, Zustellungsverkehr.
Verkehrsanstalten, Amtsgeschäfte des Fiskals **88**, 104 f. — Vertretung ders. als Drittschuldner **94**, 93 f.
Verkündung von Testamenten **66**, 133 ff. — s. a. Urteilsverkündung.
Verkündungsvermerk der Gerichtsschreiber auf den in bürgerlichen Rechtsstreitigkeiten erlassenen Urteilen **79**, 758.
Verlassenschaften, Aufbewahrung von Notariatsurkunden in solchen **65**, 12 ff.

— Bayerischer Staatsangehöriger in Österreich **74**, 176 f. — von in Bayern verstorbenen Ausländern **77**, **129** f.; **78**, 13 f. — Besitzveränderungen in solchen **78**, 147 — Zuständigkeit der Amtsgerichte **79**, 93 — der in Bayern gestorbenen Badischen Staatsangehörigen, Behandlung **88**, 171 — s. a. Nachlaß.
Verlassenschaftsakten, Behandlung **63**, 118 f. — Anschaffung von Umschlägen hiezu **63**, 212 — der Notare **65**, 12 ff. — Ausscheidung und Vernichtung **70**, 62.
Verlassenschaftsgericht, Übermittelung der bei den Notaren verschlossen hinterlegten letztwilligen Verfügungen an dass. **86**, 2 f.
Verlassenschaftssachen, Geschäftsausweise **64**, 194 ff. — Versteigerungen in solchen durch Gerichtsvollzieher auf Anordnung des Gerichts **79**, 612, 627 f., 1564 f. — Vornahme von Siegelungen und Entsiegelungen durch Gerichtsschreiber in den Landesteilen rechts des Rheins **79**, 814 — Zustellungen in dens. **79**, 1257 — Beiziehung des Dienerpersonals der Amtsgerichte zu Siegelungen und Entsiegelungen in solchen **85**, 158 f.
Verlassenschaftstabellen, frühere, Vernichtung **70**, 67.
Verlassenschaftsverhandlungen der Notare, Akten bei solchen **65**, 12 ff. — Gebührenbewertung in solchen **81**, 219 ff.; **82**, 217; **83**, 19; **86**, 179 f.
Verlassenschaftsverzeichnis 63, 118 f.; **64**, 194 ff.; **67**, 146; **70**, 68; **75**, 233; **80**, 4 f. (Form. **63**, 137 ff.).
Verlassenschaftswesen in den rechtsrheinischen Landesteilen, Behandlung durch die Notare **65**, 12 ff. — Beaufsichtigung **81**, 175 f.
Verleihung des Titels eines Oberlandesgerichtsrats an Oberamtsrichter und Landgerichtsräte **79**, 383; **90**, 161 — s. a. Abgaben.
Verlust des Adels, Löschung in der Adelsmatrikel **66**, 362 f. — der Bundes- und Staatsangehörigkeit **71**, 97 — der bürgerlichen Ehrenrechte, Wirkung auf das Pensionsbezugsrecht eines Mitgliedes des Pens.- und Unterst.-Vereins der Kanzlisten bei den Justizbehörden Bayerns **91**, 150.
Vermerk über die Beendigung einer Sache im Prozeßregister und Vollstreckungsregister **80**, 422, 423 — s. a. Präsentationsvermerk, Verkündungsvermerk.
Vermieter s. Hauswirte.
Vermittelung von Anlehen durch Notare **66**, 181 ff. — von Rechtsstreitigkeiten durch Konsuln **71**, 188 f. — des Gerichtsschreibers bei Erteilung von Zustellungs- und Zwangsvollstreckungsaufträgen der Parteien an Gerichtsvollzieher **79**, 788 ff., 810 ff., 1187 f.
Vermittelungsamt in Handelssachen zu Nürnberg **79**, 91.
Vermittelungsbehörden bei Besetzung der Subaltern- und Unterbeamtenstellen bei den Reichs- und Staatsbehörden mit Militäranwärtern **86**, 32 f., 37, **65**.
Vermögen, Vormerkung von Untersuchungskosten auf künftiges V. **64**, 38 — Thätigkeit des Gerichtsvollziehers bei der Zwangsvollstreckung in unbewegliches V. **79**, 1545 f. — des Pens.- und Unterst.-Vereins der Kanzlisten bei den Justizbehörden in Bayern **91**, 152, 156.
Vermögensrechte, Zwangsvollstreckung in solche **79**, 1544.
Vermögenszeugnisse s. Leumunds- und Vermögenszeugnisse.
Vermögensverhältnisse der Gerichtsvollzieher **79**, 610, 725, 727, 730 — der Bewerber um Gerichtsvollzieherstellen **79**, 714, 719 — des Beschuldigten **79**, 1434, 1437, 1438; **81**, 108 ff.
Vermögensverzeichnisse, Herstellung durch Gerichtsschreiber **79**, 812 ff.
Vernehmungen von Notaren als Zeugen **65**, 202 ff. — in den Gerichtsgefängnissen **83**, 119 — zeugschaftliche, von öffentlichen Beamten in Strafsachen **85**, 145 f. — Protokollierung des Ergebnisses der V. in den strafgerichtlichen Hauptverhandlungen **86**, 167 f. — s. a. Sachverständige, Übersicht, Zeugenvernehmungen.
Vernichtung von Akten **70**, 61 ff.; **89**, 201.
Veröffentlichung amtlicher Bekanntmachungen, Auswahl der hiezu bestimmten Blätter **79**, 362 f. — von Kuratelbestellungen in Ausführung des Art. **48** des Notariatsgesetzes **84**, 190 — amtlicher Ausschreibungen durch das Zeitungsblatt „Nachrichten aus Deutschland und der Schweiz" in New-York **87**, 309 — der Handelsregister-Einträge **91**, 195 f.; s. a. 240 — s. a. Ankündigung, Bekanntmachung.
Verpackung amtlicher Fahrpostsendungen **65**, 42 f. — der Reichsmünzen **75**, 298 ff.; **87**, 117 — der Zählkarten für die Konkursstatistik **95**, 13, 18.
Verpfändung von Immobilien, diesen gleichgeachteten Rechten und Hypothekforderungen **69**, 128 — von Schiffen **95**, 300, 302 f.
Verpflegungskosten, Behandlung in gerichtlichen Strafsachen **79**, 1427, 1433, 1438 — während der Schuldhaft, Nachweis über deren Vorausbezahlung vor

Vollzug der Haft **79**, 1550 — für die Haft des Gemeinschuldners im Konkurse **79**, 1555 — Behandlung in Forstrügesachen **79**, 1658 f. — der Gefangenen in den Strafanstalten **81**, 105 ff.; in den Gerichtsgefängnissen **83**, 187 ff.; s. a. Verzeichnis der Verpflegskosten — gerichtlicher Gefangenen, Liquidation der Krankenanstalt **83**, 190 — Berechnung der Rückersätze von solchen bei den Strafanstaltsverwaltungen **94**, 259 f.

Verpflichtung der Gerichtsboten und Diener, dann der Gefängniswärter **63**, E. H., 14; s. a. **83**, 82 — der Flurwächter **63**, E. H., 33 — der Hilfspersonen der Forstpolizei **64**, 252 f.; **71**, 33 f. — der Notare und deren Amtsverweser, Bekanntmachung **65**, 99; **82**, 254 — der Bezirksamtsassessoren und der mit der Amtsanwaltschaft betrauten Gemeindebeamten oder Bediensteten **67**, 282 f. — der Gehilfen der Ratsdiener, Boten, Amtsgerichtsdiener und Gefängniswärter **69**, 169 f.; **83**, 82 — der Hypothekenschätzer **71**, 33 f. — richterlicher Beamten **71**, 356 — der Richter **79**, 89 f. — der Gerichtsschreiber **79**, 105 — der Handelsrichter **79**, 535 — der Gerichtsschreibergehilfen **79**, 608 — der Gerichtsvollzieher **79**, 614 f. — der Gerichtsvollzieher-Verweser, Stellvertreter, Gehilfen und der für einzelne dringliche Gerichtsvollzieher-Geschäfte aufgestellten Personen **79**, 620, 621 — der Bewerber um Gerichtsvollzieherstellen **79**, 714 — Gebührenfreiheit der eidlichen V. von Beamten und öffentlichen Dienern **79**, 1319 — der Bewerber um das Gerichtsschreiberamt **80**, 23, 25 — der amtlichen Ärzte und deren Stellvertreter **81**, 96 ff. — der Mitglieder der Disziplinargerichte **81**, 250 — der Kameralpraktikanten **83**, 69 — der Rechtspraktikanten **93**, 142 f. — s. a. Amtseid, Beeidigung, Beeidigungsregister, Diensteid.

Verpflichtungsprotokoll, Aufnahme durch Gerichtsschreiber **79**, 754 — Ausfertigung von solchen **83**, 369 f.

Verrechnung von ständigen Bauausgaben 2c. **64**, 25 ff.; **81**, 414 f. — vorgeschossener Untersuchungskosten **64**, 38 — der Abonnements auf amtliche Blätter und Zeitungen **68**, 172 — der Kosten in gerichtlichen Strafsachen durch die Rentämter **79**, 1425 ff., 1440 ff. — über die im Zwangsvollstreckungsverfahren eingenommenen Beträge durch den Gerichtsvollzieher **79**, 1536 f. — der für die Geschäfte des Reichsgerichts in Ansatz kommenden Kosten **79**, 1580 f., 1581 ff.; **86**, 126; **87**, 239 ff. — ausgabliche, der Gerichtsvollziehergebühren in gerichtlichen Strafsachen **80**, 142 f. — ausgabliche, der auf Ersuchen der Gerichtsschreiber für Zustellungen von amtswegen außerhalb Bayerns erwachsenden Postgebühren **81**, 322 — von Gerichtsauslagen bei Ersuchen bayerischer Gerichte **88**, 144 f. — der Ausgaben für die Gerichtsschreiberei **92**, 135 ff. — der Schreibgebühren **92**, 139 ff.

Verschluß der Gerichtsgebäude **63**, E. H., 6 ff. — der Gerichtsgefängnisse **83**, 95 f. — der zu übergebenden Schriftstücke im Falle einer Ersatzzustellung **95**, 263 f.

Verschollenheitsakten, Vernichtung **70**, 63.

Verschuldung von Staatsbeamten, Zuständigkeit für Ansprüche gegen den Staat aus ders. **79**, 96.

Verschwiegenheit s. Amtsverschwiegenheit.

Versendung von Insertionskosten durch die Post **66**, 161 f., 265 f. — s. a. Aktenversendung.

Versetzung der Gerichtsvollzieher **79**, 726, 727, 728, 1212 — unfreiwillige, der Hypothekenbewahrer **80**, 191; richterlicher Beamten auf eine andere Stelle **81**, 270 ff.; in den Ruhestand **81**, 272 ff. — s. a. Strafversetzung.

Versetzungsgesuche, Anspruch auf Umzugsgebühren bei allgemeinen **76**, 289 ff. — der Gerichtsvollzieher **79**, 728 — der Justizbeamten **81**, 297 ff.; **83**, 306 f.; **87**, 138 — der Notare in den rechtsrheinischen Landesteilen **84**, 3 f. — der Sekretariatsgehilfen **87**, 153.

Versicherung von Staats-, Gemeinde- und Stiftungsgebäuden **78**, 166 ff. — der Inventarsbestände der Gerichtsbehörden gegen Feuersgefahr **81**, 301 f.

Versicherungspflicht s. Invaliditäts-Versicherung.

Versteigerung in Vormundschafts- und Verlassenschaftssachen durch Gerichtsvollzieher **79**, 612, 627, 1564 f. — Staatsgebühren für öffentliche V. beweglicher Sachen durch Gerichtsvollzieher **79**, 1491, 1565 f. — von gepfändeten beweglichen Sachen, Früchten, Forderungen und anderen Vermögensrechten **79**, 1524 ff., 1532, 1543 — von Früchten und beweglichen Zugehörungen im Subhastationsverfahren **79**, 1545, 627 — beweglicher, mit Arrest belegter Gegenstände **79**, 1554 — von beweglichen Pfändern außerhalb der Zwangsvollstreckung **79**, 1563 f., 627 — freiwillige, beweglicher Sachen durch Gerichtsvollzieher in der Pfalz **79**,

1565, 628 — von Liegenschaften, Gebühren von Notariatsurkunden hierüber **83**, 216 — s. a. Mobiliarversteigerungen, Zwangsversteigerungen.

Versteigerungsbekanntmachung des Gerichtsvollziehers **79**, 1525 f.; **80**, 332; **81**, 373.

Verteidiger, Vorladung, Formular **79**, 995 ff. — zwangsweise Beitreibung der gegen dens. ausgesprochenen Geldstrafe **79**, 1558.

Verteidigungskosten, rechnerische Behandlung **79**, 1427, 1431 f., 1433 — Festsetzung **81**, 208 f.

Verteilung ungenügenden Erlöses, wenn für mehrere Gläubiger bewegliche Sachen gepfändet wurden oder bei Zwangsvollstreckungen in Forderungen auf Herausgabe beweglicher Sachen **79**, 1537, 1541 — s. a. Geschäftsverteilung.

Verteilungsplan über die von Mitgliedern einer eingetragenen Genossenschaft zur Befriedigung der Genossenschaftsgläubiger zu leistenden Beiträge, Zwangsvollstreckung aus dem von einem Deutschen Gerichte für vollstreckbar erklärten V. **79**, 1498 — im Subhastationsverfahren, Verwendung eines Rechnungsverständigen bei Herstellung des Entwurfs dess. **86**, 284.

Verteilungstermin, Übersendung von Geldbeträgen und Erhebungsanweisungen an die in solchem nicht erschienenen Beteiligten durch Gerichtsschreiber **79**, 810.

Verteilungsverfahren, bewegliches Vermögen betreffendes, Bezeichnung dess. mit G, dann Ersichtlichmachung der Eröffnung dess. bei Zwangsversteigerungen und Zwangsverwaltungen im Vollstreckungsregister **80**, 422.

Verträge über Alimentation außerehelicher Kinder, Zuständigkeit zur Beurkundung **64**, 20 f. — s. a. Auslieferungsverträge, Dienstverträge, Eheverträge, Einkindschaftsverträge, Gesellschaftsverträge, Staatsvertrag, Übereinkunft.

Vertragsprotokolle, Vernichtung **70**, 62.

Vertrauensmänner, Wahl **79**, 95; **80**, 295 f. — Vergütung von Reisekosten an solche **83**, 349 f.

Vertreter, gesetzlicher, Zustellung an solchen **79**, 1235 f., 1237, 1239 f., 1241 (Form. 1265 f.) — s. a. Parteivertreter, Stellvertreter.

Vertretung einer Partei in bürgerlichen Rechtsstreitigkeiten durch Gerichtsvollzieher **79**, 615 — staatsanwaltschaftliche Vertretung des Ärars durch Fiskalbeamte **79**, 1353 — des Staatsärars im Konkursverfahren **79**, 1605 ff. — der Verkehrsanstalten bei Zwangsvollstreckung in Forderungen und andere Vermögensrechte **94**, 93 f. — s. a. Militärfiskus, Stellvertretung.

Verurteilungen s. Mitteilung.

Verwahrung, gesonderte, jugendlicher Personen während der Untersuchungs- und Strafhaft **75**, 185 f. — der in Strafsachen zu Gericht kommenden Gegenstände **79**, 701 ff.; **80**, 77, 473 ff. — gepfändeter Gegenstände **79**, 1519 f. — von Schlüsselduplikaten der Rentämter **80**, 251 f. — der Sachen von Gefangenen in den Gerichtsgefängnissen **83**, 92 f.; s. a. Verzeichnis — von Schlüsselduplikaten der K. Postanstalten **86**, 252 — verurteilter Personen in einem Arbeitshaus **90**, 257; **91**, 65 ff. — von Blödsinnigen und Geisteskranken **94**, 63 f.; **95**, 72 ff. — s. a. Aufbewahrung.

Verwahrungsbuch der Amtsgerichte in der Pfalz **79**, 1281 (Form. 1283 ff.).

Verwahrungsorte für der Landespolizeibehörde überwiesene Personen **91**, 73.

Verwalter an den Landgerichtsgefängnissen in der Pfalz **79**, 391; **83**, 79 ff.; **86**, 67, 74, 76 ff.; **87**, 69 — der Strafanstalten und Arbeitshäuser, Uniformierung **88**, 106 f. — Titel **92**, 89.

Verwaltung der Amtsgerichts- und Landgerichtsgefängnisse **79**, 1271 f., 1719 f. — bei Pfändung von Nutzungen **79**, 1544 — des Pens.- und Unterst.-Vereins der Kanzlisten bei den Justizbehörden Bayerns **91**, 152 ff. — s. a. Justizverwaltung, Militärverwaltung, ökonomische Verwaltung, Zwangsverwaltungen.

Verwaltungsbehörden, Übernahme der Amtsanwaltschaft **67**, 281 ff.; **79**, 1179 f. — Mitteilung über Untersuchungen gegen Schullehrer und Gemeindebedienstete an dies. **68**, 208 — Ansprüche gegen den Staat wegen Verfügungen ders. **79**, 96 — zwangsweise Vollziehung ihrer Beschlüsse und Ausstandsverzeichnisse **79**, 1560 f. — Zuständigkeit zu Ausweisungen und zur Einschaffung in Arbeitshäuser **90**, 257; **91**, 65 ff. — Vorbereitungsdienst der Rechtspraktikanten bei dens. **93**, 141 ff., 164 ff., insbes. 171.

Verwaltungsdienst, Prüfungen für den, höherer V. s. Prüfungen.

Verwaltungsgerichtshof, Berufung des Präsidenten, des Direktors und der Mitglieder dess. zum Schöffen- und Geschworenendienste **79**, 95, 96, 99 — Unzuständigkeit desselben bei Entschädigungsklagen gegen Gerichtsvollzieher wegen Überschreitung ihrer Amtsbefugnisse **83**, 234 — Disziplinarverfahren gegen richterliche Mitglieder dess. **81**, 275 f., 285.

Verwaltungsrat des Pensionsvereins der Notare, Bildung **85**, 218 f. — des Pens.= und Unterst.=Vereins der Kanzlisten bei den Justizbehörden Bayerns **91**, 141 ff., 153 ff. — des allgemeinen Unterstützungsvereins für die Hinterlassenen der K. B. Staatsdiener und der hiemit verbundenen Töchterkasse s. Unterstützungsverein, allgemeiner.

Verwaltungsrechtssachen, Ladung öffentlicher Beamten und Bediensteten in solchen **79**, 1291 ff. — Zwangsvollstreckung in solchen durch Gerichtsvollzieher **79**, 1560 f.

Verwaltungssachen, Thätigkeit von Notaren in solchen **68**, 89 ff. — Ladung öffentlicher Beamten oder Bediensteten in solchen **79**, 1291 ff. — Zwangsvollstreckung in solchen durch Gerichtsvollzieher **79**, 1560 f.

Verwandtschaft der Richter **79**, 90 — der Staatsanwälte **79**, 103.

Verweigerung der Amtsausübung seitens der Gerichtsvollzieher **79**, 615 f., 1497 — der Annahme der Zustellung **79**, 1241, 1245.

Verweis als Disziplinarstrafe der Gerichtsvollzieher **79**, 618; der Hypothekenbewahrer **80**, 195; richterlicher Beamten **81**, 250, 252, 267; der Handelsrichter **81**, 275.

Verweisung von Ausländern aus dem Reichsgebiete **80**, 151 f.; **90**, 257; **91**, 68.

Verwertung gepfändeter Gegenstände **79**, 1254 f. — gepfändeter Wertpapiere aus freier Hand **79**, 1529 ff. — gepfändeter Forderungen und Vermögensrechte statt Überweisung **79**, 1543.

Verweser von Gerichtsvollzieherstellen **79**, 619 f., 1213; Protokoll der Gerichtsschreiber über Beeidigung ders. **79**, 754, 757 — der Hypothekenämter in der Pfalz **80**, 194, 195, 196 — s. a. Amtsverweser.

Verzeichnis sämtlicher Pfleglinge **64**, 186; **81**, 61 (Form. **64**, 189) — notarielles, der beurkundeten Besitzveränderungen **65**, 74 — der im Beiblatt zum Zentral=Polizeiblatte auszuschreibenden Strafvollzugsrückstände in Übertretungssachen **66**, 348 (Form. 349) — der Bücher und Akten des Hypothekenamts **67**, 194 — über an das Reichsarchiv abzugebende Akten **70**, 69, 452 — der Notare über Kuratelbestellungen **71**, 307 f. — der vom Amtsanwalte zur Hauptverhandlung zu ladenden Personen **79**, Beil., 17 (Form. 77 ff.) — der Zinsverfalltermine **79**, 666 (Form. 685) — der bei den Landgerichten in Strafsachen in Verwahrung genommenen Gegenstände **79**, 701 (Form. 707 ff.) — der Bewerber um das Gerichtsvollzieheramt **79**, 718; **86**, 104 f. (Form. **79**, 733) — der verkündeten und unterschriebenen Urteile **79**, 758 (Form. 845) — der auf der Gerichtsschreiberei des Amtsgerichts nach § 167 der R. C. P. O. niedergelegten Schriftstücke **79**, 808; **89**, 250 (Form. **79**, 869 f.) — der ausgelosten Hauptgeschworenen (Spruchliste), Formular **79**, 1007 ff. — der laufenden Nummern des Gebührenregisters, unter welchen dem Rentamte Rückstände zur zwangsweisen Beitreibung überwiesen wurden **79**, 1335 — über an Zeugen und Sachverständige bezahlte Gebühren in Strafsachen **79**, 1429 f. (Form. 1452) — über die für Rechnung des Rentamts erlegten Geldstrafen und Kosten in Strafsachen **79**, 1439 (Form. 1465) — der zum Vollzuge des Forstgesetzes aufgestellten Formularien **79**, 1661 f. — der zum Vorbereitungsdienste zugelassenen Bewerber um das Gerichtsschreiberamt **80**, 23 (Form. 40) — der in Praxis stehenden geprüften Rechtspraktikanten **80**, 240 f.; **83**, 321 (Form. **80**, 247) — über Anträge auf Erteilung der Erlaubnis zur Vornahme von Vollstreckungshandlungen zur Nachtzeit oder an einem Sonn= oder allgemeinen Feiertage, sowie zur Ausführung einer Zustellung an einem Sonntage oder allgemeinen Feiertage **80**, 424 — der anberaumten Termine **80**, 432 — der Zivilgefangenen **81**, 485 f.; **83**, 127, 132 (Form. **81**, **487** ff.) — der in Verwahrung genommenen Sachen der Gefangenen **83**, 92, 128 (Form. 153 ff.) — der Untersuchungsgefangenen **83**, 127, 128 f., 132 (Form. 139 ff.) — der Strafgefangenen **83**, 127 f., 130 f., 132; **89**, 53 (Form. **83**, 143 ff.) — der polizeilichen und Schubgefangenen **83**, 128, 131 f. (Form. 147 ff.) — der Verpflegungskosten **83**, 187 ff., 191 (Form. 201 ff.) — der in der Forstrügesitzung in Abwesenheit abgeurteilten Angeklagten und zivilverantwortlichen Personen **85**, 133 (Form. **79**, 1686) — der bestraften Forstfrevler **85**, 135 f.; **89**, 126 (Form. **79**, 1694) — der den Militäranwärtern im Reichsdienste vorbehaltenen Stellen **86**, 23 f. (Form. 49 ff., 64) — der den Militäranwärtern im Bayerischen Justizdienste vorbehaltenen Stellen **86**, 66 ff.; **92**, 75 f. — der Gerichte, Rechtsanwälte, Notare und Gerichtsvollzieher im Deutschen Reiche **86**, 148 — der Rentämter über des Eintrags in das Hypothekenbuch bedürfende Grundgefälle **86**, 187, 188 f. — der Schweizerischen Gerichtsbehörden **88**, 95 ff.; **90**, 36 f. — der bei Ersuchen

Bayerischer Gerichte bestrittenen Gerichtsauslagen **88**, 144 f. (Form. 146) — zu Vormundschaftsakten in der Pfalz **88**, 271 (Form. 281) — derjenigen Personen, gegen welche auf Verlust der bürgerlichen Ehrenrechte erkannt worden ist **89**, 36 — der Kaiserlich Deutschen Konsulate **90**, 211 — der im Dienstbereiche des k. Justizministeriums und der ihm untergeordneten Stellen verwendeten Personen, welche den Bestimmungen des Invaliditäts- und Altersversicherungs-Gesetzes nicht unterliegen bezw. gemäß § 4 Abs. 1 des bezeichneten Gesetzes von der Versicherungspflicht ausgenommen sind **90**, 366 f.; **95**, 75 — der von der J. G. Weiß'schen Buchdruckerei in München zu beziehenden Druckformularien **91**, 64 (Beil. zu Nr. IV) — von Schuldverschreibungen der deutschen Reichsanleihen **92**, 97 (Form. 105) — derjenigen Landeskassen, durch welche an Orten, an denen sich keine mit Kassen-Einrichtung versehene Bankanstalt befindet, die Berichtigung von Buchschuldzinsen erfolgen kann **92**, 100 (Form. 106 f.) — der geprüften Rechtskandidaten **93**, 162 f. — der für nicht befähigt erklärten Rechtskandidaten **93**, 163 — der vorläufig für die zweite Prüfung für den höheren Justiz- und Verwaltungsdienst angemeldeten Rechtspraktikanten **93**, 174 (Form. 207 ff.) — der zur zweiten Prüfung für den höheren Justiz- und Verwaltungsdienst zugelassenen Kandidaten **93**, 176 (Form. 211 ff.) — der sämtlichen im Königreiche Bayern funktionierenden auswärtigen Konsularbehörden bezw. Konsularbeamten nach dem Stande von Ende Dezember 1895: **96**, 21 ff. — der in den Rechtsanwaltslisten der K. B. Gerichte eingetragenen Rechtsanwälte nach dem Stande vom 1. April 1896: **96**, 137 ff. — s. a. Anzeigeverzeichnis, Bewerberverzeichnisse, Forstrügeverzeichnisse, Geschäftsverzeichnis, Haftstrafenverzeichnis, Hauptverzeichnis, Inhaltsverzeichnis, Kostenverzeichnisse, Kurrentverzeichnis, Namensverzeichnis, Pflegschaftsverzeichnisse, Quittungsverzeichnis, Registraturverzeichnis, Übersicht, Umwandlungsverzeichnis, Uneinbringlichkeits-Verzeichnis, Verlassenschaftsverzeichnis, Vermögensverzeichnisse, Vorladungsverzeichnis.

Verzeichnung der mündlichen Verhandlungen **80**, 425 ff.; **87**, 327 ff. — der allgemeinen Erlasse **87**, 140.

Verzicht, Zustellung eines solchen außerhalb des Prozesses **79**, 1258 f., 1187.

Verzichtsurkunden der Ehefrauen kautionspflichtiger Beamten **78**, 261 f.

Verzögerung der Rechtspflege, Aufsicht von amtswegen **79**, 108 — Beschwerden der Beteiligten **79**, 108 f.

Vieh, Pfändung **79**, 1516 — eingeschmuggeltes, Kontumazierungskosten hiefür **81**, 299 ff.

Vinkulierung Bayerischer Staatsobligationen **63**, 82.

Visitation von Gerichten und Notaren, Kosten **63**, E. H., 110 f. — oberärztliche, der Gerichtsgefängnisse **64**, 245 f.; **83**, 357 f. — ärztliche, der Strafanstalten **76**, 110 — der Dienstführung des Gerichtsvollziehers durch den Amtsrichter **79**, 725 — der Amtsgerichte **81**, 178 ff. — der Landgerichte **81**, 183 f. — der Notariate **81**, 233 ff. — der Gerichtsgefängnisse **83**, 80, 81, 89, 96 f. — der Gefangenen in den Gerichtsgefängnissen **83**, 91 f., 96, 187 — des Vormundschaftswesens in der Pfalz **88**, 272.

Visitationsakten, Vernichtung **70**, 67.

Visitationsreisen der Oberstaatsanwälte und Staatsanwälte **81**, 242 ff.

Vollmachten, Gebrauch von Formularen zu notariellen **69**, 181 — s. a. Handelsvollmachten, Prozeßvollmacht.

Vollmachtsurkunde des Gerichtsvollziehers bei Zustellungen von Erklärungen außerhalb des Prozesses **79**, 1186 f.

Vollstreckbare Ausfertigung von Urteilen in bürgerlichen Rechtsstreitigkeiten, Vergleichen rc. **79**, 765 ff., 805, 1499 f. — gerichtlicher Urkunden **79**, 772, 773 — der Eintragung in die Konkurstabelle und des Zwangsvergleiches **79**, 774 f. — Aushändigung an die Gerichtsvollzieher zum Zwecke der Zwangsvollstreckung **79**, 1505 — Aushändigung an den Schuldner nach erfolgter Leistung **79**, 1508 — von Notariatsurkunden, Form **80**, 110 f.

Vollstreckung der Todesstrafe, Vorschriften über das Verfahren hiebei **80**, 253 ff. — der Geldstrafen im Disziplinarverfahren gegen richterliche Beamte **81**, 267 — von Gesamtstrafen bei Festsetzung der Einzelstrafen von Gerichten verschiedener Bundesstaaten **85**, 159 f. — s. a. Strafvollstreckung, Strafvollzug, Zwangsvollstreckung.

Vollstreckungsakten der Amtsgerichte **79**, 820 f. — der Gerichtsvollzieher **79**, 1210 f., 1213 f.

Vollstreckungsbefehle im Mahnverfahren, Vermerk der Gebührenregisternummern auf dens. **79**, 315 — Eintrag im Mahnregister **79**, 315, 803 — Muster hiezu **79**, 321, 323, 325 — Formel für Erlassung **79**, 337 — Zeugnis über die Rechtskraft **79**, 765 — vollstreckbare Ausfertigung **79**, 772, 773, 1499 —

Vermerk der Erhebung des Einspruchs gegen dies. im Mahnregister 80, 424 — Thätigkeit der Gerichtsschreiber bei Entgegennahme von Gesuchen um solche 81, 370 f. — Erwirkung von solchen durch Gerichtsvollzieher 81, 372; 84, 25 f.
Vollstreckungsgericht, Zuständigkeit 79, 1497, 1506.
Vollstreckungsklausel der Verwaltungsbehörden, dann der Gemeinde- und Stiftungsverwaltungen 79, 329 f. — Form, Erteilung &c. 79, 765 ff., 1499 f., 1501 ff.
Vollstreckungsrecht der mit der Verrechnung ärarialischer Gebühren und Auslagen betrauten Behörden 79, 1314 — worauf dasselbe beruht 79, 1497.
Vollstreckungsregister der Amtsgerichte 79, 821; 80, 422 f. (Form. 79, 895 f.) — der Gerichtsvollzieher 79, 1198 f., 1207 ff., 1211 f., 1213 (Form. 1227 ff.) — s. a. Nachschlageregister.
Vollzug konkurrierender Gefängnisstrafen 68, 2 f. — der korrektionellen Nachhaft 91, 65 ff. — von Freiheitsstrafen gegen Militärpersonen 91, 31 ff. — der Festungshaft an Zivilpersonen 93, 101 ff. — von Gesetzen &c. s. die betr. Gesetze &c. — s. a. Strafvollzug, Übersicht.
Vollzugsanzeigen der Depositen-Kommission 79, 667 f. (Form. 689) — des Boten- und Dienerpersonals bei Zustellungen von amtswegen durch die Post 81, 326 f.
Vollzugsinstruktion vom 1. Juni 1862 zum Notariatsgesetz, Vollzug der §§ 7, 8, 15: 82, 254; des § 28: 66, 221 f.; des § 40: 66, 294 f.; des § 89: 86, 2 f.; des § 121: 66, 133 ff.
Voranschlag für die Gerichtsgefängnisse 83, 191 f. (Form. 205 ff.) — s. a. Kostenvoranschläge.
Vorauszahlung der Gerichtskosten, Befreiung der Österreicher hiervon 80, 61 f.
Vorbedingungen behufs Anstellung im Gerichtsschreiberamt 79, 386 f. — behufs Anstellung im Gerichtsvollzieheramt 79, 610 — für die Zulassung zur Prüfung für den niederen Finanzdienst, I. Abt. 83, 68, 68 ff. — zur Anstellung im niederen Justizdienste 86, 70 ff.; 87, 152 f.
Vorbereitungsdienst für das Gerichtsvollzieheramt 79, 713 ff.; 80, 472 f.; 81, 153 f., 393 f. — für das Gerichtsschreiberamt 80, 22 ff., 32; 86, 114 — der Militäranwärter 86, 15 f. — für den höheren Justiz- und Verwaltungsdienst 93, 141 ff., 163 ff.; s. a. 80, 237 ff. — s. a. informatorische Beschäftigung.
Vorführung, zwangsweise, durch Gerichtsvollzieher 79, 612, 616, 628, 722, 1561 f. — von Militärpersonen 80, 198 f.
Vorführungsbefehl des Amtsrichters 79, Beil., 26 (Form. 171) — des Untersuchungsrichters, des Landgerichts, Formulare 79, 1143 f.
Vorladung s. Ladung, Strafantritt.
Vorladungsbefehl in land- und schwurgerichtlichen Strafsachen, Formular 79, 963.
Vorladungsverzeichnis für die Hauptverhandlung in Forstrügesachen 79, 787; 85, 131 (Form. 79, 1684) — s. a. Auszug.
Vorlagen, amtliche, Zulässigkeit solcher an vorgesetzte Behörden und Stellen mittelst Randbericht 74, 109 — von Beschwerden gegen Abstriche der Regierungsfinanzkammern 75, 195 — der Geschäftsausweise der Gerichte 80, 382 ff. — s. a. Aktenvorlage.
Vorläufig entlassene Sträflinge s. Übersicht.
Vorläufige Festnahme s. Festnahme.
Vormerkung über Offizialbetrieb in Terminskalendern 63, 123 — von Untersuchungskosten auf künftiges Vermögen Verurteilter 64, 38 — einer Hypothek, Befugnis der Notare zur Beurkundung selbständiger Anträge auf solche 64, 257 f. — statt besonderen Protokolls 66, 241 — im Hypothekenbuche 69, 77 ff. — von Gebühren, Auslagen &c. in den Kostenverzeichnissen 79, 1334, 1433 f. — der Strafkosten in den Akten 79, 1434 — Berechnung der Gebühr für Einschreibung einer solchen in das Hypothekenbuch 81, 218 f. — von Arresthypotheken, Benachrichtigung des Schuldners hierüber 91, 161.
Vormerkungsbögen für Pflegschaften 64, 186, 192, 259 f. (Form. 191 ff.).
Vormerkungsbuch des landgerichtlichen Staatsanwalts über die auf Ersuchen anderer Behörden zu vollstreckenden Freiheitsstrafen 79, 568 (Form. 593 ff.) — der Landgerichte über die zu Untersuchungszwecken hinausgegebenen und wieder zurückerhaltenen Gegenstände 79, 702 (Form. 711) — der Oberstaatsanwälte und Staatsanwälte über Dienstreisen 81, 244.
Vormerkungsliste über den Vollzug von Freiheitsstrafen in schöffengerichtlichen Strafsachen 79, Beil., 33, 47 (Form. 205 ff.); s. a. Auszug — des landgerichtlichen Staatsanwaltes über Berufungen und Beschwerden 79, 568 (Form. 597 ff., 601 ff.).
Vormundschaften, Gebührenfreiheit der Gesuche um Erlaubnis zur Uebernahme von solchen seitens öffentlicher Bediensteten 79, 1319 — in den Landesteilen rechts des Rheins, Fälligkeit und Stundung der Depositalgebühren in dens. 82, 310; 92, 187 f.

Vormundschaftsakten in der Pfalz **88**, 270 ff.
Vormundschaftsbehörden s. Obervormundschaftsbehörden.
Vormundschaftsrechnungen 66, 229.
Vormundschaftsregister, Führung **88**, 269 ff. (Form. 277 ff.).
Vormundschaftssachen, Versteigerung beweglicher Sachen in denselben durch Gerichtsvollzieher auf Anordnung der Gerichte **79**, 612, 627, 1564 f. — Zustellungen in dens. **79**, 1257 — geschäftliche Behandlung solcher in der Pfalz **88**, 261 ff. — Gebühren der Hypothekenbewahrer in der Pfalz **89**, 1 f.
Vormundschaftswesen, Behandlung in sachlicher und formeller Beziehung **66**, 224 ff. — Zuständigkeit der Amtsgerichte **79**, 93 — in der Pfalz, geschäftliche Behandlung **88**, 261 ff.
Vornamensänderung, Gesuche um Bewilligung **66**, 61 ff.
Vorprüfung, schriftliche, für den höheren Justiz- und Verwaltungsdienst **93**, 138 ff., 150 ff.
Vorrang unter Ober-Amtsrichtern und Gerichtsschreibern der Amtsgerichte **79**, 392.
Vorrechte eines Gläubigers, Wahrung bei einer weiteren Pfändung **79**, 1534.
Vorrückung in eine höhere Gehaltsklasse **92**, 145 ff.
Vorschlagsliste der Geschworenen **80**, 298 ff.; **83**, 14.
Vorschriften für die Geschäftsbehandlung in den zur Zuständigkeit der Schöffengerichte gehörigen Strafsachen **79**, 377 f. und Beil.; **80**, 6 ff.; **81**, 58 ff. — revidierte, zum Vollzuge des Forstgesetzes vom 28. März 1852: **79**, 1626 ff.; **82**, 302; **85**, 125 ff. — über das Verfahren bei Vollstreckung der Todesstrafe **80**, 253 ff. — über die Verwendung der Wechselstempelmarken, Abänderung **81**, 395 f. — über die Organisation der Gerichtsgefängnisse **83**, 78 ff. — über die Führung des Gefängnisdienstes und die Hausordnung in den Gerichtsgefängnissen **83**, 90 ff. — über die ökonomische Verwaltung der Gerichtsgefängnisse **83**, 179 ff. — über die Personalakten, die Qualifikation und die sonstigen Berichterstattungen der Aufsichtsbehörden hinsichtlich der Justizbeamten **83**, 293 ff., 295 ff.; hinsichtlich der Bewerber um Anstellung im höheren Justizstaatsdienst **83**, 293 ff., 317 ff.; hinsichtlich des niederen Justizpersonals **86**, 76 ff.; **91**, 137 ff. — s. a. Dienstvorschriften.
Vorschüsse, Behandlung von solchen durch Gerichtsvollzieher **79**, 1189, 1195, 1204, 1209 — an Reisekosten für dürftige Zeugen in gerichtlichen Strafsachen **79**, 1430; **84**, 49 f. — an Tagegeldern und Reisekosten der Untersuchungsrichter und deren Aktuare **81**, 95 — zur Deckung der Ausgaben für die Gerichtsschreiberei **92**, 137 — s. a. Auslagenvorschüsse, Gebührenvorschüsse, Kostenvorschüsse, Postvorschuß.
Vorschußregister, der Gerichtsschreiber, Führung **79**, 1330, 1373; **88**, 144 f. (Form. **79**, 1373 ff.) — besondere für Handelssachen **79**, 1334 — Behandlung der Auslagenvorschüsse in gerichtlichen Strafsachen durch dass. **79**, 1438 — Bezeichnung mit V **84**, 123.
Vorsitzender der Kammer für Handelssachen, Bestellung und Vertretung **79**, 98, 535 — des Schwurgerichts, Berichterstattung **80**, 464 ff.
Vorstände der K. Distriktspolizeibehörden und deren Stellvertreter, Hilfsbeamte der Staatsanwaltschaft **79**, 536 — s. a. Amtsvorstände, Anwaltskammern, Gefängnisvorstände, Gerichtsvorstände.
Vorsteher von Behörden, Gemeinden, Korporationen, Vereinen rc. s. Vertreter.
Vorstellungen an Seine Majestät den König, Form **74**, 108.
Vorstrafen, Feststellung in der Hauptverhandlung **94**, 171 f.
Vorthüren, Einsetzen und Hinwegnehmen, Verrechnung der Kosten **64**, 26.
Voruntersuchung, vereinfachte Zustellung und Ladung der Angeschuldigten, Zeugen und Sachverständigen durch einfache mündliche oder schriftliche Mitteilung **79**, 554 ff. — tabellarische Übersicht der bei Untersuchungsrichtern und Amtsrichtern anhängigen V. **79**, 568 — Protokolle der Gerichtsschreiber in ders. **79**, 756 — im Disziplinarverfahren gegen richterliche Beamte **81**, 256, 258 ff.
Vorzug des Ärarial- und Lokalmalzaufschlags bei der Zwangsvollstreckung in die dem Betriebe der Bierbrauerei dienenden Bräuhäuser u. s. w. **88**, 199.
Vorzugsrecht der Forderungen von Ehefrauen, Register über die zur Erhaltung desselben angemeldeten Forderungen **79**, 222 ff. (Form. 227 ff.) — früheres, auf eine zu pfändende Sache, Verhalten des Gerichtsvollziehers demselben gegenüber **79**, 1518 — Wahrung desselben bei Pfändung von Forderungen und Vermögensrechten durch Benachrichtigung des Schuldners und Drittschuldners von der beabsichtigten Pfändung **79**, 1543 f.

W.

Währung s. Ausland.
Wäsche der Gefangenen in den Gerichtsgefängnissen **83**, 106.
Waffengebrauch der Gefängnisbediensteten **83**, 98.
Wahlen für den Schöffen- und Geschworenendienst **79**, 331 ff.; **80**, 290 ff.; **81**, 374 f.; **83**, 13 ff. — zum Reichstag und zum Landtag, Abhaltung von Sitzungen und Terminen an den hiefür bestimmten Tagen **81**, 379 f.
Waisen der Kanzleibediensteten bayerischer Gerichte **91**, 135 — der Mitglieder des Pensions- und Unterstützungs-Vereins der Kanzlisten bei den Justizbehörden Bayerns **91**, 151 — s. a. Advokaten, Gnadenunterstützungen, Pensionsverein, Unterhaltsbeiträge, Unterstützungsverein, Witwen und Waisen.
Wandkalender, Naturalabgabe **63**, E. H., 78; **68**, 145 f.; **80**, 156.
Wappen s. Siegelwappen.
Wappenschilde, Führung solcher seitens der Notare **63**, 102 f.
Warenbezeichnungen, Mitteilung gerichtlicher Urteile des Schutzes solcher an das Kaiserliche Patentamt **94**, 210 f.
Warnungen der Gerichtsvollzieher wegen Verfehlungen **79**, 726 — der Hypothekenbewahrer wegen Unregelmäßigkeiten **80**, 196 — richterlicher Beamten wegen geringerer Dienstvergehen **81**, 250.
Wartezeit beim Pensions- und Unterstützungsverein der Kanzlisten bei den Justizbehörden Bayerns **91**, 147, 148.
Waschaufseher, Waschgehilfen und Waschmeister an den Strafanstalten, Besetzung deren Stellen mit Militäranwärtern **86**, 12 ff., 68 — allgemeine Vorbedingungen zur Anstellung **86**, 70 f. — Aufrückungsstellen **86**, 75 — Personalakten und Qualifikation **86**, 76 ff.
Wasserbehälter, Verrechnung der Kosten für das Füllen und Entleeren der auf den Dachböden zur Feuersicherheit befindlichen W. und für die Reparatur ders. **64**, 26.
Wassergüsse, Verrechnung der Ausgaben für Unterhaltung ders. auf Baufonds **81**, 414.
Wasserleitungen, Kosten solcher in Staatsgebäuden **81**, 413 ff.
Wechsel, Pfändung von Forderungen aus solchen **79**, 1542.
Wechselaccepte, Einholung von solchen im Wege des Postauftragsverfahrens **76**, 311 f.
Wechselnovellen, Nürnberger, als Reichsgesetz **71**, 95.
Wechselordnung als Reichsgesetz **71**, 95.
Wechselproteste, notarielle Beurkundung **67**, 174 ff. — Gebrauch von Formularen **69**, 181 — Aufnahme von solchen durch die Gerichtsvollzieher **79**, 106, 628, 1194, 1210, 1567 f; **81**, 373.
Wechselprozesse, Bezeichnung **80**, 421, 423.
Wechselstempelsteuer, Reichsgesetz **71**, 96 — Ausführungsbestimmungen **71**, 103 f., 111 ff., 128 f., 138, 138 ff., 167 f.; **72**, 34 f., 141 f.; **73**, 3 f., 187 f., 188 f., 190 ff., 193 ff.; **76**, 139 f.; **78**, 90 f., 218; **81**, 114 f., 115 f., 395 f., 445 f.; **82**, 51 f.; **83**, 41 f., 43 f.; **84**, 34 f.; **86**, 114 f.; s. a. **79**, 1568.
Wechselstempelsteuergesetz v. 10. Juni 1869, Verfehlungen der Notare gegen § 21 dess. disziplinär strafbar **72**, 274 f. — Verpflichtung der Gerichtsvollzieher, die Beobachtung dess. zu prüfen und Zuwiderhandlungen zur Anzeige zu bringen **79**, 1568.
Wegnahme beweglicher Sachen durch Gerichtsvollzieher **79**, 1546 f.
Wehrordnung für das Königreich Bayern, Verpflichtung der K. Verwaltungen der Strafanstalten für männliche Gefangene in bezug auf dies. **89**, 59 — Einschärfung einzelner Bestimmungen ders. **91**, 31 ff.
Wehrpflicht **91**, 39.
Wehrpflichtige, welche sich der Wehrpflicht entzogen haben, Untersuchung gegen solche **80**, 250 — Mitteilung über strafgerichtliche Untersuchungen gegen solche und über Aburteilungen solcher an Militär- und Ersatzbehörden **82**, 41 ff.
Weidenberg, Aufhebung des Notariats daselbst **89**, 133.
Weiderechts-Bodenzinse, Eintrag in das Hypothekenbuch **85**, 186 ff., 188 f.
Weitere Beschwerde in nichtstreitigen Sachen, Zuständigkeit **79**, 101.
Werke, dramatische, und der bildenden Künste s. Urheberrecht.
Wert des Streitgegenstandes, Angabe in Protokollen der Gerichtsschreiber **79**, 752; bei richterlichen Akten 2c. **80**, 331.
Wertpapiere, Behandlung seitens der Gerichtsvollzieher **79**, 723, 1189, 1195 f. — sind in bezug auf Zwangsvollstreckung als bewegliche körperliche Sachen zu betrachten **79**, 1513 — Verwahrung gepfändeter W. **79**, 1519 f. — Verwertung solcher aus freier Hand **79**, 1529 ff. —

Zwangsvollstreckung zur Erwirkung der Leistung einer bestimmten Quantität von Wertpapieren **79**, 1547 — Depositalgebühr **82**, 318, 320 — depositalmäßige Behandlung ausländischer W. **89**, 105.

Wertsachen, Versendung durch Gerichtsschreiber **79**, 748.

Wertsfestsetzung, gerichtliche, bei Berechnung der Gebühren und Gebührenvorschüsse durch Gerichtsschreiber **79**, 1326; **80**, 331 — Verfahren bei Erinnerungen und Beschwerden der Parteien hiegegen **79**, 1351 ff.

Widerspruch gegen Zahlungsbefehle **79**, 315 f.; **81**, 371 (Form. **79**, 326) — gegen Arrestbefehle **79**, 773.

Widerstand bei Zwangsvollstreckungen **79**, 559 f., 1506 f.; **82**, 70 f. — des Schuldners gegen die Vornahme einer Handlung, Zuziehung des Gerichtsvollziehers **79**, 1549.

Wiederaufnahme eines durch rechtskräftiges Urteil geschlossenen Disziplinarverfahrens gegen richterliche Beamte **81**, 267 — in den Pensions- und Unterstützungsverein der Kanzlisten bei den Justizbehörden Bayerns **91**, 147.

Wiedereinsetzung in den vorigen Stand gegen Urteile der Disziplinarkammern **81**, 264, 265.

Wiesentheid, Aufhebung des Notariats **87**, 259.

Winterböden, Legen und Hinwegnahme ders., Verrechnung der Kosten **64**, 26.

Winterfenster, Einsetzen und Hinwegnehmen, Verrechnung der Kosten **64**, 26.

Wirtschaftsgenossenschaften s. Erwerbs- und Wirtschaftsgenossenschaften.

Witwen und **Waisen** von Angehörigen des Reichsheeres und der Kaiserlichen Marine, Reichsgesetz vom 17. Juni 1887 betr. Fürsorge für dieselben **87**, 195 ff.; Ausführungsbestimmungen hiezu **87**, 206 ff., 210 ff., 212 ff.; **88**, 177 ff.; **89**, 153 — Bewilligung von Witwen- und Waisengeld für die Hinterbliebenen von Angehörigen der bayerischen Armee infolge rückwirkender Kraft des vorgenannten Reichsgesetzes **87**, 228 f. — Festsetzung der Witwen- und Waisengeldbeiträge der pensionierten Offiziere, Beamten und Ärzte **87**, 229 f. — von Angehörigen der Reichszivilverwaltung des Reichsheeres und der Kaiserlichen Marine, Erlaß der Geldbeiträge **88**, **89** ff., **91** ff. — von Militärpersonen, Fonds für Unterstützung ders. **91**, 113 ff. — von Kanzleibediensteten bayerischer Gerichte, deren Unterstützung **91**, 135 — von Mitgliedern des Pensions- und Unterst.-Vereins der Kanzlisten bei den Justizbehörden Bayerns **91**, 150 f. — Reichsgesetz vom 13. Juni 1895 betr. die Fürsorge für die Witwen und Waisen der Personen des Soldatenstandes, des Reichsheeres und der Kaiserlichen Marine vom Feldwebel abwärts **95**, 173 ff.; Ausführungsbestimmungen hiezu **95**, 177 ff.; s. a. 206 — s. a. Advokaten, Militär-Witwen- u. Waisenfond, Pensionsanstalt, Unterhaltsbeiträge, Unterstützungsverein, Zentralausschuß.

Witwen- und Waisenfondsbeiträge **90**, 107 ff.

Wohnsitz der Richter **79**, 90 — der Staatsanwälte **79**, 103 — der Gerichtsvollzieher **79**, 615, 727 f.

Wohnung, Zustellung in ders. **79**, 1236 f., 1240 — Durchsuchung ders. bei Zwangsvollstreckungen **79**, 1506 — Zustellung in der Wohnung von Personen, die von der inländischen Gerichtsbarkeit befreit sind **93**, 75 f. — s. a. Dienerwohnungen, Dienstwohnungen.

Wohnungsgeldzuschüsse der pragmatischen Staatsbeamten **90**, 181 ff.; **92**, 147 ff.

Wolfratshausen, Amtsanwaltschaft beim Amtsgerichte dortselbst **85**, 73 f.

Württemberg, Jurisdiktionsverhältnisse zwischen Bayern und Württemberg **73**, 61 ff. — Uebereinkunft mit demselben wegen der Kosten der Rechtshilfe in Strafsachen **84**, 28 — s. a. Militärfiskus.

Würzburg, Vereinigung der Amtsgerichte dortselbst **92**, 175 f. — Behandlung des Kosten- und Rechnungswesens beim Amtsgerichte dortselbst **93**, 67 f., 256.

Z.

Zählkarten für die Kriminalstatistik 81, 496 f., 499 ff.; **84**, 169 f. (Form. 81, 501 f.) — für die Konkursstatistik 95, 12 f., 17 ff. (Form. 14 ff.).
Zahl der Kammern für Handelssachen, Festsetzung **91**, 169; beim Landgericht München I: **91**, 187.
Zahlen, Schreibweise in Schriftstücken der Gerichtsschreiber **79**, 744; in Urkunden und Schriftstücken der Gerichtsvollzieher **79**, 1192 — s. a. Blattzahlen.
Zahlungsaufforderungen an Gebührenpflichtige **79**, 1322 f. (Form. 1401 ff.).
Zahlungsbefehle, Behandlung im Mahnregister **79**, 315, 803 — Muster hiezu (Form. **79**, 320, 322, 324) — Schreibgebühren für solche **80**, 138 f. — Vorschriften für die Gerichtsschreiber bei Entgegennahme der Gesuche um solche **81**, 370 f. — Erwirkung von solchen durch Gerichtsvollzieher **81**, 372; **84**, 25 f.
Zanzibar s. Konsulargerichtsbarkeit.
Zeichenregister, Führung **75**, 72 ff. (Form. 75 ff.) — Veränderungen in der Zuständigkeit zur Führung **79**, 285 ff.
Zeichenschutz, Mitteilung gerichtlicher Urteile dieses Betreffs an das Kaiserliche Patentamt **94**, 210 f.
Zeilen, Anzahl auf der Seite, wenn für für ein Schriftstück Schreibgebühren berechnet werden **80**, 462.
Zeit der Vornahme von Notariatsgeschäften **65**, 53 ff. — des Einlaufes bezw. der Entgegennahme der Aufträge durch Gerichtsvollzieher **79**, 1188 — zur Erledigung der Geschäfte der Gerichtsvollzieher **79**, 1190 f.
Zeitaufwand s. Zeitdauer.
Zeitdauer der Geschäfte, Aufführung in der Kostenberechnung auf den Urkunden der Gerichtsvollzieher **79**, 1192 f. — Angabe in den Protokollen über vorgenommene Zwangsvollstreckung **79**, 1509.
Zeitschriften s. Druckschriften.
Zeitungen, Portofreiheit der als Ausgabsbelege dienenden Quittungen der Zeitungsexpeditionen **66**, 266 — Verrechnung der Abonnements **68**, 172 — Abgabe an das Rentamt **71**, 66 — Veröffentlichung amtlicher Ausschreibungen im Zeitungsblatt „Nachrichten aus Deutschland" in New-York **91**, 172 — s. a. Handelszeitung.
Zellengefängnis s. Nürnberg.
Zensur der Prüfungsarbeiten der Bewerber um das Gerichtsschreiberamt **79**, 387; **80**, 29 f., 31 f.; der Rechtspraktikanten **93**, 147 f., 150, 160 f., 180 ff.
Zensurkommissionen anläßlich der zweiten Prüfung für den höheren Justiz- und Verwaltungsdienst **93**, 147 f., 180 ff.
Zentralausschuß zur Verwaltung des Advokaten-Witwen- u. Waisen-Pensionsfonds, Anzeigen an denselben über die persönlichen und Familienverhältnisse der Rechtsanwälte **65**, 181 ff.; **80**, 109 f. — Neuwahl pro 1896—1898: **95**, 315 f.
Zentralpolizeiblatt, Gründung und Plan **65**, 199 ff. — Beiblatt desselben zum Strafvollzug in Übertretungssachen **66**, 106 f., 347 ff.; **73**, 16 — Inhaltsverzeichnis hiezu **68**, 164 — Ausschreibungen im Beiblatt **72**, 193 f.
Zentralstellen für Bewerbungen seitens der Militäranwärter um Stellen des niederen Justizpersonals und um Bedienstungen bei den Strafanstalten **86**, 12 ff.
Zession von Hypothekforderungen **69**, 123; **71**, 319 f.
Zessionsurkunden, Anlage zu Bayerischen Staatsobligationen behufs Vinkulierung oder Umschreibung **63**, 82.
Zeugen, rechnerische Behandlung ihrer Gebühren in gerichtlichen Strafsachen **63**, 183 ff.; **64**, 206; **79**, 1427 ff., 1433, 1434; **84**, 49 f., 223 f.; in Forstrügesachen, **79**, 1659 f. — Vernehmung der Notare als solche **65**, 202 ff. — Zuziehung von solchen bei Vollstreckungshandlungen **79**, 559 f., 1506 f. — Hinterlegung der denselben für Reisekosten und Versäumnis zu leistenden Entschädigung auf der Gerichtsschreiberei **79**, 808 ff., 1253 f.; **90**, 75 f. — sofortige Auszahlung deren Gebühren in bürgerlichen Rechtsstreitigkeiten **79**, 1331 — Vorschuß der Reisekosten an dürftige Zeugen in gerichtlichen Strafsachen **79**, 1430; **84**, 49 f. — Gebührenfreiheit der Quittungen ders. **79**, 1493 — Vollzug der Haft als Zwangsvollstreckung gegen sie zur Erzwingung des Zeugnisses **79**, 1550 — zwangsweise Beitreibung der gegen solche ausgesprochenen Geldstrafe **79**, 1558 — Berechnung der Reiseentschädigung **80**, 277 f.; **81**, 64 f. — Entschädigung der zu Vollstreckungshandlungen zugezogenen **81**, 331 — Ladungsformulare **84**, 49 f. — von Amtsanwälten oder Staatsanwälten außerhalb der Rentamtssitze vernommene, Gebührenzahlung **84**, 223 f. — Vernehmung öffentlicher Beamten als solche in Strafsachen **85**, 145 f. — Fragen wegen erlittener Strafen **94**, 171 f. — s. a. Identitätszeugen, Notariats-

zeugen, Reichs-Gebührenordnung, Übersicht, Zeugenladung, Zeugenvernehmungen.
Zeugenladung in schöffengerichtlichen Strafsachen **79**, Beil., 17, 18 f., 20 (Form. 77, 83 ff., 137 ff.) — in der Voruntersuchung oder in dem die öffentliche Klage vorbereitenden Verfahren durch einfache Mitteilung **79**, 556; **81**, 283 — im Gerichtsschreiberdienst **79**, 778 ff., 786 ff. (Form. 855 f.) — im Strafverfahren bei den Schwurgerichten und Landgerichten, Formulare **79**, 965 ff.; **81**, 375; **84**, 49 f. — Zustellung ders. und unmittelbare Ladung in Strafsachen **79**, 1250, 1252 ff.; **90**, 75 f. — deren Form **80**, 461 f. — im Disziplinarverfahren gegen richterliche Beamte **81**, 260 f., 283 — in Forstrügesachen **85**, 131 f. (Form. **79**, 1684 f.) — Formular für Ausfertigung von solchen **89**, 169.
Zeugenvernehmungen durch Reichskonsuln **71**, 186 ff.; **72**, 67 ff., 208 f.; **87**, 287 f.; **95**, 97, 98 ff. — in Großbritannien und Irland **82**, 213 ff.; s. a. **90**, 232 f. — im Disziplinarverfahren gegen richterliche Beamte **81**, 257, 258 f., 262 f. — s. a. diplomatischer Verkehr.
Zeugnisse der Reichskonsuln **71**, 176 — für die Bewerber um Gerichtsvollzieherstellen **79**, 713, 714, 717, 720 — über die Rechtskraft der in bürgerlichen Rechtsstreitigkeiten erlassenen Urteile, dann von Vollstreckungsbefehlen **79**, 760 ff. — Gebührenfreiheit der Zeugnisse über die Vorbereitungspraxis der Staatsdienstadspiranten **79**, 1319 — der Amtsärzte und Pfarrämter, Entrichtung der Gebühren hiefür durch Verwendung von Gebührenmarken **79**, 1486, 1489 f. — für die Bewerber um das Gerichtsschreiberamt **80**, 22 ff. — für die Rechtspraktikanten **93**, 143, 145, 172 f. — s. a. Amtsärzte, Erbschaftszeugnisse, Leumunds- und Vermögenszeugnisse, Prüfungszeugnisse.
Ziegen, Pfändung **79**, 1516.
Ziffer des Anzeigeverzeichnisses der Amtsanwälte **79**, Beil., 4, 41, 50 f., 56 f.; der landgerichtlichen Staatsanwälte **79**, 566, 569 — s. a. Geschäftsziffer, Personenziffer, Sachziffer.
Zigeuner, Sicherheitspolizei **85**, 98 ff.; **86**, 234 f.
Zivilanwärter s. Zivilbewerber.
Zivilbeamte, Verhältnisse der zum Militärdienste einberufenen Z. **75**, 305 ff. — Verhältnisse der im Kriegsfalle freiwillig in den Militärdienst eintretenden **79**, 178 f.
Zivilbewerber um Anstellung im niederen Justizdienste **86**, 14, 19, 72; **87**, 152 f.
Zivildienst, subalterner, Anzeige über Verwendung von Militärpensionisten **75**, 21 f. — Anstellung von Unteroffizieren, Gendarmen und Soldaten in dems. **88**, 169 ff. — Anstellung von nicht zivilversorgungsberechtigten Mannschaften der Gendarmerie **89**, 149 ff. — s. a. Militäranwärter.
Zivildienstliche Beschäftigung in den Militäranwärtern vorbehaltenen Stellen **86**, 41 ff. — in Stellen, welche den Militäranwärtern nicht vorbehalten sind **86**, 44 f.
Zivilehegesetz vom 6. Februar 1875, Vollzug **76**, 1 ff., 49 ff., 169 f., 246 ff., 360 f.; **77**, 4 f., 119 ff.; **79**, 1897 ff.; **83**, 322; **86**, 119 f.; **87**, 56 f.; **92**, 117 f. — s. a. Personenstand.
Zivilgefangene, Verzeichnis **81**, 485 f.; **83**, 127 (Form. **81**, 487 ff.); Bezeichnung mit C **83**, 132.
Zivilgerichte, Erstattung von Todesanzeigen an dies. diesseits des Rheins **66**, 351 ff.; **76**, 73 — Kompetenzkonflikte der Militärgerichte mit dems. **79**, 92 f. — Verpflichtung der Militärgerichte zur Rechtshilfe gegenüber dens. **79**, 110.
Zivilkammern der Landgerichte, Zuständigkeit **79**, 97 — Führung des Vorsitzes in der ersten Z. **79**, 630 — Kalender für die mündlichen Verhandlungen **80**, 428 (Form. 437 ff.) — Bestimmung deren Zahl **81**, 415 f.
Zivilpersonen, Vollzug der Festungshaft an solchen **93**, 101 ff.
Zivilprozeß in den Vereinigten Staaten von Amerika behufs Wiedererlangung der von flüchtigen Verbrechern mitgenommenen Gegenstände **92**, 51 f.
Zivilprozeßordnung für das Deutsche Reich s. Reichs-Zivilproßordnung.
Zivilprozeßsachen, Kosten des Rechtshilfeverkehrs in solchen mit Luxemburgischen Gerichtsbehörden **84**, 150 f.
Zivilprozeßtabellen, frühere, Vernichtung **70**, 67.
Zivilsachen, Bestimmung der Termine in solchen bei den Landgerichten und Amtsgerichten **79**, 929 — Ladung öffentlicher Beamten und Bediensteten in solchen **79**, 1291 ff.
Zivilsenate der Oberlandesgerichte **79**, 100; Kalender für die mündlichen Verhandlungen **80**, 429 (Form. **441** ff.) — des Obersten Landesgerichts **79**, 101 f.
Zivilstaatsdiener, Uniformierung **87**, 67 f.
Zivilstandsregisterauszüge, Beglaubigung **63**, 96.
Zivilversorgung s. Zivildienst.

Zivilversorgungsscheine der Militäranwärter **86**, 20 f., 38 ff. (Form. 46 ff.).

Zivilvorsitzender der Ersatzkommission, dessen Benachrichtigung über gerichtliche Bestrafungen zc. jugendlicher Personen **91**, 32f.; über Wiedereinsetzung Militärpflichtiger in die bürgerlichen Ehrenrechte **91**, 38.

Zollgesetze, Verfahren bei Übertretung der Zoll- und Steuergesetze, hier Verteilung und Verrechnung der in Branntweinsteuer- zc. Strafsachen anfallenden Geldstrafen und Konfiskaterlöse **89**, 31 f.

Zollvereinssachen, Portofreiheit in solchen **89**, 103.

Zuchthäuser, Abänderung der Hausordnung für dies. **68**, 78 — Preise für Wäsche zc. **72**, 301 — Umwandlung des Zuchthauses Lichtenau in eine Gefangenanstalt **93**, 255 f. — s. a. Strafanstalten, Strafvollzug, Vollzug.

Züchtigungsrecht der Schullehrer **63**, 6 f.; **83**, 36 f.

Zugehörungen, bewegliche, von Grundstücken, Gebühren der Gerichtsvollzieher für deren Aufzeichnung und Versteigerung im Subhastationsverfahren **79**, 627 — Pfändung **79**, 1514, 1535; **85**, 209 — Versteigerung bei Zwangsvollstreckung in das unbewegliche Hauptstück **79**, 1545.

Zugeständnisse außerhalb des Prozesses, Zustellung **79**, 1258 f.

Zug-Jalousien, Anschaffung und Unterhaltung an Staatsgebäuden **75**, 1 f.; **78**, 108 f.

Zuhörer in öffentlicher Sitzung, zwangsweise Beitreibung der gegen denselben ausgesprochenen Geldstrafe **79**, 1558.

Zulässigkeit der Zwangsvollstreckung, Prüfung durch Gerichtsvollzieher **79**, 1497.

Zulagen und Entschädigungen der Gendarmeriemannschaft **84**, 18 f. — s. a. Gehaltszulagen.

Zulassung zum Vorbereitungsdienst und zur Prüfung für das Gerichtsvollzieheramt **79**, 713 ff., 715, 717; für das Gerichtsschreiberamt **80**, 22 f., 26 f., 32; **86**, 114 — zu den Prüfungen für den höheren Justiz- und Verwaltungsdienst **93**, 139, 141, 148, 154 ff., 174 ff. — der Rechtspraktikanten zum Vorbereitungsdienste **93**, 163 ff. — s. a. Übersicht.

Zurechtweisungen von Rechtspraktikanten **80**, 124; **93**, 143 f., 173.

Zurückgabe von empfangenen ungesetzlichen Gebühren und Vergütungen seitens der Gerichtsvollzieher **79**, 617.

Zurücknahme von Anträgen zc. vor Vornahme der gebührenpflichtigen Amtshandlung, Gebühr **79**, 1327 — Gebührenminderungen hiedurch **80**, 286 f.

Zurückweisungen von der II. Prüfung für den höheren Justiz- und Verwaltungsdienst **93**, 145, 157, 175.

Zusätze in Schriftstücken der Gerichtsschreiber **79**, 744 — der Gerichtsvollzieher **79**, 1192 — zu den Standesregistereinträgen **92**, 118.

Zusammenarbeiten mehrerer Rechtspraktikanten bei der zweiten Prüfung für den höheren Justiz- und Verwaltungsdienst **93**, 147, 181.

Zusammenheften der Schriftstücke der Gerichtsschreiber **79**, 744 f.; der Gerichtsvollzieher **79**, 1192.

Zusatznahrungsmittel der Gefangenen in den Gerichtsgefängnissen **83**, 108, 113.

Zuschläge zur Unterstützungsfondsabgabe **81**, 190 ff.

Zuschüsse, staatliche, zu dem Einkommen von Gerichtsvollziehern **79**, 614.

Zuständigkeit zur Beurkundung von Verträgen und Vergleichen über Alimentation unehelicher Kinder **64**, 20 f. — der Vormundschaftsbehörden zur Erledigung von Ersuchschreiben um Vernehmung der außerehelichen Väter zur Feststellung der Vaterschaft und Alimentation **64**, 121 ff. — zur Verpflichtung der Hilfspersonen der Forstpolizei **64**, 252 f. — des Justizministeriums in Notariatssachen **69**, 51 ff. — in bezug auf Unterbringung in Erziehungs- und Besserungsanstalten **72**, 16 f. — bei Wechselstempelhinterziehungen **72**, 34 f. — der Reichskonsuln zu Eidesabnahmen und Zeugenvernehmungen **72**, 67 ff., 208 f.; **87**, 286 ff. — in bezug auf Polizeiaufsicht **72**, 94 — des Merkantil-, Friedens- und Schiedsgerichts in Nürnberg **79**, 91 — örtliche, der Gerichte, in nichtstreitigen Sachen **79**, 91 f. — der Amtsgerichte **79**, 91, 93, 97 — der Landgerichte **79**, 91, 96 f. — der Schwurgerichte in Preßsachen **79**, 99 — der Oberlandesgerichte **79**, 99 f. — des Oberlandesgerichts München für Revisionen und Beschwerden in Strafsachen **79**, 100 — des Obersten Landesgerichts **79**, 101 — der Staatsanwaltschaft **79**, 102 — der Gerichtsvollzieher **79**, 106, 611 f., 622, 721, 1233 — zur Führung des Handelsregisters, sowie der Genossenschafts- und Musterregister **79**, 285 ff. — der Amtsanwaltschaft **79**, Beil., 1 ff. — der Finanzbehörden im Gebührenwesen **79**, 1310, 1313 — bei Auffindung von Leichen **79**, 1573 ff. — in Forststrafsachen **79**, 1639 ff.; **85**, 125 ff. — zur Verfügung der Hinausgabe gerichtlich verwahrter Gegenstände in Strafsachen **80**, 473 ff. — zur Festsetzung der Verteidigergebühren **81**, 208 f. — und Verfassung der Disziplinargerichte **81**, 253 ff. — unbekannter Personen, Verfahren bei deren Ermittelung **81**, 378 f. — der Verwaltungsbehörden zu Einschaffungen in Arbeitshäuser **90**, 257; **91**, 65 ff. — zur Zuerkennung von Belohnungen für Ermittelung und Ergreifung von Verbrechern **91**, 2 f. — der bürgerlichen Strafgerichte bei Militärpersonen des aktiven Dienststandes **91**, 33 f. — zur Bescheinigung der Gesetzmäßigkeit inländischer öffentlicher Urkunden **91**, 240 — bei Legitimations- und Namensänderungsgesuchen **92**, 2 f. — s. a. Auslieferung.

Zustellungen durch Reichskonsuln **71**, 185 f. — an Notare im Disziplinarverfahren **71**, 320; **79**, 1257 — von Vorladungen im Verkehre mit Österreichischen Behörden **78**, 193 f. — in schöffengerichtlichen Strafsachen **79**, Beil., 13, 16, 19, 25 — durch Niederlegung **79**, 557 ff., 1238 f., 1240, 1254 f. (Form. 1268 f.) — Besorgung durch Gerichtsvollziehergehilfen **79**, 616; **80**, 284 — im Gerichtsschreiberdienst **79**, 622, 778 ff., 794 ff.; **81**, 283, 321 f., 324 ff.; **83**, 16 f.; **86**, 178 f. — an Sonn- und Feiertagen **79**, 1194, 1241; **80**, 424 — Aufführung in der Geschäftsübersicht der Gerichtsvollzieher **79**, 1214 ff. — durch die Gerichtsvollzieher in bürgerlichen Rechtsstreitigkeiten und im Konkursverfahren **79**, 1233 ff.; in Strafsachen 1249 ff.; in anderen Angelegenheiten 1256 ff. (Form. 1261, 1263 ff.) — an Militärpersonen **79**, 1236, 1242, 1246 (Form. 1268) — des über eine Vollstreckungshandlung aufgenommenen Protokolls **79**, 1510 — des Pfändungs- und Überweisungsbeschlusses an den Drittschuldner **79**, 1538 ff. — der Benachrichtigung von dem Bevorstehen der Pfändung einer Forderung an den Drittschuldner und Schuldner **79**, 1543 f. — von Schreiben mit Postzustellungsurkunden durch die Postboten **79**, 1720; **88**, 131 f. — Beglaubigung der Abschriften hiebei **80**, 280 f.; **81**, 375 — in Strafsachen **80**, 282 ff. — im Subhastationsverfahren **80**, 361 f.; **81**, 324; **83**, 16 f.; **86**, 178 f., 277 ff.; **87**, 163 f. — Form des Verkehrs der Gerichtsvollzieher hiebei **80**, 461 f. — in Strafanstalten wegen Beitreibung von Staatsgefällen **80**, 469 — im Disziplinarverfahren gegen richterliche Beamte **81**, 257, 266, 272, 283 — von amtswegen angeordnete **81**, 318, 321 f., 324 f., 328 ff.; **83**, 16 f.; **86**, 178 f.; **95**, 315 — im Auslande **81**, 360 f., 362; **87**, 57 f. — in den Gerichtsgefängnissen **83**, 121; s. a. **90**, 197 — von Kostenrechnungen durch Gerichtsboten und Amtsgerichtsdiener **84**, 121 ff. — Anfertigung der hiezu erforderlichen Abschriften **85**, 157 f. — die im Auftrage der Notare durch die Post zu bewirkenden Z. **86**, 277 ff.; **87**, 102 f., 163 f.; **89**, 251 — die im Auslande zu bewirkenden Zustellungen in Sachen der nichtstreitigen Gerichtsbarkeit **87**, 57 f. — durch die Post zu bewirkende **88**, 131 f.; **89**, 192 ff., 249 ff.; **95**, 315 — Rückgabe der bei den Gemeindebeamten zum Zwecke der Zustellung niedergelegten Schriftstücke **89**, 248 f. — an Gefangene **90**, 197 — an von der inländischen Gerichtsbarkeit befreite Personen **93**, 75 f. — s. a. Anwalt, Arrestbefehl, Aufgabe zur Post, Ausland, Erklärungen außerhalb des Prozesses, Ersatzzustellungen, Ersuchschreiben, Forstrügesachen, Militärstrafsachen, öffentliche Zustellungen, Post, Reichsgericht, Strafsachen, Strafverfahren, vereinfachte Zustellungen.

Zustellungsbefehle in schöffengerichtlichen Strafsachen **79**, Beil., 25 (Form. 167 f.) — im Strafverfahren bei den Landgerichten und Schwurgerichten, Formular **79**, 962.

Zustellungsbevollmächtigter, Bezeichnung desselben durch den Auftraggeber **79**, 1235 — für Mehrere, Zustellung an dens. **79**, 1242.

Zustellungsbücher, Vernichtung **70**, 64 f. — des Dienerpersonals **70**, 408.

Zustellungsgebühren des Diener- und Botenpersonals **63**, E. H., 32 f., 87, 107, 111 f.; **68**, 218; **75**, 65; **77**, 170; **79**, 391, 1340; **84**, 119 ff.; **95**, 316 ff. — für Fahrpostsendungen an Notare **65**, 10 ff. — der Gerichtsvollzieher **79**, 625 f., 628, 1244; s. a. Vergütungen — der Notare in den Landesteilen rechts des Rheins **86**, 184 — für das Prüfungszeugnis der Rechtspraktikanten **93**, 163.

Zustellungsurkunde **79**, 555, 783 f., 792, 1242 ff., 1246, 1247 f., 1200 ff., 1261; **81**, 2 (Form. **79**, 1263 ff.) — postamtliche Bestellung von Schreiben mit solchen **79**, 1720 — nachträgliche Errichtung **91**, 203 f. — s. a. Postzustellungsurkunden.

Zustellungsverkehr mit den Niederlanden **81**, 518.

Zuwiderhandlungen gegen das Malzaufschlagsgesetz, Untersuchungen hiewegen **68**, 225 f.; **74**, 251 — gegen die Vorschriften über das Gebührenwesen und die Erbschaftssteuer **79**, 1709 ff. — gegen das Gesetz über die Besteuerung des Gewerbebetriebs im Umherziehen 79, 1712 ff. — gegen die Vorschriften über Erhebung öffentlicher Abgaben und Gefälle, Strafverfahren hiebei 82, 127 f.; 85, 169 f. — gegen das Grund- und Haussteuergesetz 81, 417 ff. — gegen das Gewerb-, Kapitalrenten- und Einkommensteuergesetz 81, 419 ff.

Zuziehung von Zeugen und polizeilichen Vollzugsorganen zu Vollstreckungshandlungen 79, 559 f., 1506 f. — des Gerichtsvollziehers bei Widerstand des Schuldners gegen die Vornahme einer Handlung 79, 1549.

Zwangsbeitreibung rückständiger Gemeinde-, Staats- oder Stiftungsgefälle 79, 329 f. — der Geldstrafen, Gebühren und Auslagen im Gebührenwesen 79, 1314, 1339 f. — der Kosten in gerichtlichen Strafsachen 79, 1426, 1439, 1444 — der gegen Notare ausgesprochenen Disziplinargeldstrafen 79, 1558 — der Kosten in Forstrügesachen 79, 1654.

Zwangsstrafen, Auflegung 79, 107, 108 — gegenüber Gerichtsvollziehern 79, 618.

Zwangshaft, Vollziehung durch Gerichtsvollzieher 79, 1549 ff. — Vollstreckung 81, 483 ff. — Kosten 83, 194.

Zwangsvergleich, vollstreckbare Ausfertigung 79, 774 f.

Zwangsverkauf von Liegenschaften, Bereinigung der Hypothekenfolien nach solchem 69, 177 f.

Zwangsversteigerungen der Gerichtsvollzieher 79, 1524 ff., 1532, 1543, 1545, 1554; 80, 332; 81, 373 — Katasterumschreibung bei solchen 80, 374 — von Gegenständen des unbeweglichen Vermögens mit Einschluß der in Art. 182 der S. O. und Art. 208 des A. G. z. R. Z. P. O. und K. O. bezeichneten gerichtlichen Versteigerungen, Bezeichnung mit H. 80, 422 — s. a. Versteigerung.

Zwangsverwaltungen, Bezeichnung mit J 80, 422.

Zwangsvollstreckung, Zuziehung von polizeilichen Vollzugsorganen und Zeugen 79, 559 f., 1506 f.; 82, 70 f. — Vermittelung von Aufträgen hiezu durch Gerichtsschreiber 79, 810 ff., 1187 f. — Befugnisse des Bevollmächtigten bei ders. 79, 1187 — Vornahme an Sonn- und Feiertagen, sowie zur Nachtzeit 79, 1194 f., 1507 f.; 80, 424 — Eintrag im Vollstreckungsregister der Gerichtsvollzieher 79, 1208 f. — Aufführung in der Geschäftsübersicht der Gerichtsvollzieher 79, 1214, 1215 f. —
Ausführung durch die Gerichtsvollzieher: A. wegen privatrechtlicher Ansprüche: 1. Allgemeine Vorschriften 79, 1495 ff.; 2. Zwangsvollstreckung in bewegliche körperliche Sachen 1513 ff.; 95, 85; 3. Zwangsvollstreckung in Forderungen und andere Vermögensrechte 79, 1538 ff.; 4. Zwangsvollstreckung in das unbewegliche Vermögen 1545 f.; 5. Zwangsvollstreckung zur Erwirkung der Herausgabe von Sachen und unselbständigen Personen 1546 ff.; 6. Zwangsvollstreckung zur Beseitigung des vom Schuldner gegen die Vornahme einer von ihm zu duldenden Handlung geleisteten Widerstandes 1549; 7. Zwangsvollstreckung durch Haft 1549 ff.; 8. Zwangsvollstreckung durch Vollziehung des Arrestes und einstweiliger Verfügungen 1552 ff.; 9. Übergangsbestimmungen 1555 ff. B. in Strafsachen 1557 ff.; C. in Verwaltungs- u. Verwaltungs-Rechtssachen 1560 f. —
gegen Militärpersonen 79, 1504, 1507, 1535 f., 1550; 80, 199 f. s. a. Militärfiskus — Zwangsvollstreckung betreffende Anträge, Bezeichnung mit K 80, 422 — Beistand der Gendarmerie hiebei 82, 70 f. — in die dem Betriebe der Bierbrauerei dienenden Brauhäuser u. s. w., Vorzug des Ärarial- und Lokalmalzaufschlags 88, 199 f. — in Forderungen und andere Vermögensrechte im Bereiche der Verkehrsanstalten 94, 93 f. — s. a. Subhastationsordnung.

Zwangsweise Vorführung s. Vorführung.

FSC
www.fsc.org
MIX
Papier | Fördert
gute Waldnutzung
FSC® C083411

Kolibri 360 GmbH
Ferdinand-Jühlke-Straße 7
99095 Erfurt, Deutschland
produktsicherheit@kolibri360.de